Das 1 x 1 der Papageienhaltung

Das 1 x 1 der Papageienhaltung

Stefan Luft

Impressum

© 2011 Stefan Luft, 2. Auflage (Paperback)
Verlag: IPF e.V., Dinslaken
Herstellung: Books on Demand GmbH, Norderstedt
ISBN   978-3-928978-08-8

Bibliografische Information Der Deutschen Bibliothek:
Die Deutsche Bibliothek verzeichnet diese Publikation in der Deutschen
Nationalbibliografie; detaillierte bibliografische Daten sind im Internet
über <http://dnb.ddb.de> abrufbar.

Inhaltsverzeichnis

Vorwort

Liebe Leser,

als Vorsitzende des Instituts für Papageienforschung e.V. erlebe ich jeden Tag, dass Papageien unter fehlerhaften Haltungsbedingungen leiden müssen. Meistens liegt der Grund für diese bedauerliche Situation in einem mangelhaften Wissen über die Bedürfnisse dieser attraktiven Tropenvögel. Nur so kann man erklären, warum immer noch so viele Papageien einzeln gehalten werden oder ungeeignetes Futter bekommen, was sie auf Dauer krank werden lässt.

Daher habe ich auch keine Sekunde gezögert, dieses Buch zu unterstützen! Nur wenn es gelingt, möglichst viele Papageienfreunde aufzuklären und ihnen die wahren Bedürfnisse ihrer Pfleglinge aufzuzeigen, kann sich die Situation der Papageien in Menschenobhut langfristig verbessern.

Ein Wort sei mir aber auch zu den freilebenden Papageien gegönnt. Es wird immer deutlicher, dass zahlreiche Arten bald von unserem Planeten verschwinden werden, wenn wir sie nicht unter Schutz stellen. Daher rufe ich jeden Papageienfreund dazu auf, sich intensiv für den Artenschutz einzusetzen!

In diesem Sinne wünsche ich dem Buch eine große Verbreitung und Ihnen, liebe Leser, viel Spass bei dieser lehrreichen Lektüre!

Ihre
Karin Verfürth
 Institut für Papageienforschung e.V.
Postfach 30 00 59, 46530 Dinslaken,
www.papageien-und-sittiche.de

Kapitel I
Faszinierende Papageien

Einführung

Papageien begleiten die Menschheit schon seit vielen Jahrhunderten. Bereits zur Zeit des berühmten Feldherren Alexander der Große wurden z. B. in Ägypten Papageien gehalten. Ein Verwandter dieser damals gehaltenen Papageienart trägt daher auch heute noch den Namen Großer Alexandersittich.

Im antiken Griechenland hielten Wohlhabende Sittiche in Käfigen, um ihnen das Imitieren menschlicher Sprache beizubringen. Der gleichen Beschäftigung gingen später auch römische Edelleute nach. Bei den Römern galten Papageien als eines der wertvollsten Geschenke, das man seiner angebeteten Dame darbieten konnte. Je besser ein Papagei menschliche Sprache nachahmen konnte, desto höher wurde die Wertschätzung für ihn.

Auch in späteren Jahrhunderten sah man Papageien hauptsächlich als sprachbegabte, zähmbare Haustiere an und holte sich die meist farbenprächtigen Tropenvögel in heimische Gefilde. Das wissenschaftliche Interesse an dieser Vogelgruppe war damals nur wenig ausgeprägt, was sich aber im Laufe der Zeit glücklicherweise änderte. Doch auch heute ist unser Wissen besonders über das Freileben der einzelnen Papageienarten noch sehr lückenhaft. Vermutlich ist hierin einer der Gründe zu suchen, warum Papageien immer wieder falsch eingeschätzt werden.

Papageien stellen eine vergleichsweise alte Vogelgruppe dar, deren Gestalt in ihren Grundzügen schon vor schätzungsweise 20 bis 30 Millionen Jahren existierte. In Frankreich entdeckte man einen zumindest papageienähnlichen Vogel, der etwa 30 Millionen Jahre alt sein soll und von den Wissenschaftlern *Archeopsittacus verreauxi* genannt wird. Andere Ur-Papageien besiedelten der Vorstellung nach vor

15 bis 20 Millionen Jahren die Erde und zwar auch solche Gebiete, die man auf den ersten Blick wohl kaum diesen charakteristischen Tropenvögeln zuordnen würde. So gibt es Vorzeitfunde aus Europa südlich der Alpen, aus Spanien und Frankreich sowie aus Nordamerika bis zur heutigen kanadischen Region. Natürlich herrschten in diesen Gebieten damals andere Klimabedingungen vor als heute.

Auch heute sind Papageien keineswegs auf reine Tropengebiete beschränkt, sondern bewohnen die Subtropen und auch gemäßigte Klimaregionen. So leben einige Vertreter wie der Chinasittich, den man u. a. im südöstlichen Tibet findet, oder die durch ihre Spielfreudigkeit berühmt gewordenen neuseeländische Keas in schwer zugänglichen Hochgebirgsregionen mit ausgesprochen niedrigen Temperaturen, teilweise sogar oberhalb der natürlichen Baumgrenze. In Nordamerika wurde die letzte Papageienart, der Carolinasittich gar erst um 1918 ausgerottet. Das letzte Exemplar dieser Art starb bezeichnenderweise im Zoo von Cincinnati. Unter etwas gemäßigten Bedingungen leben einige südamerikanischen Arten in Patagonien und auf Feuerland. Auf den Antipoden-Inseln südöstlich vor Neuseeland brüten Laufsittiche in direkter Nachbarschaft zu Pinguinen.

Selbst in Europa, ja sogar in Deutschland kann man heute wieder freilebende Papageienarten beobachten. Allerdings handelt es sich bei diesen Tieren um entflogene Käfigvögel. Doch mittlerweile haben die heimischen Vogelkundler Arten wie den Halsbandsittich als eingebürgerte Bestandteile unserer Fauna akzeptiert. Selbst beim Aufschlagen von Fachbüchern über die mitteleuropäische Vogelwelt trifft man daher auf den Halsbandsittich. Überhaupt hat sich gerade diese Art als äußerst anpassungsfähig erwiesen, so dass es dem fachkundigen Papageienfreund kaum verwundern mag, dass sie mit Abstand das größte Verbreitungsgebiet aller Papageien hat und auch in kultivierten Landstrichen, ja sogar in Städten in direkter Nachbarschaft zum Menschen lebt. Doch leider stellt der Halsbandsittich eine krasse Ausnahme unter den rund 350 bekannten Papageienarten der Welt dar. Nur wenige können sich in der vom Menschen geprägten und vielfach umgestalteten Welt zurechtfinden. Dies trifft besonders für die wenig stabilen Inselpopulationen mit einem teilweise nur wenige Quadratkilometer großen Verbreitungsgebiet zu. So verwundert es kaum, dass man gerade unter diesen Papageienarten auf die meisten akut vom Aussterben bedrohten Formen trifft.

Aber auch Arten, die man noch vor einigen Jahren zu den häufigsten Papageienspezies in ihrer Heimat zählte, wie z. B. die in Südamerika verbreitete Blaustirnamazone oder der afrikanische Graupapagei, werden Stunde um Stunde Opfer des skrupellosen Tierhandels und nicht zuletzt der scheinbar unaufhaltsam voran schreitenden Lebensraumvernichtung. Sollte sich nichts an der aktuellen Situation ändern, wird wohl auch ihnen eine düstere Zukunft bevorstehen. Insgesamt rechnet man heute bereits etwa ein Drittel aller Papageienarten zu den mehr oder minder gefährdeten Tierarten und die Tendenz ist steigend.

Der Theorie nach könnte das ursprüngliche Verbreitungszentrum der Papageien im nördlichen Australien und Neuguinea gelegen haben, was unter anderem dadurch unterstützt wird, dass sich in dieser Region auch heute noch die ursprünglichen Papageienarten befinden. Von hier aus wurden dann die pazifischen, asiatisch-afrikanischen und südamerikanischen Gebiete besiedelt. Dies verlangte Generationen lange Anpassungsvorgänge an die unterschiedlichsten Lebensräume, deren Ergebnis die heutige Artenvielfalt darstellt. Trotz dieser verschiedenartigen Anpassungen haben alle Papageien einige Gemeinsamkeiten, die Zoologen dazu veranlassen, die Papageienvögel gemeinsam in die zoologische Ordnung der *Psittaciformes* einzuordnen. Allen Vertretern der Ordnung der Papageien ist der relativ kräftige und gekrümmte Schnabel gemeinsam, der eine gelenkartige Verbindung mit dem Schädel aufweist. Ferner sind die muskulöse Zunge und die zu Greiforganen entwickelten Füße mit vier Zehen charakteristisch für alle Papageienvögel. Hinzu kommt die Stellung der Zehen, von denen die 1. und 4. nach hinten und die 2. und 3. nach vorne weist.

Diese und andere Merkmale sorgen dafür, dass eine Zuordnung in die Ordnung der Papageienvögel verhältnismäßig leicht fällt. Ungleich schwieriger ist es jedoch,

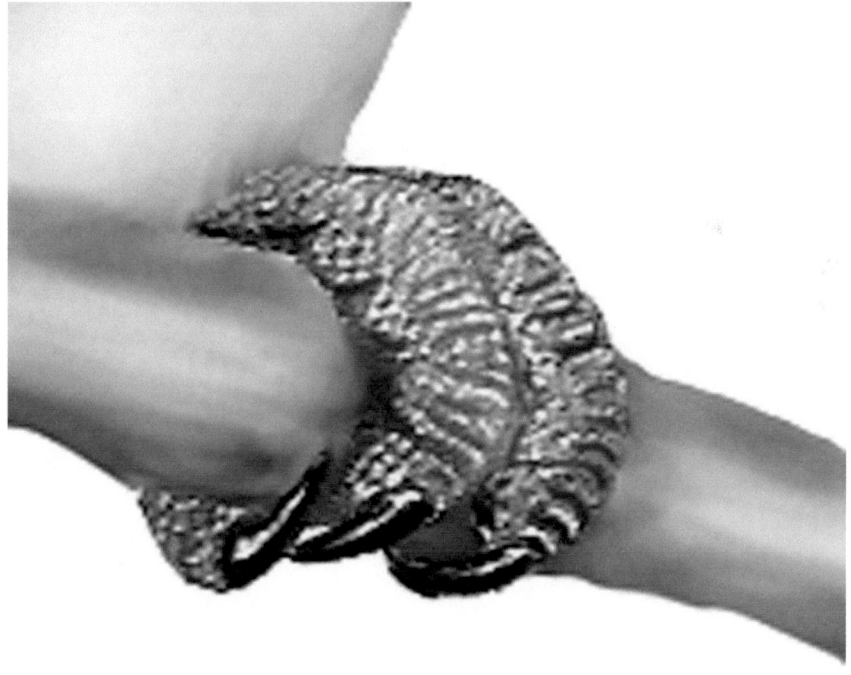

Der typische Papageienfuß dient u. a. zum Festhalten und Greifen von Ästen und Nahrungsmitteln und gehört zu den charakteristischen Merkmalen der Papageienvögel.

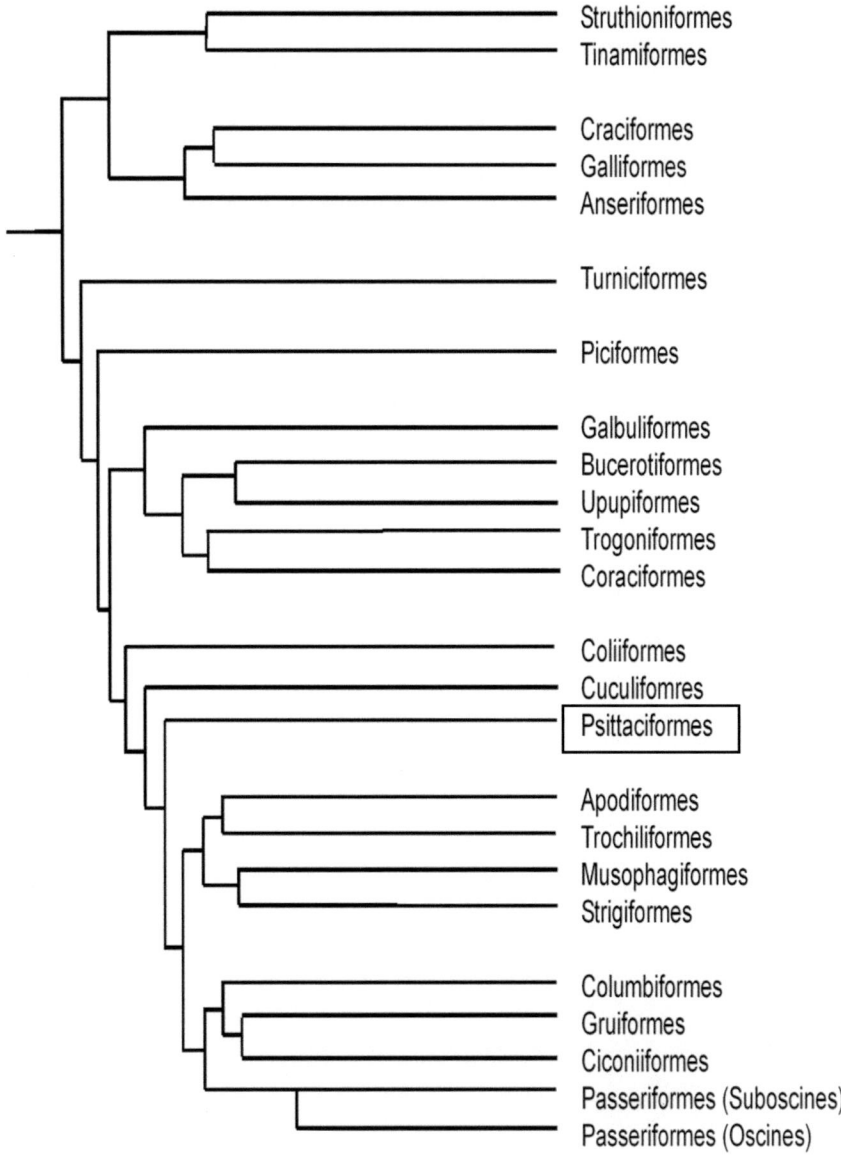

Stammbaum der Vögel mit den modernen Vogelordnungen nach SIBLEY & AHLQUIST 1990 modifiziert von JARVIS & MELLO 2000. Die Papageien ordnen sich demnach zwischen die *Cuculiformes* und *Apodiformes* ein.

Papageien in eine verwandtschaftliche Beziehung zu anderen Vogelgruppen zu stellen.

Aufgrund einiger Übereinstimmungen in Anatomie, Morphologie und Ethologie wurden Papageien von einigen Biologen in die Nähe der übrigen „Paarzehervögel", wie Kuckucksvögel (*Cuculiformes*), Spechte (*Piciformes*) und Eulen (*Strigiformes*) gestellt. Andere Wissenschaftler wiederum gehen davon aus, dass die Ausbildung des Paarzeherfußes nicht aufgrund von Verwandtschaftsverhältnissen, sondern vielmehr durch eine gleichsinnige Anpassung an vergleichbare Lebensbedingungen zustande kam und sich unabhängig voneinander in den verschiedenen Ordnungen entwickelte.

Auch über eine mögliche Verwandtschaft zu den Taubenvögeln (*Columbiformes*) wurde gemutmaßt. Verschiedene Wissenschaftler suchten anhand der Zahntaube (*Didunculus strigirostis*) nach Anhaltspunkten für eine verwandtschaftliche Beziehung zwischen beiden Ordnungen. Man kam zu dem Ergebnis, dass die Zahntaube ein mögliches Bindeglied zwischen den Tauben- und Papageienvögeln sein könnte. Demgegenüber stehen wiederum andere Untersuchungen, die belegen, dass die zuvor als Indiz für eine mögliche Verwandtschaft angesehenen Übereinstimmungen hinsichtlich der Schädelstruktur, vielmehr als Ergebnis einer konvergenten Entwicklung anzusehen sind. Die bisherige Vermutung einer verwandtschaftlichen Beziehung wurde somit also nicht bestätigt. Aktuell stellt man die Papageien zwischen die Kuckucks- (*Cuculiformes*) und Schwalbenvögel (*Apodiformes*).

Die Ordnung der Papageienvögel umfasst nach einer heute häufig vertretenen Meinung zwei Familien (*Psittacidae* und *Cacatuidae*), die sich wiederum aus diversen Unterfamilien zusammen setzen. Jede dieser Unterfamilien weist wiederum verschiedene Gattungen auf, die man dann noch in Arten und Unterarten unterteilt. Im Artenteil dieses Buches sind alle derzeit bekannten Unterfamilien nebst Gattungen der Papageienvögel aufgeführt.

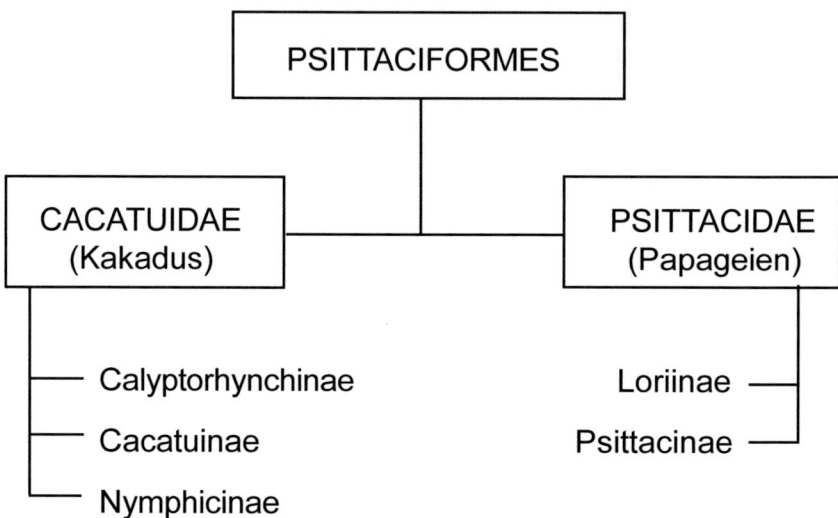

Aktuelle Systematik der Papageien (nach Collar 1997). Demnach spaltet sich die Ordnung *Psittaciformes* in zwei Familien auf. Die erste, die *Cacatuidae* umfasst sämtliche Kakadus in drei Unterfamilien, also insgesamt 6 Gattungen und 21 Arten. Die zweite, die *Psittacidae* hingegen alle anderen Papageien inklusive der Loris. Das sind zwei Unterfamilien mit 78 Gattungen und 332 Arten.

Lebensräume

Zu den von Papageien bevorzugten Lebensräumen gehören zweifelsfrei die ausgedehnten tropischen und subtropischen Regenwaldgebiete in Südamerika, Zentral- und Westafrika sowie im südöstlichen Asien. Kleinere Gebiete findet man in Australien, Neuguinea, auf den Salomonen, Philippinen und den Fidschi-Inseln, in Indien, Pakistan,

Bangladesch und auf einigen karibischen Inseln.

Die Formenvielfalt in diesen „immergrünen" Wäldern, die auch auf die meisten anderen ihrer Bewohner zutrifft, lässt sich mit der immensen Zahl unterschiedlicher ökologischer Nischen erklären, die ausreichend Nahrungsquellen, zahlreiche Brutgelegenheiten und geeignete Lebensbedingungen für eine große Artenzahl bieten.

Tropische Regenwälder sind nur in solchen Gebieten zu finden, in denen eine relativ hohe Jahresdurchschnittstemperatur (um ca. 23°C) und eine durchschnittliche Niederschlagsmenge von über 2000 mm pro Jahr gegeben sind. Dies trifft zwar auf etwa zwölf Prozent der Erdoberfläche zu, dennoch sind nur noch etwa sechs Prozent tatsächlich mit immergrünem Regenwald bedeckt. Der üppige Wuchs dieser Wälder, der aufgrund dieser Klimabedingungen gegeben ist, ließ die Fachwelt lange Zeit vermuten, dass im Waldboden immense Nährstoffvorkommen zu finden sein

Die weltweite Verbreitung der Papageien kennzeichnet sie vor allem als Bewohner tropischer und subtropischer Gebiete (nach LANTERMANN 1994).

müssten. Doch im Laufe der Zeit haben immer wieder neue Untersuchungen gezeigt, dass Regenwälder eigentlich auf vergleichsweise nährstoffarmen Böden wachsen und nur aufgrund eines hochempfindlichen ökologischen Gleichgewichtes mit komplexen Stoffkreisläufen existieren können. Regenwälder und ihre Einwohner sind daher extrem empfindlich gegenüber allen Eingriffen in diese sich bereits Jahrtausende ablaufenden biologischen Vorgänge.

Dies gilt ohne Einschränkungen auch für alle Regenwald bewohnenden Papageienarten als Teil dieses Systems. Im krassen Gegensatz zu unserem, wenn auch spärlichen Wissens über das Ökosystem Regenwald, steht unser Umgang mit diesem wohl bedeutsamsten Lebensraumes unserer Erde. So gibt es bereits Prognosen, die ein vollständiges Verschwinden dieser Wälder in absehbarer Zeit vorausdeuten, sollte sich nichts Wesentliches an unserem selbstzerstörerischen Verhalten ändern.

Zahlreiche Papageienarten sind auch in den ausgedehnten Savannengebieten unserer Erde beheimatet, die sich vor allem in Südamerika, Afrika und Australien finden. Wo keine Wälder mehr gedeihen, weil sich Feuchtperioden mit unterschiedlich ausgeprägten Trockenzeiten ablösen, dort bilden sich Savannen. Zunächst Feuchtsavannen, die mit abnehmenden jährlichen Niederschlagsmengen schließlich in Trockensavannen, Dornsavannen oder gar Halbwüsten und Wüsten übergehen können.

Natürlich mussten sich die Papageien an die unterschiedlichen Lebensräume besonders anpassen. So fehlt es vor allem in der Trockenzeit an Trinkwasser und auch Nahrung. Im Gegensatz zu den Regenwaldbewohnern leben Papageienarten der Savannengebiete vor allem außerhalb der Brutzeit nomadisch. Sie durchstreifen dann in kleinen Gruppen oder riesigen Schwärmen große Gebiete, um nach geeigneten Nahrungsquellen zu suchen. Auch die Versorgung mit Trinkwasser ist nicht immer üppig, so dass Savannenbewohner sparsamer mit ihrem Flüssigkeitshaushalt sein müssen als z. B. Waldbewohner.

Eine weitere Anpassung betrifft die niedrigeren Temperaturen und starken Temperaturwechsel zwischen Tag und Nacht. So müssen Papageien aus Savannengebieten am Tage oft mit Temperaturen von 30 bis 40 °C klarkommen, die in der Nacht auf nur 10 °C oder weniger fallen können. Das Jahr dieser Arten wird durch das Auftreten der Feucht- und Trockenperiode stark unterteilt. Nach der Feuchtperiode beginnen die meisten Pflanzen zu blühen und Früchte zu tragen, so dass nun die günstigste Fortpflanzungszeit ist. Nur die Papageien, die frühzeitig eine geeignete Nistmöglichkeit und ausreichende Nahrungsquellen finden können, haben eine Chance sich erfolgreich fortzupflanzen. In bestimmten Gebieten kann der Konkurrenzdruck beim Kampf um Nahrung und Nistgelegenheiten sehr hoch sein, was nur den wirklich überlebensfähigen Exemplaren eine Sicherung der eigenen Existenz und die Weitergabe der eigenen Erbanlagen ermöglicht.

Abgesehen von diesen eher typischen Papageienlebensräumen gibt es einige Vertreter, denen es gelungen ist, auf den ersten Blick für Papageien untypische Lebensräume zu besiedeln. So findet man in manchen tropischen Gebirgsregionen Papageienarten wie z. B. den Andensittich, der noch in Höhen von bis zu 6250 m vorkommen kann, während die Mehrzahl der Papageienarten nicht höher als 2000 bis 3000 m über dem Meeresspiegel vorkommt. Mit steigender Höhe sinkt die Arten- und Individuenzahl, die man vorfindet, da nur hoch spezialisierte Arten unter den gegebenen Bedingungen ausreichend Nahrung und Brutplätze finden können.

Kulturfolger sichern sich im Gegensatz dazu eine gewisse Überlebenschance in stark vom Menschen geprägten Landstrichen, indem sie extrem anpassungsfähig sind und auf viele verschiedene Nahrungsquellen zurückgreifen, d. h. wenig spezialisiert sind. Sofern es durch gute Lebensumstände zu Massenansammlungen kommt, treten allerdings gerade solche Arten als Schädlinge in der Landwirtschaft auf. Dies führt wiederum nicht selten zu einer entsprechend ausgeprägten Verfolgung und Dezimierung.

Das Verhalten der Papageien

Außersoziale Verhaltensweisen

SITZEN und STEHEN

Das Sitzen der Papageien ist vor allem durch eine leicht gedrungene Körperhaltung gekennzeichnet, die mit einem schwachen Abstellen des Bauch- und Nackengefieders einhergeht. Das Sträuben dieser Gefiederpartien erhöht die Isolationswirkung des Gefieders und dient vermutlich der Thermoregulation. Manchmal wird auch ein Fuß in das Gefieder eingezogen und so der Schwerpunkt auf das zweite Bein verlagert. Die Sitzposition kann aufgrund der biologischen Voraussetzungen mit einem minimalen Kraftaufwand einbehalten werden. Beim Sitzen hält der Vogel die Augen stets geöffnet und beobachtet ständig Bewegungen und Veränderungen in seiner Umgebung. In dieser Haltung sind von vielen Exemplaren verschiedene Lautäußerungen, wie z. B. Pfeiftöne und nachgeahmte Geräusche zu hören.

Direkt aus der Sitzhaltung heraus kann der Vogel eine Position einnehmen, die im Allgemeinen als Stehen bezeichnet wird. Hierbei ist das Gefieder glatt, der Vogel nimmt oft plötzlich eine aufrechte Position ein und streckt den Hals. Stehen kommt meist nur kurzzeitig vor und ist gewissermaßen der Übergang von einer Ruheposition zu einer Bewegung. Viele Autoren verbinden mit der Stehposition eine erhöhte Aufmerksamkeit, die z. B. durch visuelles Fixieren des Reaktionsauslösers (z. B. eines Artgenossen, des menschlichen Pflegers, etc.) zum Ausdruck kommt. Direkt im Anschluss an das Stehen erfolgen je nach Situation Lauf-, Flug- und auch Drohbewegungen.

Das Sitzen und Stehen ist nach den bisherigen Erkenntnissen bei der Mehrzahl der Papageienarten ähnlich ausgeprägt und unterscheidet sich nur in Nuancen. So sehen die Beschreibungen des Sitzens und Stehens in der Literatur bei den Vertretern der Gattung *Poicephalus* (Langflügelpapageien), (Unzertrennliche), *Amazona* (Amazonen), *Cacatua* (Kakadus) etc. recht ähnlich aus.

LAUFEN und KLETTERN

Papageien laufen geschickt auf breiten und auf flachen Unterlagen. Dabei sind grundsätzlich drei Laufarten zu unterscheiden. Bei der ersten Variante vollführt der Vogel Seitwärtsbewegungen, bei denen stets ein Fuß parallel zum anderen um eine Schrittlänge versetzt wird. Der zweite Fuß wird dann mit dem Körperschwergewicht nachgezogen. Natürlich können sich die Papageien so nur relativ langsam vorwärts bewegen, so dass man diese Variante vor allem dann beobachten kann, wenn sich der Vogel z. B. einem Artgenossen vorsichtig nähert. Es scheint in der Regel die Bereitschaft zur Flucht zu bestehen.

Die zweite Variante ist ein vertikales Laufen zum Ast, bei dem Körperlängsachse und Astrichtung parallel verlaufen. Diese Fortbewegungsart wird wesentlich schneller vollführt und wird bei manchen Exemplaren von leichten Wippbewegungen begleitet. Teilweise sind Lautäußerungen zu vernehmen. Schreitet ein Vogel auf diese Weise auf einen Artgenossen oder Gegenstand zu, scheint kaum eine Flucht-bereitschaft zu bestehen, vielmehr weichen die meisten Art-genossen zunächst aus, wenn ein Vogel auf diese Weise direkt auf sie zu schreitet. In Volieren, die mit langen und breiten Ästen ausgestattet sind, sieht man die vertikale Lauf-variante relativ häufig.

Eine verstärkte Form des vertikalen Laufens in vermut-lich ritualisierter Form ist für Amazonen als so genannter „aggressive walk" beschrieben worden. Ein ähnliches Ver-halten scheint es auch bei Papageien zu geben. Auch viele Graupapageien schreiten auf ähnliche Weise vertikal zum Ast mit zunehmender Geschwindigkeit auf Artgenossen zu. Die Vögel wirken dabei geduckt, der Schnabel ist auf den Artgenossen gerichtet und das Laufen ist durch leichte Wippbewegungen des Körpers gekennzeichnet. Manche Exemplare stellen - vermutlich je nach Grad der Erregung - ihr Gefieder ab. Ähnliche Verhaltensweisen („aggressive walk") wurden für Vertreter der Gattung *Loriculus* (Fledermauspapageien), *Poicephalus* (Langflügelpapageien) und *Agapornis* (Unzertrennliche) beschrieben.

Die dritte Variante ist das Laufen am Boden. Auch in freier Wildbahn halten sich Papageien kurzfristig am Bo-den auf, um sich z. B. mit mineralhaltiger Erde oder sonsti-ger Nahrung zu versorgen. In großen Volieren kommen immer wieder Exemplare auf den Boden und scharren im Sand oder holen sich hinuntergefallene Nahrungsstücke. Am Boden wirken fast alle Papageienarten etwas ungeschickt. Mit einer leicht o-beinig wirkenden und durch die abwech-selnde Verlagerung des Körperschwerpunktes watscheln-den Gangart bewegen sich die Tiere recht unsicher und zeigen daher eine erhöhte Aufmerksamkeit und Flucht-bereitschaft. Hüpfen als Fortbewegungsmethode wurde für

Keas (*Nestor notabilis*), einigen Loris (*Lorinae*) und Kakadus (*Cacatua*) beschrieben. Vertreter der Gattungen *Psittacus* (Graupapageien), *Amazona* (Amazonen), *Ara* (Aras), *Agapornis* (Unzertrennliche) und *Pionus* (Rotsteißpapageien) zeigen normalerweise dieses Verhalten nicht.

Papageien nutzen ihre Greiffüsse und den kräftigen Schnabel um sich in den Baumkronen kletternd fortzubewegen.

Klettern ist bei vornehmlich Baum bewohnenden Vogelarten eine besonders wichtige Fortbewegungsmethode und ist daher entsprechend gut bei fast allen Papageien ausgeprägt. Hierbei kooperieren die beiden gelenkigen Greiffüße mit ihren Paarzehen hervorragend mit dem kräftigen Schnabel. Häufig sucht der Papagei erst mit dem Schnabel Halt, um dann seine Beine abwechselnd nachzuziehen.

Alle Papageien scheinen einen ausgeprägten Vorzug für das senkrechte Aufwärtsklettern zuhaben, das im Allgemeinen damit begründet wird, dass hohe Sitzpositionen ihrem Sicherheitsgefühl entgegenkommen. Doch grundsätzlich sind Papageien in der Lage, in jede beliebige Richtung zu klettern. Die Kletterbewegungen in verzweigten Baumwipfeln und Ästen richten sich natürlich nach den örtlichen Begebenheiten. Beim Abwärtsklettern z. B. am Volierendraht dreht sich der Vogel stets, damit sein Kopf nach unten zeigt und er nach dem üblichen Schema abwärts klettern kann. Manche Exemplare vollführen geradezu akrobatisch anmutende Bewegungen, wenn sie sich z. B. nur mit dem Schnabel in das Gitter des Volierendaches einklinken und mit den frei pendelnden Füßen nach einem geeigneten Ast zum hinunter klettern suchen. Andere Exemplare halten sich nur mit den beiden Füßen an einem Ast fest und versuchen Kopf unter hängend an einen begehrten Leckerbissen oder an ein Spielgegenstand zu gelangen.

Da sich die meisten Papageien in einem künstlichen Haltungssystem vornehmlich kletternd fortbewegen, muss dem großen Bewegungsbedürfnis dieser Tiere unbedingt durch vielseitige Klettermöglichkeiten Rechnung getragen werden.

FLIEGEN

Der Flug fast aller Papageien- und Sitticharten in freier Wildbahn wird als geradlinig und direkt beschrieben. Mit schnellen und kräftigen Flügelschlägen fliegen die Tiere oberhalb der Baumkronen häufig in großer Höhe und äußern dabei ihre Stimmfühlungslaute. Aufgrund der meist beengten Verhältnisse in Volieren liegen zurzeit kaum nähere Beschreibungen des Flugverhaltens von Papageien vor. In sehr großen Volierenanlagen fliegen Papageien allerdings relativ geschickt und führen auch geschickte Landemanöver z. B. auf relativ kleinen Ästen etc. durch.

Die Absicht zum Fliegen ist meist sehr deutlich aus dem Verhalten des Vogels zu ersehen. Manche Exemplare stellen die Flügelbuge etwas vom Körper ab, laufen scheinbar hektisch hin und her und vollführen Auf- und Abbewegungen mit dem Kopf und dem Körper. Andere Exemplare ducken sich mit leicht abgestellten Flügeln und glatt anliegendem Gefieder nur kurz und stoßen sich dann kräftig von ihrem Sitzplatz ab, um zu fliegen.

Unter sehr beengten Haltungsbedingungen z. B. in Käfigen vollführen viele Exemplare, die lange keine Möglichkeit zum Fliegen hatten, Fugbewegungen im Leerlauf. Dabei krallen sich die Papageien an einer Sitzstange o. ä. fest und simulieren die Flatter- und Ruderbewegungen mit den Flügeln ohne dabei wirklich abzuheben. Auf diese Weise können die Tiere vermutlich ihren Bewegungs- und Flugdrang zumindest zum Teil abreagieren.

Trotz ihrer relativ gut ausgeprägten Flugfähigkeiten bewegen sich die meisten in Menschenobhut gepflegten Papageien mehr kletternd und laufend fort, was vermutlich mit den beengten Volierenräumen, aber unter Umständen auch mit der stark eingeschränkten Notwendigkeit langer Flugstrecken zusammenhängt. In Großvolieren steigert sich die Häufigkeit des Flugverhaltens, was zum Teil auf die längeren Wegstrecken und die schwierigere Erreichbarkeit mancher Plätze zurück zu führen ist.

KOMFORTVERHALTEN

Zur täglichen Körperpflege der Papageien und Sittiche zählen zweifellos die Putzbewegungen, die sich auf das Gefieder richten. Beim Putzen werden die Federn einzeln gereinigt, indem sie der Vogel durch den Schnabel zieht und unter Mithilfe von Ober- und Unterschnabel, sowie der Zunge reinigt. Eine weitere Funktion dieses Verhaltens ist das Ordnen und Wiederherstellen der Federstruktur.

Putzbewegungen erfolgen in der Regel nach Ruhephasen und beanspruchen sofern sie nicht durch störende Ereignisse unterbrochen werden meist mehrere Minuten. Das Putzen des Brustgefieders beansprucht dabei anteilsmäßig die meiste Zeit, während die Pflege der Schwung- und Rückenfedern relativ schnell durchgeführt wird. Papageien sind aufgrund ihrer Beweglichkeit in der Lage fast alle Körperpartien selbständig zu reinigen. Eine Ausnahme bildet hierbei nur das Kopfgefieder, das der sozialen Gefiederpflege vorbehalten bleibt.

Bei vielen Exemplaren (z. B. Graupapageien) kann man zwischen den Putzbewegungen beobachten, wie sie den Kopf seitlich oberhalb der Schwanzwurzel in die Nähe der Bürzeldrüse legen und mit diesem heftig rotierende Bewegungen ausführen. Bei vielen Wasservögeln (z. B. bei Gänsen) wird auf ähnliche Weise das Bürzeldrüsensekret im Gefieder verteilt. Die speziellen Bewegungsweisen der Gefiederpflege sind schon sehr alt und bei vielen Vogelarten vergleichbar. Diese Bewegungskoordinationen sind den Tieren vermutlich in zweifacher Ausführung für beide Körperhälften angeboren.

Bei manchen Papageienarten vermutet man, dass sich Putzbewegungen stimmungsübertragend auf Artgenossen auswirken, d. h. sie können weitere Tiere ebenfalls zu Putzbewegungen animieren. Ebenfalls vermutet man, dass auch artfremde Papageien durch Putzbewegungen zur Gefiederpflege angeregt werden können. Eine solche „ansteckende" Wirkung von Putzbewegungen wurde bei der Blaustirnamazone beobachtet, die z. B. bei anderen Amazonenarten, Kakadus (*Cacatua*), Langflügelpapageien (*Poicephalus*) und Agaporniden (*Agapornis*) eintrat. Diese Wirkung lässt sich eventuell auf die Ähnlichkeit der Bewegungen und das ausgeprägte Sozialverhalten der Papageien zurückführen.

Nach den Putzphasen kann man bei vielen Papageien das so genannte Schütteln beobachten. Bei diesem Vorgang spreizen die Tiere ihr Gefieder relativ stark vom Körper ab, vollführen ruckartige, wechselseitige Seitwärtsbewegungen und legen anschließend ihr Gefieder wieder eng an den Körper an. Durch das Schütteln entledigen sich die Tiere im Gefieder befindlicher Schmutzpartikel, übermäßigem Gefiederstaub und vergleichbarem.

Auch die unbefiederten Füße und Läufe der Papageien werden regelmäßig mit dem Schnabel gereinigt. Hierzu wird jeweils ein Fuß zum Schnabel geführt und mit diesem unter Mithilfe der Zunge von Verunreinigungen und lokkeren Hautschuppen gesäubert. Bei einzelnen Exemplaren kann man beobachten, wie sie ihre Krallen mit dem Schnabel benagen. Ob dies nur eine individuelle Eigenschaft einiger Papageien ist, die sich aus mangelnden Abnutzungsmöglichkeiten der Hornpartien entwickelt hat oder zu den natürlichen Putzbewegungen gezählt werden kann, ist unbekannt.

Auch der Schnabel wird regelmäßig gereinigt. Dies geschieht vor allem im Anschluss an die Nahrungsaufnahme und wird entweder durch wechselseitiges Reiben der Schnabelseiten an einer rauen Oberfläche z. B. einem Ast oder aber durch das Gegeneinanderreiben von Ober- und Unterschnabel erreicht. Letztere Variante wird bevorzugt in Ruhephasen angewandt. Das Reiben des Schnabels, sei es auf einer rauen Oberfläche oder bei der zweiten Version unter Ausnutzung der Feilkerben im Oberschnabel, dient - neben dem Säuberungseffekt - auch der natürlichen Abnutzung und Schärfung des Schnabels.

Unmittelbar nach den Ruhephasen zeigen die meisten Papageien Streckbewegungen, die in zwei Variationen auftreten. Bei der ersten Bewegungsfolge wird jeweils ein Flügel nach unten ausgebreitet während das Bein der gleichen Körperhälfte in die gleiche Richtung ausgestreckt wird. Der Schwanz wird dabei mehr oder minder stark gefächert. Das Brustgefieder ist häufig leicht abgestellt.

Bei der zweiten Variante werden beide Flügel gleichzeitig über dem Rücken angehoben, wobei die Handschwingen an den Armschwingen angelegt bleiben. Dabei ist ebenfalls häufig ein leichtes Aufstellen des Brust und Nackengefieders zu beobachten. Auch diese Verhaltensweisen aus dem Bereich des Komfortverhaltens sind bei vielen Papageienarten in ähnlicher Weise ausgeprägt.

Eine weitere Verhaltensweise aus dem Bereich des Komfortverhaltens ist das Gähnen. Gähnen tritt vor allem vor und nach längeren Ruhephasen auf. In Verbindung mit dem Gähnverhalten treten häufig auch so genannte Kratzbewegungen auf. Diese sind durch ein schnelles Hin- und Herbewegen eines Fußes an einer Körperstelle charakterisiert. In der Ordnung der Papageienvögel unterscheidet man zwischen Arten, die sich auf direktem Wege kratzen, die den entsprechenden Fuß direkt zu der zu bearbeitenden Stelle führen (z. B. Amazonenpapageien und manche Kakadus) und Arten die den Fuß erst über den leicht abgespreizten Flügel heben und dann erst die Kratzbewegungen ausführen. Das an zweiter Stelle erwähnte Verhalten wurde für Keas, Agaporniden und Wellensittiche beschrieben. Graupapageien kratzen sich ähnlich wie die Vertreter der Amazonen auf direktem Wege. Ebenfalls zum Komfortverhalten ist das Baden zu zählen.

FRESS- und TRINKVERHALTEN

Die meisten Papageien müssen nach den bisherigen Erkenntnissen eindeutig als überwiegend granivor (= Körner fressend) bezeichnet werden. Trotzdem beinhaltet ihr weit gefächertes Nahrungsspektrum neben verschiedenen Samen und Nüssen auch Früchte und Beeren verschiedener Arten und auch die Aufnahme von tierischen Organismen bei der Nahrungssuche ist nicht auszuschließen. Nektarivor sind vor allem Loris und Fledermauspapageien, während Edelpapageien, Feigenpapageien und andere Arten überwiegend früchtefressend, also frugivor sind.

Im Gegensatz zu vielen anderen Vogelarten schälen Papageien Samen und Nüsse sowie viele Früchte und Beeren vor dem Fressen. Dies hat den Vorteil einer geringeren Belastung des Verdauungstraktes mit unverdaulichen Stoffen.

Der Schälvorgang erfolgt im Allgemeinen nach einem festen Schema. Der Papagei positioniert dabei das Samenkorn mit Hilfe seiner beweglichen Zunge in der Schnabelhöhle so, dass es mit der Zunge gegen die Pfeilkerben des Oberschnabels gedrückt und mit dem Unterschnabel geschält werden kann. Meist dreht der Vogel das Samenkorn noch geschickt mit der Zunge, damit er die zweite Schalenhälfte auf die gleiche Weise entfernen kann. Der geschälte Samen wird anschließend noch zerkleinert und dann verschluckt. Bei Früchten beißen die Papageien zunächst ein schnabelgerechtes Stück ab und entfernen dann nach Bedarf die Schale ähnlich wie bei einem Samenkorn. In der Regel benutzen Papageien einen Fuß zum Festhalten von größeren Nahrungsbrocken, die sie zuvor mit dem Schnabel aus dem Napf genommen haben.

Viele Papageien setzen sich in der Regel direkt vor den Futternapf, um zu fressen. Stark bevorzugte Futtermittel, die oft eine gewisse Konkurrenzsituation in der Gruppe hervorrufen (z. B. verschiedene Nüsse und Früchte) nehmen manche Exemplare mit dem Schnabel aus dem Napf und fliegen zu einer vermeintlich störungsfreien Stelle in der Voliere, um diese Leckerbissen dort zu fressen.

Es gibt Beobachtungen an Blaustirnamazonen (*Amazona aestiva*) und Grünflügelaras (*Ara chloroptera*), die beschreiben, dass einzelne Tiere auch mehrere kleinere Samen im Schnabel zu einem anderen Standort bringen, um sie dort zu fressen.

Den Beschreibungen vieler Papageienhalter folgend, müssen einige Arten (z. B. Graupapageien und Kakadus) als recht konservative Kostgänger beschrieben werden. Futterumstellungen können sich bei solchen Exemplaren recht schwierig darstellen. Viele Papageienvögel sind sehr verschwenderisch bei der Nahrungsaufnahme und nutzen die Futterangebote z. B. in der Voliere nur dann richtig, wenn sie dazu gezwungen werden. Stehen nahezu unbegrenzte Futtermengen zur Verfügung, werden sich die meisten Papageien nur von Leckereien ernähren, was häufig zu einseitiger Ernährung führt. Entsprechend ist auf eine angemessene Futtermenge zu achten, die die Tiere zwingt alle Bestandteile zu verwerten.

Papageien sind in der Lage aus verschiedenen Positionen heraus zu trinken. Im Normalfall wählen sie aber eine bequeme Position vor dem Wassernapf und tauchen den

Schnabel unterschiedlich tief ins Wasser. Der eigentliche Trinkvorgang wird vor allem mit Hilfe der Zunge und des Oberschnabels ausgeführt. Ihm voraus gehen in Ausführung und Dauer stark variierende Bewegungen der Zunge bei geöffnetem und ins Wasser getauchtem Schnabel. Dabei wird die Zunge allerdings nicht an den Gaumen gepresst, so dass dieser einleitende Vorgang nicht sehr wirkungsvoll bei der Flüssigkeitsaufnahme sein dürfte. Denkbar ist hierbei allerdings eine Wasseraufnahme nach dem Prinzip des „Zungenbenetzens".

Bei der zweiten, eigentlichen Trinkphase wird mit der muldenförmige Zungenspitze eine gewisse Flüssigkeitsmenge aufgeschöpft und durch Anpressen der Zunge an den Gaumen geschluckt. Dieser Schöpfvorgang wird je nach Bedarf wiederholt. Graupapageien können ähnlich wie *Poicephalus* spec., *Agapornis* spec. und andere Vertreter der *Psittacinae* grundsätzlich Flüssigkeit aufnehmen, ohne den Kopf aufzurichten, zeigen dieses Verhalten aber teilweise auch. Ein Zurückwerfen des Kopfes beim Trinkvorgang wird vor allem von Vertretern der Gattung *Cacatua* (Kakadus) durchgeführt.

RUHEN und SCHLAFEN

Papageien sind in Menschenobhut besonders in den frühen Morgen- und Abendstunden aktiv. Einen großen Teil des Tages verbringen die Tiere allerdings im Ruhezustand. Beim Ruhen nehmen die Papageien eine gedrungen Körperhaltung ein, stellen ihre Konturfedern - vermutlich zur besseren Isolation - leicht ab, ziehen oft ein Bein ins Gefieder ein und schließen kurzzeitig die Augen. Vor allem adulte Tiere drehen den Kopf um 180° und stecken den Schnabel ins Gefieder, was ebenfalls der Thermoregulation dienen kann. Im Gegensatz zum Schlafen nehmen ruhende Tiere allerdings ständig Kenntnis von den Geschehnissen in ihrer Umgebung. Regelmäßig öffnen sie die Augen und reagieren sofort auf ungewohnte Reize durch optisches Fixieren oder eine aufrechte Sitzhaltung. Beim Schlafen hält der Vogel eine vergleichbare Position ein, schließt aber über einen längeren Zeitraum die Augen und ist weniger angespannt.

Die bevorzugten Schlaf- und Ruhepositionen liegen im oberen Volierendrittel auf hoch gelegenen Ästen. Dies scheint dem Sicherheitsbedürfnis der ansonsten vorwiegend Baum bewohnenden Papageien entgegen zu kommen. Verpaarte Tiere suchen häufig den direkten Kontakt ihres Artgenossen und sitzen beim Schlafen und Ruhen entsprechend dicht nebeneinander. Jungtiere und unverpaarte Altvögel sitzen meist allein und halten in der Regel eine gewisse Individualdistanz zu anderen Tieren ein. Wird diese von einem nahenden Exemplar unterschritten, reagieren viele Papageien zunächst durch stärkeres Abstellen des Gefieders oder drohen in seltenen Fällen auch ihrem Artgenossen mit geöffnetem Schnabel.

SPIELVERHALTEN

Schon Konrad Lorenz berichtete in einem seiner Werke über einen Gelbhaubenkakadu „Koka", der aus seiner Spiellaune heraus das freie Ende eines Wollfadens in den Schnabel nahm und mit kräftigen Flügelschlägen davonflog, so dass sich das gesamte Knäuel entrollte. Das Spielverhalten eines Tieres ist in hohem Maße von seinem Drang zur Tätigkeit und dem gesundheitlichen Zustand abhängig. Untersucht man es, ist in der Regel festzustellen, dass nur gut ernährte und gesunde Exemplare regelmäßig spielen. Das Maß und die Ausprägung dieser Verhaltensweisen variiert von Individuum zu Individuum, lassen sich aber normalerweise bei allen Papageienarten feststellen.

Vor allem in Menschenobhut gehaltene Großpapageien neigen zu einem besonders intensiven Spielverhalten. Dies ist zum einen durch die sich häufig ergebende Langeweile, zum anderen durch eingeschränkte Bewegungsmöglichkeiten bedingt. So werden nicht selten alle Bestandteile des Käfiginventars untersucht, benagt und auseinandergenommen, so dass sie regelmäßig zu erneuern sind. Die beiden beweglichen Füße und der damit gut harmonierende Schnabel erlauben es den Papageien, alle erdenklichen Gegenstände zu bewegen, aufzudrehen, zu benagen etc., so dass dem ausgeprägten Spieltrieb dieser Vögel kaum Grenzen gesetzt sind. Nicht selten kann man in Verbindung mit dem Spielverhalten bei Papageien den Gebrauch von „Werkzeug" beobachten. So werden von einigen Exemplaren (z. B. manchen Kakadus und Graupapageien) die unterschiedlichsten Gegenstände benutzt, um sich an normalerweise unerreichbaren Stellen kratzen zu können. Wenige Exemplare beherrschen es sogar, sich selbst solche Hilfsmittel zu „basteln", indem sie z. B. Rindenstücke von Zweigen abnagen und zum Kraulen verwenden.

Unter „Spielen" versteht man Verhaltensweisen, die eigentlich aus einem anderen Zusammenhang, z. B. dem Nahrungserwerb stammen und in einer Situation durchgeführt werden, in der sie oft nur wenig Sinn ergeben. Man gewinnt häufig den Eindruck, dass die Handlung zum „Spaß" erfolgt. Tatsächlich steigert Spielen in jeglicher Form das Wohlbefinden eines Tieres. Das Spielverhalten ist keine Frage des Alters, dennoch ist zu verzeichnen, dass die meisten höher entwickelten Arten während einer bestimmten Periode der Jugendentwicklung ein besonders ausgeprägtes Spielverhalten zeigen. Man unterscheidet in der Regel Einzel- und Sozialspiele, wobei letztere bei den gesellig lebenden Papageienarten eine besondere Aufgabe erfüllen. Die umfangreichen Kampf-, Sexual-, Jagd- und

Versteckspiele, die u. a. bei Keas untersucht wurden, helfen dem Vogel, sich in sozialen Verhaltensweisen zu üben und diese zu optimieren. Des Weiteren bietet das Spiel eine sinnvolle Gelegenheit, dem eigenen Bewegungsbedürfnis nachzugeben. Nicht immer lassen sich Spielverhalten deutlich von anderen Verhaltenselementen unterscheiden, da diese sich sehr ähneln können. Erschwerend kommt hinzu, dass eine Vielzahl von Verhaltensweisen bei Papageien noch nicht untersucht wurde und somit kaum zufriedenstellend zu deuten ist. So liegen z. B. über das Sexualspiel bei Papageien nur von den neuseeländischen Keas einige Erkenntnisse vor.

Kennzeichnend für viele dieser Verhaltensweisen, vor allem für die so genannten Bewegungsspiele, ist deren übertriebene Ausführung. In der Regel werden zum Spielen erreichbare Gegenstände verwendet. Allerdings gibt es auch Beobachtungen von Goffin-Kakadus, die geradezu artistische Flugspiele im Zimmer vorführen, wenn sie zum Freiflug aus ihrer Unterkunft gelassen werden. Den Sozialspielen gehen bei vielen Papageien so genannte Initialspiele voraus, mit denen versucht wird, den Artgenossen zum „Mitspielen" zu animieren. Die wohl häufigste Form des Sozialspiels sind die so genannten Kampfspiele. Diese spielerisch ausgeführten Schnabel- und Fußgefechte werden von manchen Exemplaren so heftig vorgeführt, dass der Beobachter nicht selten Zweifel hegt, ob es sich tatsächlich nur um einen Scheinkampf handelt.

In der Regel besteht aber kaum ein Grund zur Besorgnis, da bei diesem Sozialverhalten Hemmungen des ernsthaften „Waffengebrauchs" wirksam sind, die Verletzungen verhindern. Diese Hemmungen werden vor allem dadurch deutlich, dass während solcher „Kämpfe" nie wirklich zugebissen wird, obwohl sich vielfache Gelegenheiten dazu ergeben. Heftig ausgeführte Kampfspiele sind meist von kürzerer Dauer. Wie bereits erwähnt, tritt ein Spielverhalten in der Regel nur bei Tieren auf, die in einem einwandfreien Gesundheitszustand sind. Dies ist wohl darauf zurückzuführen, dass nur gesunde und gut ernährte Tiere ausreichend „Energie" aufweisen können, die zum Spielen benötigt wird.

Sozialverhalten

AGONISTISCHES VERHALTEN

Die meisten Papageien leben in Familienverbänden, Kleingruppen und größeren Schwarmverbänden, die vorwiegend aus monogamen Paaren und ihren Jungtieren bestehen. Diese Lebens weise bedingt es, dass das einzelne Tier nahezu ständig in eine Beziehung zu Artgenossen tritt und sich mit ihnen in vielerlei Hinsicht auseinandersetzen muss. Aufgrund dieser Begebenheit ist das Sozialverhalten der Papageien, d. h. alle Verhaltensweisen, die auf einen oder mehrere Artgenossen gerichtet sind, relativ deutlich ausgeprägt. Zum Sozialverhalten einer Tierart gehört auch das so genannte agonistische Verhalten. Agonistisches Verhalten ist der Überbegriff für alle Verhaltensweisen. die mit kämpferischen Auseinandersetzungen von Artgenossen in Zusammenhang stehen. Es umfasst demnach Drohverhalten, Verteidigung und Angriff, aber auch die Flucht.

Papageien sind mit ihren recht großen, kräftigen Schnäbeln und scharfen Krallen sehr wehrhafte Tiere, so dass dauerhafte Ernstkämpfe, die ohne Regelmechanismen und Kontrollfunktionen ablaufen, biologisch kaum sinnvoll wären. Ein Großteil der agonistischen Verhaltensweisen ist daher vermutlich ritualisiert, damit folgenreiche Beschädigungskämpfe die Ausnahme bleiben. In dem folgenden Bericht soll versucht werden, zu verdeutlichen, dass das agonistische Verhalten ebenso zum natürlichen Verhalten der Papageien gehört wie z. B. das Komfortverhalten und wichtige Funktionen u. a. bei der Fortpflanzung erfüllt. Diese Funktionen sind auch für in Menschenobhut gehaltene Papageien von großer Bedeutung. Allzu oft trennen unerfahrene Papageienhalter gerade erst zusammengeführte Artgenossen, weil sie bestimmte aggressive Verhaltensweisen überbewerten und daher nicht mehr an eine erfolgreiche Verpaarung bzw. Vergesellschaftung glauben. Die erwähnten Zusammenhänge können u. U. bei der Verpaarung und Vermehrung von Volierenvögeln entscheidend sein, weshalb ihnen an dieser Stelle besondere Beachtung zukommen soll.

Drohverhalten

Drohverhaltensweisen spielen eine wichtige Rolle beim Zusammenleben der Papageien. da sie es ermöglichen. dass Konkurrenten durch Vorführen ihres Imponier- und Einschüchterungsgehabes ihre Kräfte darstellen können, ohne sich einem kräftezehrenden Kampf hingeben zu müssen. Grundsätzlich kann man bei sehr vielen Tierarten vergleichbare Elemente beim Drohen beobachten. Zum einen versuchen sich drohende Tiere je nach ihren anatomischen Voraussetzungen, größer darzustellen als sie in Wirklichkeit sind und/oder stellen evtl. vorhandene „Waffen" zur Schau. Zum anderen werden auffällige Farbmuster und Kontraste intensiv gezeigt, um die Wirkung der eigenen Erscheinung noch zu verstärken. Manchmal treten im Zusammenhang mit dem Drohverhalten so genannte Intentionsbewegungen auf, mit denen z. B. ein Angriff angedeutet wird, ohne ihn aber wirklich zu vollziehen.

Drohverhaltensweisen treten vor allem dann auf. wenn ein Individuum sowohl von Angriffs- als auch von Fluchttendenzen geleitet wird. Je nachdem, welche der beiden

Stimmungslagen überwiegt, ändert sich die Intensität und Ausprägung des Drohens. Bei starker Angriffsbereitschaft geht Drohen auch schnell in eine direkte aggressive Handlung über, z. B. in einen Schnabelhieb. Im umgekehrten Falle erfolgt meist die Flucht.

Eine häufige Form des Drohens bei vielen Papageien besteht im Darbieten bzw. im Präsentieren von farbenprächtigen Gefiederstellen und Vergrößern der eigenen Körperumrisse durch teilweises Abstellen des Deckgefieders. So drohen z. B. fast alle Amazonenpapageien zunächst, indem sie ihr mehr oder minder abstellbares Nackengefieder, Kopfgefieder und die oft bunt gefärbten Schwanzfedern durch Abspreizen präsentieren. Bei diesem Vorgang vergrößern einige Arten blitzartig die Iris und unterstreichen durch diese Signale die Warnfunktion ihres Verhaltens. Auch das Abstellen der Flügelbuge und die damit verbundene optische Signalwirkung durch die meist bunte Flügelbug- und -randfärbung dienen diesem Zweck. Ähnliche Vorgänge sind bei der Paarungseinleitung und beim Im-

Wenn Papageien ihr Gefieder aufstellen oder z. B. den Schwanz auffächern, dann versuchen sie, ihren Artgenossen zu imponieren.

ponieren zu finden. dort allerdings in einer anderen Bedeutung.

Fühlt ein Tier sich direkt von einem Konkurrenten bedroht (z. B. am Futterplatz), kommen nicht selten Schnabelöffnen und Hackbewegungen (als so genannte Intentionsbewegung) in Richtung des Artgenossen hinzu. Diese sind Ausdruck erhöhter Kampfbereitschaft. Weicht das bedrohte Tier nicht zurück, kommt es nicht selten zu recht harmlosen Schnabelgefechten, die andauern, bis eines der Tiere schließlich den Platz räumt. Mit dem Schnabelöffnen und Drohgähnen der Amazonen und Aras vergleichbar ist das Frontaldrohen der Graupapageien und Mohrenkopfpapageien. Vor allem Graupapageien plustern sich hierbei derart auf, dass sie wie eine große Federkugel aussehen und ihre Körperumrisse deutlich vergrößern. Der Kopf bzw. der Schnabel wird hierbei dem Artgenossen gesenkt entgegengestreckt, was die Drohwirkung vermutlich verstärkt. Bei Aras und Keas wurde auch das direkte Anblicken eines Artgenossen als Drohverhalten gewertet.

Ein weiteres, den meisten Haltern wohl bekanntes Drohverhalten ist das Fußheben. Die Funktion des gehobenen, dem Artgenossen entgegengehaltenen Fußes wird in der Literatur unterschiedlich beschrieben. Manche Autoren halten es für eine Drohgeste mit schwacher Angriffstendenz, andere wiederum sehen darin eine reine Beschwichtigungsgeste, die die eigene Unterlegenheit signalisieren soll. Defensives Drohen erfolgt in der Regel direkt vor einer Fluchthandlung und wird demzufolge nur recht kurzzeitig vorgeführt. Solche Verhaltensweisen liegen vor allem dann vor. wenn ein Vogel eine deutlich ausgeprägte Abwehrhaltung mit weit abgestellten Flügelbugen und Nackengefieder einnimmt. die im Gegensatz zum aggressiven Drohen durch eine deutlich zurückweichende Haltung gekennzeichnet sind.

Kampfverhalten

Die zuvor beschriebenen Drohelemente können in vielen Situationen eine direkte Auseinandersetzung zwischen Artgenossen vermeiden, sie allerdings nie völlig ersetzen. Aus diesem Grunde treten auch immer wieder direkte Kampfhandlungen zwischen Papageien auf, die in der Regel aber nicht auf die Schädigung, sondern lediglich auf die Vertreibung des Konkurrenten ausgerichtet sind.

Da Papageien relativ wehrhafte Tiere sind, haben sich im Laufe ihrer Stammesgeschichte vermutlich Mechanismen entwickelt, die auch in solchen Kampfsituationen Verletzungen oder sogar Todesfolgen vermeiden. So bietet z. B. das bei Papageien häufig zu beobachtende Schnabelfechten eine Möglichkeit, auf relativ harmlose Weise seine Kräfte zu messen, ohne sich oder den Artgenossen ernsthaft zu gefährden. Hierbei richten die Tiere gezielte Schnabelhiebe in Richtung Kopf, Schulter oder Schnabel des Gegenübers, der wiederum versucht, diese Hiebe zu parieren. Nach kurzer Zeit stellt sich einer der Papageien als überlegen heraus und der andere flüchtet.

Eine Verhaltensweise mit deutlicher aggressiver Tendenz ist das so genannte „aggressive Schreiten" („aggressive walk"), das bislang bei Amazonen und Graupapageien beobachtet werden konnte. Bei diesem Vorgang schreitet ein Vogel mit aufgerichtetem Nackengefieder und leicht gesenktem Kopf direkt auf einen oder mehrere Artgenossen zu. Diese ergreifen daraufhin in den allermeisten Fällen die Flucht. Sogar vermeintlich unterlegene Tiere können auf diese Weise zumindest kurzfristig Artgenossen von einer begehrten Position o. ä. vertreiben. So konnte ich bei einer Gruppe Graupapageien beobachten, dass die kleinere Timneh-Unterart (*P. e. timneh*) die kräftigere Nominatform regelmäßig durch aggressives Schreiten zur Flucht bringen

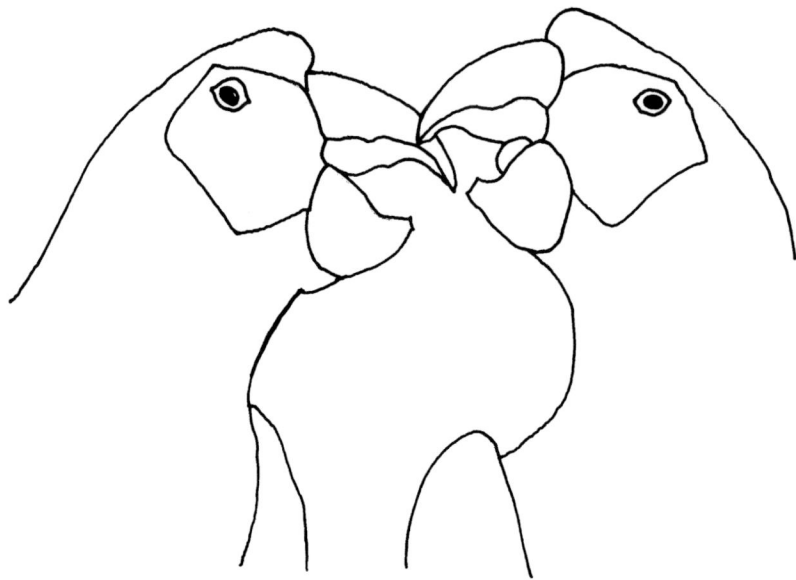

Papageien nutzen ihre Schnäbel Kräftemessen.

konnte. Seltener zu beobachten sind Papageien, die Konkurrenten direkt anfliegen und dabei kräftig mit den Flügeln schlagen und beißen.

Die wohl deutlichste Form aggressiven Verhaltens bei Papageien ist der so genannte „Hahnenkampf". Hierbei gehen zwei Artgenossen direkt aufeinander los und scheinen auch die sonst vorhandene Beißhemmung größtenteils abzulegen. Dadurch kann es zu ernsthaften Verletzungen oder sogar Todesfolgen kommen. Allerdings sind solche Hahnenkämpfe äußerst selten und kommen vermutlich nur bei ungünstigen Haltungsbedingungen und sich völlig fremden Tieren zustande.

Flucht

Fluchtverhalten treten immer dann auf, wenn ein Tier aufgrund verschiedener Faktoren einem Konkurrenten unterlegen scheint. Dies kann sowohl mit einer beeindruckenden Imponier- oder Drohveranstaltung oder einem aussichtslosen Schnabelgefecht zusammenhängen, als auch durch die jeweilige Stimmungslage des Tieres beeinflusst werden.

So zeigen sich viele Papageien außerhalb der Brutzeit gegenüber Artgenossen relativ tolerant bzw. sind wenig aggressiv, während sie innerhalb dieser Zeit versuchen, jegliche Konkurrenz zu vertreiben. Dies hängt u. a. damit zusammen, dass Papageien vor und während der Brutphase z. B. einen geeigneten Nistplatz, den Geschlechtspartner und die eigenen Jungen verteidigen müssen. Ferner bedeuten Artgenossen in dieser Phase eine besondere Nahrungskonkurrenz, da es gilt, die Jungvögel ständig mit geeignetem Futter zu versorgen. Demzufolge sind aggressive Auseinandersetzungen in dieser Zeit auch unter Volierenbedingungen häufiger zu beobachten, sofern Gruppen gehalten werden.

Ebenfalls als Fluchtverhalten kann das einfache und weniger spektakuläre Ausweichen eines Vogels vor einem herannahenden Artgenossen gelten. Dies kann situationsbedingt so ruhig ablaufen, dass man es auf den ersten Blick nicht unbedingt als Flucht erkennen würde. Deutlicher ist es da schon, wenn Tiere scheinbar kopflos auffliegen und in der Voliere umherflattern, weil ein Artgenosse sie attackiert.

Einfluss der Haltungsbedingungen

Die Bedingungen in einem Haltungssystem für Papageien wirken sich naturgemäß auch auf viele Verhaltensweisen der Tiere aus. Im Falle des agonistischen Verhaltens ist dies z. B. daran zu erkennen, dass vor allem beengte Unterbringungen zu heftigen Auseinandersetzungen führen können. Dies zeigt sich besonders deutlich bei Versuchen. bislang fremde Artgenossen in einer solchen Unterkunft miteinander zu vergesellschaften. Viele Verpaarungsversuche sind nach meiner Auffassung allein daran gescheitert, dass den sich fremden Tieren im Anfangsstadium nicht ausreichend Platz zum Ausweichen zur Verfügung stand.

Die ungewohnte Umgebung und neue Situation verursachen erfahrungsgemäß eine gewisse Unsicherheit bei den Tieren und diese wiederum eine erhöhte Aggressivität. Besteht nicht die Möglichkeit sich auszuweichen, kommt es mitunter zu heftigen Beißereien, die nicht selten mit Verletzungen enden können. Dies ist vor allem darauf zurückzuführen, dass die Beißhemmung bei sich fremden Tieren vermutlich nur eingeschränkt wirksam ist und die Unsicherheit der Tiere zu einer aggressiveren Stimmungslage führt.

Daher ist es wichtig, bei Verpaarungsversuchen besonders geräumige Volieren bereitzustellen (Käfige scheinen mir denkbar ungeeignet) und die Tiere die ersten Wochen intensiv zu beobachten. Evtl. kann es hilfreich sein, die Artgenossen zunächst räumlich zu trennen, allerdings mit der Möglichkeit zur optischen und akustischen Kontaktaufnahme. An dieser Stelle sei noch einmal darauf hingewiesen. dass - sofern die Möglichkeit zum gegenseitigen Ausweichen besteht - das Aggressionsverhalten der Papageien gewissen Regelmechanismen unterliegt, die in den allermeisten Fällen für einen harmlosen Verlauf sorgen. Man sollte sich daher davor hüten, bereits bei jedem harmlosen

Schnabelgefecht den Versuch abzubrechen, auch wenn diese mitunter recht lautstark und scheinbar dramatisch verlaufen können. Solche Verhaltensweisen dienen letztendlich auch der Paarfindung, da sie den Tieren dabei helfen, ein Dominanzverhältnis herauszustellen. Dieses vermeidet spätere Auseinandersetzung der Partner und fördert die Harmonisierung eines Paares, was sich letztendlich positiv auf spätere Brutversuche auswirken kann.

Eine Trennung der Tiere sollte auf jeden Fall erfolgen, wenn es zu den beschriebenen Hahnenkämpfen oder ernsthaften Verletzungen kommt. Ein neuer Versuch mit einem anderen Artgenossen und unter anderen Bedingungen ist dann in der Regel unumgänglich. Bei der Haltung von Gruppen ist darauf zu achten. dass keine unnötigen Konkurrenzsituationen auftreten, die zu aggressiven Handlungen führen. Dies ist z. B. der Fall, wenn nur eine Futterstelle, keine oder nur geringe Versteckmöglichkeiten (Sichtblenden o.ä.) und eine mangelhafte Ausstattung mit Sitz- und Klettergelegenheiten zur Verfügung stehen.

FORTPFLANZUNGSVERHALTEN

Im Sinne der stammesgeschichtlichen Veränderungen einer Verwandtschaftsgruppe wie die der Papageien stellt die Sexualität von Organismen eine Grundvoraussetzung dar und ist Ausgangspunkt für deren Anpassung an ihre Umwelt. Dabei haben sich verschiedenartige Sexualstrategien entwickelt, die von bestimmten Paarungssystemen abhängen. Diese wiederum sind mitverantwortlich für die soziale Organisation einer Art.

Im Gegensatz zu den meisten Säugetierarten leben rund 90 % aller bekannten Vogelarten monogam, d. h. sie paaren sich bevorzugt nur mit einem bestimmten Partner. Dies gilt bekanntermaßen auch für die meisten Papageienarten. Lediglich bei ursprünglichen Vertretern wie z. B. die neuseeländischen Keas (*Nestor notabilis*) vermutet man, dass ein Männchen mehrere Weibchen begattet. Bei Vasapapageien ist es umgekehrt. Hier paart sich ein Weibchen mit mehreren Männchen und lässt sich von den verschiedenen Vätern auch Futter ans Nest bringen. Charakteristisch für die Papageienvögel ist ferner, dass sie eine meist lebenslange „Einehe" führen, die von nahezu ständigem Kontakt der Partnervögel bestimmt ist.

Das Fortpflanzungsverhalten der Papageien ist auch für in Menschenobhut gepflegte Arten von großer Bedeutung. Zum einen bemühen sich derzeit verschiedene zoologische Gärten und vergleichbare Institutionen um die Erhaltungszucht bedrohter Arten, zum anderen lassen sich viele Verhaltensabweichungen und daraus resultierende Folgen auf mangelnde Möglichkeiten zum Ausleben elementarer Verhaltensweisen, wie z. B. das Fortpflanzungsverhalten zurückführen.

Paarfindung und Paarbindung

Der Bildung von Paaren, die sich der Fortpflanzung widmen, geht nach dem bisherigen Erkenntnisstand bei den meisten Papageienarten eine Art „Verlobungszeit" voraus. In dieser Zeit verbringen die noch nicht geschlechtsreifen Jungtiere die meiste Zeit in unterschiedlich großen Gruppen, in denen zahlreiche soziale Kontakte zu Artgenossen gepflegt werden. Auf diese Weise ergibt sich die Möglichkeit des gegenseitigen „Kennenlernens" und es entstehen vermutlich erst lockere Bindungen, die sich im Laufe der Zeit allerdings immer mehr verfestigen.

Leider ist unser Wissen über dieses wichtige Stadium im Papageienleben noch mehr als lückenhaft und vielleicht liegt hier zumindest ein Grund dafür, dass von den mei-

Verpaarte Papageien zeigen ein besonders intensives Sozialverhalten, das u. a. auch die gegenseitige Gefiederpflege beinhaltet (siehe auch LUFT 2007).

sten Arten nur wenige harmonisierende Paare in Menschenobhut zusammengestellt werden können.

Die meisten Großpapageien werden vergleichsweise spät
geschlechtsreif. So geht man bei den großen Araarten von 5
bis 6 Jahren, bei vielen Amazonen und Kakadus von 3 bis 4
Jahren aus. Tritt dieser Zeitpunkt ein, verfestigen die einzelnen Paare ihr Verhältnis und nicht selten erweist sich
eines der Partnertiere als dominant. Diese Vormachtstellung
ist bei den verschiedenen Arten unterschiedlich stark ausgeprägt und nicht immer auf Anhieb erkennbar. Das domi-
nante Tiere erweist sich in der Regel als aggressiver und
durchsetzungsfähiger, z. B. am Futterplatz. Ein Zusammenhang zwischen Dominanz und Geschlecht ist vermutet worden, eine genaue Untersuchung liegt in diesem Zusammenhang jedoch nicht vor. Die Erfahrung hat allerdings gezeigt,
dass bei den meisten Arten durchaus die männlichen Tiere
diese Stellung einzunehmen scheinen, wenngleich es auch
Arten gibt (z. B. den Halsbandsittich, Edelpapageien und
einige Kakadus), bei denen man umgekehrte Verhältnisse
beobachten kann.

Fest verpaarte Tiere erkennt man vor allem an nahezu
ständigem Kontakt, sozialen Verhaltensweisen, wie Kraulen und Partnerfüttern sowie einer verstärkten Synchronisation vieler Verhaltenweisen. Vor allem das partnerliche
Kraulen, also die soziale Gefiederpflege scheint der Festigung einer Paarbindung zu dienen. Geradezu hingabevoll
verstehen es manche Paare sich minutenlang diesem Verhalten zu widmen. Das gesteigerte Wohlbefinden ist in der
Regel an abgestellten Gefiederpartien und geäußerten Lauten zu erkennen. Einige Exemplare werden geradezu auf-
dringlich beim Präsentieren zu behandelnder Stellen und
nicht selten kommt es auch zu kurzen harmlosen Streiterei-
en zwischen den Partnern, wenn sie sich nicht einig sind,
wer wen kraulen soll. Bevorzugte Körperpartien bei der

sozialen Gefiederpflege sind vor allem der Hinterkopf- und Nackenbereich. teilweise werden die Aktivitäten auch auf andere Bereiche ausgedehnt.

Der sozialen Gefiederpflege wird eine gewisse Doppelbedeutung zugeschrieben. Zum einen soll sie außerhalb der Brutphase einfach zur Reinigung für den Einzelvogel schwierig bis gar nicht erreichbarer Körperpartien dienen, zum anderen besteht eine Funktion in der Paarbindung und in der Einleitung der Paarung. Aus diesem Zusammenhang heraus lässt sich eine zeitliche Abfolge dieses Verhaltens ableiten, die man zumindest an gefangenen Papageien durchaus erkennen kann. Mit beginnender Fortpflanzungsphase lässt sich eine Steigerung des Partnerkraulens feststellen, die ihren Höhepunkt in der so genannten Balz oder auch Paarungseinleitung findet. Nach Abschluss dieser Phase ist eine deutliche Verringerung dieser Verhaltensabläufe erkennbar. Alles in allem wird das Kraulen bei den meisten Arten recht häufig vorgeführt.

Auch das Partnerfüttern stellt ein für die meisten Papageienarten typisches Verhalten dar, das nahezu ganzjährig, allerdings vergleichbar mit der sozialen Gefiederpflege in einer unterschiedlichen Intensität zu beobachten ist. Auch individuelle Unterschiede bei diesen Vorgängen sind feststellbar. So gibt es Paare einer Art, die kaum Partnerfüttern zeigen und wieder andere, bei denen diese Verhaltensweise zum alltäglichen Bild gehört.

Zumindest bei Graupapageien (*Psittacus erithacus*) wurden Anzeichen dafür entdeckt, dass auch Lautäußerungen der Festigung eines Paares und der Synchronisation seiner Verhaltensweisen dienen könnten. Anhand von gekäfigten Exemplaren wurde ermittelt, dass es sich bei den Lautäußerungen der Graupapageien um eine Art Duettgesang handeln könnte. Dieser dient bei anderen Vogelarten vor allem der Arterkennung, Synchronisation der sexuellen Aktivität und dem individuellen Erkennen des Partnertieres. Darauf aufbauend könnte man auch zum Schluss kommen, dass menschliche Worte nachahmende Papageien durch ihr Verhalten versuchen, mangels eines natürlichen Partners die unnatürliche und erzwungene Bindung zum Ersatzpartner Mensch zu festigen.

Kopulation und Brut

Die direkte Paarungseinleitung und anschließende Kopulation ist aufgrund der Formenvielfalt der Papageienvögel einer großen Varianz unterworfen. Am Beispiel der Halsband- (*Psittacula krameri*) und Großen Alexandersittiche (*Psittacula eupatria*) soll daher exemplarisch für alle altweltlichen Papageien die Kopulation beschrieben werden. Nicht zuletzt deshalb, weil vor allem Halsbandsittiche ein besonders interessantes Fortpflanzungsverhalten aufweisen und der Verfasser zudem die Möglichkeit besaß, diese Tiere im Freiland ausgiebig zu beobachten. Anschließend erfolgt eine ergänzende Beschreibung der Kopulation des Hyazintharas als neuweltlicher Vertreter.

Diese Unterteilung erscheint deshalb sinnvoll, da zwischen den meisten Neu- und Altweltlichen (einschließlich einiger Australischer und Indonesischer Arten) ein grundsätzlicher Unterschied beim Kopulationsverhalten besteht. Bei Neuweltlichen Arten steigt das Männchen nur mit einem Fuß auf den Rücken seines Partners, während es sich mit dem zweiten Fuß auf einem Sitzast festklammert. Einige sehr große Arten, wie z. B. Hyazintharas begatten sich auch auf dem Boden oder am Gitter hängend. Altweltliche und einige australische und indonesische Arten hingegen vollziehen ihre Begattung, indem die Männchen mit beiden Beinen auf dem Rücken der Weibchen sitzen und sich dort festhalten.

Bei einem Aufenthalt auf der Insel Sri Lanka konnte der Verfasser die Paarung und Jungenaufzucht der dort lebenden Edelsittiche (*Psittacula* sp.) im Freiland beobachten. Vor Kopulationen klettern die männlichen Halsbandsittiche oft zunächst im Geäst in einigem Abstand zum Weibchen umher und nähern sich diesem nur zögerlich. Einige Exemplare reiben ihre Schnäbel an den Sitzästen. Diese Vorgänge können sich mehrere Minuten lang wiederholen. Dann nähert sich das Männchen dem Partnervogel, der inzwischen eine gedrungene und flache Sitzposition eingenommen hat. Ähnlich wie beim Partnerfüttern legen auch hier die Weibchen ihren Kopf in den Nacken zurück. Die Flügelbuge sind leicht abgestellt. Das Männchen setzt zunächst nur einen, dann den zweiten Fuß auf den Rücken des Partners. Er vollführt leichte Kraulbewegungen im Hinterkopfbereich, nimmt dann den eigenen Kopf weit zurück und gibt dem Weibchen aus dieser Haltung heraus Schnabelstöße mit steigender Intensität in den Nacken. Stets sind bei beiden Tieren Irisverengungen zu sehen, die als Signal für einen gewissen Erregungszustand angesehen werden können. Dieser Vorgang wird mit der Kopulation abgeschlossen, bei der die Tiere ihre Kloaken gegeneinander pressen.

Auch die Weibchen vom Großen Alexandersittiche (*P. e. eupatria*) nehmen eine geduckte und flache Sitzposition bei der Kopulation ein. Das Zurücknehmen des Kopfes in den Nacken ist anscheinend weit weniger ausgeprägt als beim Halsbandsittich. Mit beiden Füßen steigt das Männchen auf den Rücken seines Partners. Auch hier werden von beiden Tieren die Flügelbuge zum Ausbalancieren abgestellt. Teilweise entsteht beim Männchen der Eindruck, als wolle es das Weibchen regelrecht mit den Flügeln umklammern. Der Kopf des Männchens wird unterschiedlich weit wechselseitig am Kopf des Weibchens vorbeigeführt. Es treten mitunter Schnabelberührungen auf. Während und vor allem nach der Kopulation sind Lautäußerungen zu hören. Nach erfolgter Kopulation kommt es vor, dass das Männchen seinen Schnabel an einem Ast reibt.

Die Kopulation wird bei Hyazintharas durch die angehobenen und gekreuzten Schwänze eingeleitet. Das Männchen setzt dann einen Fuß auf den Rücken des Weibchens und die Vögel pressen ihre Kloaken aneinander. Das Verhalten wird teilweise recht lautstark durch die Rufe der Tiere begleitet, auch direkt nach der Kopulation sind mitunter laute Rufe zu hören.

Brut und Aufzucht der Jungtiere

Das Papageienleben beginnt wie bei allen Vögeln im Ei. Es bietet dem heranwachsenden Keimling Schutz und Nahrung und die Bebrütung durch die Elterntiere sorgt für die notwendige Wärme. Papageien legen durchschnittlich zwischen zwei und vier Eier. Viele Großpapageien begnügen sich mit ein bis zwei Eiern, andere Arten legen auch mehr als vier Stück. Papageien sind von wenigen Ausnahmen abgesehen Höhlenbrüter, die sich also zur Jungenaufzucht eines ausgehöhlten Baumstammens oder -astes, Felsnischen oder vergleichbarer Möglichkeiten bedienen.

Nestbauende Papageienarten gibt es nur wenige. Ein nennenswertes Extrembeispiel ist in diesem Zusammenhang der südamerikanische Mönchsittich (*Myopsitta monachus*), der durch seine teilweise mehrere Meter großen Reisignester, die von mehreren brütenden Paaren genutzt und über Jahre instand gehalten werden, zu einem gewissen Bekanntheitsgrad gelangt ist. Häufiger sind dann schon solche Arten, die innerhalb einer festen Baumhöhlung ein kleineres Nest bauen, wie es vor allem die nur wenige Zentimeter großen afrikanischen Agapornidenarten (*Agapornis*) tun. Interessant ist bei diesen Vögeln vor allem die Art und

Weise wie sie Nistmaterial in ihre Bruthöhle eintragen. Dies wird nämlich nicht, wie man es bei Vögeln im Allgemeinen erwartet, im Schnabel transportiert, sondern sorgfältig ins Rückengefieder gesteckt ins Nest eingetragen.

Die weitaus größte Zahl der Papageienarten beschränkt sich mit dem mehr oder minder aufwendig durchgeführten Auspolstern der gewählten Brutstätte mit abgenagten Holspänen und einigen ausgerupften Federn. Die Bebrütungszeit der Eier schwankt je nach Art von etwa 20 bis 30 Tagen und kann mitunter eine große Variabilität auch innerhalb einer Art zwischen einzelnen Brutpaaren aufweisen. Häufig betreiben beide Geschlechter das Brutgeschäft abwechselnd, was für monogam lebende Vögel auch der typische Fall ist, aber auch in diesem Zusammenhang gibt

Papageien sind Höhlenbrüter, die meist ausgediente Nester von Spechten oder Bartvögeln übernehmen.

es immer wieder Ausnahmen innerhalb und zwischen den einzelnen Arten. In der Regel kommt den Männchen die Aufgabe zu, das brütende Weibchen und später auch die Jungtiere mit herangebrachter Nahrung zu versorgen und das Nest zu beschützen.

Der Schlupfvorgang der Papageienjungvögel ist nur wenig untersucht und nahezu alle Daten stammen von gefangenen Exemplaren. Der Zeitpunkt des Schlüpfens ist abhängig vom Beginn der Brut durch das Weibchen. Dieses brütet meist nach Ablage des zweiten Eies, was dazu führt, dass in der Regel die ältesten beiden Nachkommen am selben Tag schlüpfen und die folgenden erst am jeweils übernächsten Tag.

Papageien gehören zu den so genannten Nesthockern, die sich ganz auf den Schutz ihrer Bruthöhle verlassen und entsprechend lange Zeit benötigen bis sie selbständig geworden sind. Bei der Schlupf, die teilweise mehrere Stunden andauert, sind die hilflosen Jungtiere nur mit einem spärlichen Dunenkleid ausgestattet und haben die Augen noch geschlossen, sind also blind. An der Oberschnabelspitze kann man zu diesem Zeitpunkt meist noch den so genannten Eizahn erkennen, mit deren Hilfe die Jungtiere das Ei öffnen.

Die körperliche Entwicklung der Nestlinge vollzieht sich vergleichsweise langsam und wird rund um die Uhr von den fürsorglichen Elterntieren begleitet. Das Aufziehen der Jungtiere ist eine äußerst energiaufwendige Aufgabe für die Eltern, so dass mehr als eine Brut pro Jahr zu den Ausnahmen bei Papageien gezählt werden können. Verschiedene Arten vor allem die so genannten Großpapageien, wie z. B. einige der großen südamerikanischen Aras begnügen sich damit, nur jedes zweite Jahre oder noch seltener Nachkommen großzuziehen.

Nach einigen Wochen haben die Jungtiere dann ein ähnliches, manchmal sogar größeres Gewicht als ihre Eltern erreicht. Bis zu diesem Zeitpunkt erhalten Weibchen und Jungtiere bei vielen Papageienarten ihre gesamte Nahrung vom Männchen. Eine Ausnahme sind hierbei bestimmte Kakaduarten, bei denen sich beide Geschlechter selbständig versorgen.

Bei manchen Paaren füttern die Väter nur das Weibchen, die dann ihrerseits einen Teil des Futters an die Jungtiere weitergeben und den Rest für sich verwerten. Erst wenn die Jungtiere nicht mehr ständig gewärmt werden müssen und ein schützendes Federkleid gewachsen ist, kann das Weibchen ab und zu die Bruthöhle verlassen und selbständig nach Futter suchen. Dann dürfen teilweise auch die Männchen ihre Nachkommen direkt füttern. Diese Aufgabenteilung mag verdeutlichen, dass Papageienpaare eine stark ausgeprägte Abhängigkeit voneinander aufweisen und daher entsprechend häufig ihren Paarzusammenhalt festigen und verdeutlichen müssen.

Dies wird durch viele Verhaltensweisen deutlich, die man das ganze Jahr auch bei Volierenpapageien beobachten kann. So kraulen sich die meisten Papageien gegenseitig das Gefieder und zeigen dabei ihr Wohlbefinden durch Abstellen bestimmter Gefiederpartien und charakteristische Laute. Eine weitere Verhaltensweise dieser Art stellt das Partnerfüttern mit hochgewürgten Nahrungsbrocken dar. Die Wichtigkeit des Sozialverhaltens der Papageien mag dadurch verdeutlicht werden, dass selbst von Artgenossen isoliert gehaltene Einzelvögel solche Verhaltensweisen auf Ersatzobjekte übertragen und z. B. versuchen ihren menschlichen Pfleger zu kraulen oder mit hochgewürgtem Futter zu versorgen.

Wann die Jungtiere flügge werden und die schützende

Bruthöhle verlassen, hängt unter anderem davon ab, wie viele Jungtiere sich im Nest befinden. Man hat herausgefunden, dass der Ausflugtermin bei Einzelvögeln bis zu 10 Tage gegenüber Mehrlingsbruten verzögert wird. Der Vorgang des Ausfliegens gestaltet sich verschieden und variiert auch innerhalb der Arten.

Manchmal müssen die Elterntiere stundenlang durch verschiedene Lautäußerungen ihre Nachkommen zum Verlassen der Bruthöhle animieren. Teilweise dauern die ersten Ausflüge nur wenige Minuten und die jungen Papageien flüchten bei der kleinsten Beunruhigung sofort wieder in das sichere Nest, teilweise verlassen Jungtiere aber auch ohne großes Aufsehen die Brutkammer und suchen diese samt ihrer Elterntiere nicht mehr auf. Auch die Fortbewegung außerhalb der Höhle muss in den ersten Tagen geübt und verfeinert werden. In den ersten Stunden sind bei vielen Jungpapageien deutliche Schwierigkeiten festzustellen, ihre Gliedmaßen entsprechend geschickt beim Erklettern von Ästen und Zweigen einzusetzen. Auch das zielgerichtete Fliegen und besonders das punktgenaue Landen bedürfen einiger Übung.

Auch Klettern will gelernt sein. Jungtiere erproben meist spielerisch ihre Umwelt.

Ansonsten weichen die Jungtiere nur selten vom Erscheinungsbild der Elterntiere ab, sofern es nicht artgemäße Färbungsunterschiede zwischen Jung- und Altvögeln gibt. So bekommen z. B. Pflaumenkopfsittichmännchen (*Psittacula cyanocephala*) ihre namensgebende Kopffärbung erst mit Eintritt der Geschlechtsreife also etwa nach drei Jahren. Bis zu diesem Zeitpunkt gleichen sie den grauköpfigen Weibchen.

Nach kurzer Zeit haben sich die Jungpapageien soweit in ihren Fähigkeiten geübt, dass sie bereits Nahrung suchen und ein weitgehend selbständiges Leben führen können. Dennoch versuchen es viele Papageien noch Wochen nach Verlassen der Brutstätte, ihre Eltern durch aufdringliches Betteln zur Fütterung zu animieren, was aber mit zunehmendem Alter immer mehr auf Ablehnung stößt. Irgendwann ist dann schließlich der Punkt erreicht an dem die Jungtiere selbständig sind und nicht mehr der Hilfe ihrer Eltern bedürfen. Trotzdem bleiben bei vielen Arten die Familien noch eine Weile zusammen und schließen sich nicht selten mit vielen solcher Kleingruppen zu größeren Verbänden zusammen. Erst zu Beginn einer neuen Brutperiode sondern sich wieder einzelne Paare von den Schwärmen ab, um nach geeigneten Brutplätzen zu suchen und eine neue Generation ihrer Art großzuziehen. Zurück bleiben kleinere Gruppen, die sich vor allem aus noch nicht geschlechtsreifen Jungtieren und unverpaarten Altvögeln zusammensetzen.

Sieht man von wenigen Ausnahmen ab, sind Papageien sozial lebende Tiere, die zu ihrem Wohlbefinden den ständigen Kontakt zu Artgenossen brauchen. Bei einigen Arten erstreckt sich das soziale Verhältnis zu Artgenossen, das dann über ein reines Paarverhältnis hinausgeht, über das gesamte Jahr. Dies bedeutet, dass einige Papageienarten, wie die südamerikanischen Felsensittiche (*Cyanoliseus patagonus*) oder die afrikanischen Rosenköpfchen (*Agapornis roseicollis*) sich nicht zu Beginn der Brutzeit von ihrem Gruppenverband trennen, sondern in unterschiedlich großen Kolonien brüten.

Ein solches Verhalten hat sich im Laufe der Entwicklungsgeschichte nicht ohne Grund entwickelt. Es ist wahrscheinlich, dass ein so enges Gruppenleben auch zur Brutzeit dem einzelnen Individuum oder Paar gewisse Vorteile bietet. So lassen sich im Gruppenverband leichter Nahrungsquellen erschließen und die Gefahr Opfer eines Beutegreifers zu werden ist ebenfalls umso geringer, je mehr Artgenossen vorhanden sind. Natürlich gibt es auch Nachteile, die das Gruppenleben mit sich bringt. So können Nahrungsquellen zwar leichter erschlossen werden, doch gibt es innerhalb der Gruppe auch eine größere Konkurrenz. Ähnliches trifft auf geeignete Brutgelegenheiten zu. Es scheint aber so zu sein, dass die Vorteile des Gruppenlebens überwogen haben und somit die Nachteile ausgeglichen wurden, so dass sich der Zusammenschluss zu großen Gruppen oder Schwärmen für das einzelne Tier im biologischen Sinne lohnt.

Sprechende Papageien

Die Fähigkeit zur Nachahmung scheint bei Papageien und allen anderen nachahmenden Vögeln angeboren zu sein. Graupapageien sagt man neben einigen Amazonenarten das größte Nachahmungspotential der Papageienvögel nach. Trotzdem weicht diese Fähigkeit in ihrer Ausprägung von Individuum zu Individuum ab. Entgegen früherer Annahmen glaubt man heute, dass die Fähigkeit zur Nachahmung nicht geschlechtsabhängig ist, sondern vermutlich nur von den jeweiligen Verhältnissen im Haltungssystem und individuellen Faktoren abhängen.

Wissenschaftler teilten die unterschiedlichen Nachahmungsleistungen in fünf Kategorien ein: 1. Einfache Lautimitation, 2. Transponieren und Variieren, 3. Lautäußerungen und Situationsbezug, 4. Zweckdienliches „Sprechen" und Bedürfnisbefriedigung, 5. Vorwegnahme erwarteter und/oder gewünschter Ereignisse durch entsprechende Lautäußerungen. Graupapageien scheinen alle diese Fähigkeiten zu haben.

Abgesehen von der Fähigkeit der Lautimitation, untersuchte man das so genanntes vorsprachliche Denken anhand des Zählvermögens verschiedener Vogelarten, darunter auch der Graupapageien. Bei diesen Versuchen entdeckte man zwei Formen vorsprachlichen Vermögens. Man bot den Tieren verschiedene Gegenstände oder Nahrungsmittel in einer Anzahl von 1-7 an und trainierte sie, eine bestimmte Anzahl auszuwählen. Wählte das Versuchstier richtig aus, wurde es mit einer gleichen Anzahl von Futtergegenständen belohnt. Bei den Versuchen wurden Position, Größe und Form der dargebotenen Gegenstände oder optischen Signale geändert. Man untersuchte also das Vermögen der Vögel, gleichzeitig nebeneinander angebotene Gruppen allein nach der gesehenen Anzahl ihrer Glieder zu schätzen. Das Ergebnis war durchaus interessant. Die untersuchte Taube erreichte eine Anzahl von fünf, die Dohle etwa sechs und Kolkrabe und Graupapagei waren mit sieben Gliedern die Spitzenreiter. Bei vergleichbaren Versuchen mit Menschen erreichten die meisten Personen vergleichbare Werte wie die Dohle, nur wenige erreichten bzw. übertrafen die Leistungen des Kolkraben und Graupapageien.

Bei weiteren Versuchen brachte man u.a. die untersuchten Graupapageien dazu, ein Lied zu pfeifen, das mit fünf gleich hohen und gleich langen Tönen begann. Mit positiver bzw. negativer Verstärkung bei richtiger bzw. falscher Durchführung gelang es, dem „Pfeifen auf fünf" relativ nahe zu kommen. Diese Versuche lassen vermuten, dass auch einige höher entwickelte Tiere vorsprachliches Vermögen besitzen, das sich beim Menschen im Laufe seiner Stammesgeschichte zu einer differenzierten Sprache entwickelt hat.

Interessant sind auch die Untersuchungen der amerikanischen Anthropologin Irene Pepperberg, die u.a. versucht hat, einem Graupapageien namens „Alex" eine Art Basissprache beizubringen. Mit einer elementaren Form von Sprache hatte der Vogel die Möglichkeit, eine beschränkte Anzahl von Gegenständen zum Spielen und zur Nahrungsaufnahme zu bezeichnen, zu erbitten und abzulehnen. Nach Angaben der Forscherin schaffte der Graupapagei nach 26 Trainingsmonaten, neun Formen, drei Farbadjektive, zwei zusammengesetzte Adjektive und das Wort „no" (engl. = nein) funktionell richtig anzuwenden. Er konnte diese Worte benutzen, um zunächst dreißig, später sogar achtzig verschiedene Gegenstände zu bezeichnen, darum zu bitten oder sie abzulehnen.

Ebenso die Fähigkeit Mehr-Wort-Sätze aus einzeln erlernten Lauten zu bilden, konnte, wenn auch begrenzt, belegt werden. Dem Graupapagei gelang es, bei weiteren Versuchen, Ansammlungen von zwei bis sechs Gegenständen gleicher Art zu benennen und der richtigen Zahl zuzuordnen. Dabei wurden Form, Farbe und Anzahl fortwährend variiert. Die durchschnittliche Treffgenauigkeit des Vogels lag bei 78,9 %, bei 6 % der falschen Antworten fehlte lediglich einer der geforderten Angaben (Material oder Anzahl). Die Zahl der gebotenen Gegenstände wurde sogar in 95 % der Fälle richtig beantwortet.

Diese Versuche erweiterte man immer mehr und zeigte damit schließlich, dass zumindest Graupapageien scheinbar in der Lage sind, abstrakte Begriffe bzw. Oberbegriffe zur Unterscheidung von Gegenständen nach ihrer Funktion und zur Differenzierung nach Form, Farbe, Material und Anzahl zu benutzen.

Abgesehen von diesen wissenschaftlichen Untersuchungen, werden viele Papageien von unwissenden Interessenten nur angeschafft, weil ihre Begabung zur Nachahmung einen gewissen Reiz auf Liebhaber ausübt. Davor muss aber in aller Deutlichkeit gewarnt werden, da um dieses zu erreichen, in der Regel eine Einzelhaltung der Papageien erfolgt. Letztere widerspricht eindeutig den Bedürfnissen dieser sozial lebenden Tiere und fördert langfristig zahlreiche Störungen des arteigenen Verhaltens. Viele Fachleute gehen inzwischen davon aus, dass Papageien in der Regel nur mangels Artgenossen zu „sprechen" beginnen, quasi um sich dem Ersatzpartner Mensch anzugleichen. Da dies aber der Natur der Tiere widerspricht, sollte man lieber auf „sprechende" Papageien verzichten. Wenn man Glück hat, und sich viel mit seinen Vögeln beschäftigt, kann es aber durchaus sein, dass man eines Tages trotzdem an der Voliere mit einem „Hallo" begrüßt wird.

Literaturhinweis: Wer noch mehr zum Thema „Sprachfähigkeiten und Intelligenz von Graupapageien" erfahren will, dem sei das sehr ausführliche Buch von Irene Pepperberg „The Alex Studies" (4. Auflage 2002, Harvard University Press, ISBN 0-674-00806-5) wärmstens empfohlen.

Kapitel II
Papageien richtig halten

Papageien & Menschen

Schon relativ früh fand man heraus, dass bestimmte Papageien relativ leicht zu zähmen sind und zusätzlich eine ausgeprägte Fähigkeit zur Nachahmung menschlicher Sprache und aller erdenklichen Umweltgeräusche besitzen. Es verwundert also kaum, dass Papageien seit jeher zu den beliebtesten und am häufigsten in Menschenobhut gehaltenen Ziervögeln gehören.

Hinzu kommt, dass diese Tiere unter bestimmten Bedingungen eine, wenn auch zwanghafte Beziehung zum Menschen eingehen, die zumindest letzteren zufrieden stellt, da sein Haustier es versteht, durch eigene, subjektiv betrachtet oft vergnügliche Reaktionen auf den Kontakt suchenden Menschen zu antworten.

Alle diese Fähigkeiten haben dazu geführt, dass Tausende Papageien ein bedenkliches Dasein als sprechender und zahmer Familienharlekin in den Wohnzimmern zweifelhafter Liebhaber fristen müssen. Doch nicht nur den Besitzern solcher Tiere kann man diese bedenklichen Zustände anlasten, sondern ebenso den Anbietern exotischer Vögel, die ihre Kunden allzu oft nur unzureichend über die Schwierigkeiten der Papageienhaltung informieren.

Ein Beispiel aus der Praxis: Am Beratungstelefon des Instituts für Papageienforschung e.V. hören die Mitarbeiter immer wieder eine Geschichte in verschiedenen Varianten, die ihnen vor allem von Papageienkäufern aus dem Ruhrgebiet erzählt wird. Sie handelt von einer Tierhändlerin, die vor allem Handaufzuchten verkauft. Scheinbar erhält man eine gute Beratung, bekommt man doch sogar gesagt, dass die Einzelhaltung langfristig nicht gut sei und man bei Problemen das Tier verpaaren müsse. Natürlich geht der Neukunde zunächst zufrieden nach Hause und genießt die Zeit mit seinem zahmen Papageien. Nach einigen Monaten oder Jahren kommt dann das böse Erwachen! Der einst zahme Papagei wird aggressiver oder verändert sein einst so angenehmes Verhalten völlig. Der Zeitpunkt der Geschlechtsreife ist gekommen! Nun erinnert man sich wieder an die Worte der Tierhändlerin und geht wieder zu ihr, um einen zweiten Papageien zu kaufen und somit das Problem zu lösen. In den meisten Fällen kann die Tierhändlerin auch mit einem „passenden" Vogel dienen, natürlich ohne Umtauschrecht.

Zuhause angekommen stellen dann viele Papageienhalter fest, dass sich die Tiere überhaupt nicht verstehen und es ständig zu Beißereien kommt. Was kann man auch von einer Handaufzucht, die auf den Menschen geprägt wurde, um der Kundschaft zahme Schmusevögel präsentieren zu können, anderes erwarten? Enttäuscht und hilfesuchend wendet man sich wieder an die einst so nette Tierhändlerin. Doch mit der Nettigkeit ist es nun vorbei! Nun wird man plötzlich beschuldigt, dass man schwere Haltungsfehler gemacht hätte. Die Tiere nimmt man laut Geschäftsbedingungen nicht zurück und der Halter sitzt dann mit zwei Problemtieren zuhause und fühlt sich über den Tisch gezogen!

Nicht zu vergessen sind die vielen Autoren, die über Jahre an traditionellen, aber daher nicht weniger ungeeigneten Haltungsmethoden für diese empfindlichen Wildtiere festhielten und somit durch ihre unkritische Darstellung einen nicht unwesentlichen Anteil zum Leiden vieler Papageien in Menschenobhut beigetragen haben.

Doch es soll keineswegs der Eindruck entstehen, Papageien könne man nicht würdig in Menschenobhut pflegen. Wäre dies der Fall, müßte man vorliegendes Buch als überflüssig betrachten. Es gibt sehr wohl geeignete Haltungssysteme, um Großpapageien langfristig in Menschenobhut nach tiergartenbiologischen Gesichtspunkten zu pflegen und zu vermehren. Diese aufzuzeigen dient der nachfolgende Abschnitt des Buches. Ich möchte eindringlich darauf hinweisen, dass die Funktion des folgenden Abschnittes keineswegs die ist, neue Papageienliebhaber zu animieren, es doch auch einmal mit Großpapageien zu versuchen. Dieser Gedanke liegt mir aus Gründen des Arten- und Tierschutzes vollkommen fern. Doch gibt es unzählige Papageien, die bereits seit geraumer Zeit in Menschenobhut gepflegt und nachgezüchtet werden. Die Bedingungen sind vielfach unzufriedenstellend und müssen zum Wohle der Papageien unbedingt verbessert werden.

Grundsätzliches

Papageien zu halten und zu pflegen ist faszinierend. Kaum jemand ist nicht von der Schönheit und Intelligenz dieser Krummschnäbel begeistert. Dennoch ist ihre Haltung und Pflege relativ zeitaufwendig und teilweise auch kostspielig. Papageien dürfen nur paarweise oder in Gruppen gepflegt werden, brauchen eine geräumige Unterkunft und gutes Futter. Ein Tierarztbesuch kommt auch bei bester Pflege mal vor. Alle diese Punkte kosten viel Geld und sind sozusagen die Minimalvoraussetzung für die Papageienhaltung! Dies ist unbedingt vor dem Kauf zu bedenken! Reicht es nicht für die erträumten Aras oder Kakadus, können auch mittelgroße Arten sehr attraktiv sein, wie z. B. afrikanische Langflügelpapageien oder größere Sittiche. Wer nur beschränkten Platz für eine Voliere hat, der sollte sich evtl. um Sperlingspapageien, Agaporniden oder kleinere Sittiche kümmern.

Grundsätzlich gilt, dass man sich vor der Anschaffung

der Tiere ausführlich über die Ernährung und sonstige Bedürfnisse der jeweiligen Art informiert und eine geeignete Unterkunft vorbereitet. Erst dann sollte man die gewünschten Tiere erwerben. Ähnlich machen es Aquarienliebhaber. Auch hier wird das Becken erst eingerichtet und einige Tage oder Wochen „eingefahren", bevor man sich die Fische anschafft.

Wie sucht man die richtige Art aus? In der Regel wird man bei der Durchsicht der gängigen Papageienliteratur schnell eine bestimmte Art finden, die einem gefällt. Doch sollte man sich dabei nicht ausschließlich nach der Attraktivität der Tiere richten. Es stellt sich nämlich vielmehr die Frage, ob man die erforderlichen Haltungsbedingungen langfristig (mehrere Jahrzehnte!!!) gewährleisten kann. Kaum jemand findet die großen, meist bunten Aras oder die lustigen Kakadus mit ihrer Federhaube nicht attraktiv. Gerade diese Tiere sind aber für die meisten Leute viel zu laut und brauchen ziemlich große Flugvolieren.

Mal ganz ehrlich: Ich glaube, dass die meisten Mietswohnungen kaum für Großpapageien geeignet sind, wenn man nicht sehr tolerante Nachbarn hat, denn die allermeisten Papageienarten haben eine kräftige, nicht gerade schöne Stimme! Viele andere Papageienarten benötigen eine sehr fachkundige Pflege z. B. wegen spezieller Ernährungsbedürfnisse und eignen sich somit nicht als Heimtier für unerfahrene Halter. Die Auswahl sollte also mit Bedacht erfolgen!

Kein wahrer Tierfreund wird wollen, dass man für ihn einen Papagei in seiner Heimat fängt und somit die Wildbestände angreift. Der verantwortungsvolle Papageienhalter greift daher grundsätzlich auf Nachzuchten aus Deutschland oder auf Zweithandvögel zurück. Dabei sollte man darauf achten, dass die Tiere aus guten Haltungsbedingungen stammen und selbstredend über alle amtlich erforderlichen Papiere verfügen! Wer sich nicht über die aktuellen Gesetze und Regelungen im Klaren ist, sollte vor dem Erwerb eines Tieres, die zuständige Artenschutzbehörde anrufen und sich dort aufklären lassen. Schon mancher Papagei wurde bereits von Behörden beschlagnahmt, weil der Halter nicht ausreichend über die geltenden Gesetze informiert war.

Ist alles geklärt und die Unterbringung aufgebaut, kann man anfangen, konkret nach Tieren zu suchen. Zunächst einmal bieten zahlreiche Zoofachhändler Papageien an, die heutzutage erfreulicherweise vorwiegend aus Nachzuchten stammen. Aber auch hier ist Vorsicht angeraten!

Viele Nachzuchten stammen heute aus der Handaufzucht, d. h. die Tiere sind zwar zahm und zutraulich, können aber große Schwierigkeiten beim Zusammenleben mit anderen Papageien entwickeln, da sie auf den Menschen geprägt sind. Erst Jahre später treten dann häufig enorme Probleme auf. Wenn diese Tiere nämlich geschlechtsreif werden. Dann werden zahlreiche Handaufzuchten zu Problemfällen wie Dauerschreiern, Federrupfern etc. Ich rate daher vom Kauf solcher Papageien ab, die teilweise aus großen, nach rein geschäftlichen Prinzipien geführten Zuchtanlagen stammen. Hinzu kommt, dass diese Zuchtbetriebe sich z. B. auf den Philippinen und in anderen Ländern befinden, die es auch mit dem Artenschutzgesetzen nicht so genau nehmen! So verwundert es nicht, dass gerade von solchen Quellen zahlreiche, äußerst bedrohte Papageien angeboten werden können. Zwar sind diese Tiere Nachzuchten, doch wo stammen die Elterntiere her?

Es lohnt sich also immer genau nachzufragen und die Papiere der Tiere vor dem Kauf zu kontrollieren! Ebenfalls rate ich von Anbietern ab, die sich mit zahmen Handaufzuchten auf Vogelbörsen und Tiermessen präsentieren. Wer ein Herz für Papageien und nicht nur fürs Geld hat, der stellt sich nicht mit diesen sensiblen Tieren auf eine Ausstellung und setzt sie diesem Stress aus!

Die wohl beste Möglichkeit ist der Kauf direkt beim seriösen Züchter, der seine Tiere meist in den gängigen Fachzeitschriften anbietet. Auch hier sollte man nichts überstürzen und sich mehrere Anbieter anschauen und die ausgesuchten Tiere über mehrere Tage oder Wochen ansehen. Scheint alles in Ordnung zu sein und hat man ein geeignetes Paar gefunden, sollte man sich alle nötigen Unterlagen aushändigen lassen, die Ringnummer des Tieres mit den Unterlagen vergleichen und einen Kaufvertrag mit dem Züchter abschließen. Dieser sollte eine Passage enthalten, die besagt, dass das angebotene Tier aus dem legalen Bestand des Züchters stammt und dieser für seine rechtmäßige Herkunft garantiert. Ferner sollte die Ringnummer des Tiers und die genaue Artbezeichnung, ggf. auch die Nummer der CITES-Bescheinigung („Personalausweis" der Papageien) eingetragen werden.

Eine weitere, ebenfalls sehr empfehlenswerte Alternative stellen Vögel aus zweiter Hand dar, die in vielen Tageszeitungen und Anzeigenblättern angeboten werden. Sofern man sich mit dem Anbieter darauf verständigen kann, sollte man bei einem fachkundigen Tierarzt eine Kontrolluntersuchung der Tiere durchführen lassen, um sicher zu gehen, dass das Tier keine verborgenen Krankheiten in sich trägt, die dann u.U. durch Stress (z. B. Umzug in das neue Heim) ausbrechen können. Eine solche Ankaufsuntersuchung sollte man auch vom Züchter verlangen, zumal wenn es sich um sehr kostspielige Tiere handelt. Wer nichts zu verbergen hat, wird einer solchen Untersuchung sicher zustimmen. Wer sie ablehnt, wird wissen warum und man sollte lieber auf den Kauf verzichten!

Hat man schließlich Tiere erworben, sollten diese behutsam eingefangen werden und am besten in einer geschlossenen Transportkiste auf dem schnellsten Weg ins neue Heim transportiert werden. Steht nur ein Transportkäfig zur Verfügung, sollte dieser mit einer Decke abgedeckt werden, damit die Tiere keinen Zug kriegen. Ferner verhalten sich die Papageien in einer solchen Transportkiste, die nicht sehr groß sein muss, meist viel ruhiger und leiden nicht so unter dem Transportstress. Es ist am besten, wenn man die Tiere einzeln transportiert, da es aus Angst schon einmal zu Beißereien im engen Transportkäfig kommen kann.

Zuhause wartet schon die neue Unterkunft, die man ja bereits vorbereitet hat. Am besten stellt man den Transportbehälter auf den Boden der Voliere und öffnet den Deckel, so dass die Tiere langsam herauskommen können. Auf keinen Fall sollte man die ohnehin schon verängstigten Papageien bedrängen und scheuchen. Dies würde sie zum einen noch zusätzlich in Stress versetzen, zum anderen würden die Tiere dem neuen Besitzer gegenüber noch tagelang misstrauisch bleiben. Hier ist einfach Geduld gefragt!

Am besten setzt man sich in einiger Entfernung zur Voliere hin und lässt die Tiere ganz eigenständig die neue Umgebung erkunden. So vermeidet man Stress und die Tiere gewinnen schneller wieder an Selbstvertrauen. Da der Transport und die neue Umgebung die Tiere in den ersten Tagen sehr anstrengen, sollte man ihnen ins Trinkwasser ein Multivitamin-Mineralstoff-Präparat geben, damit sie ihre angegriffenen Reserven auffüllen können. Ferner sollte man ihnen ruhig einige „Leckerbissen" wie Nüsse, frische Früchte etc. anbieten, damit die Tiere auf jeden Fall Nahrung aufnehmen. Eine Futterumstellung sollte nur nach der Eingewöhnung stattfinden. Am besten man nimmt zunächst ausreichend Futter vom Vorbesitzer mit.

Noch ein wichtiger Hinweis: Sofern schon Papageien gehalten werden, sollten Neuankömmlinge immer erst einer Quarantäne unterzogen werden. So verhindert man das Einschleppen von Krankheiten in den Bestand. Die Quarantäne sollte mindestens sechs Wochen erfolgen, während denen man Blut- und Kotproben vom Tierarzt untersuchen lässt.

Die Qualität der Unterbringung ist sehr wichtig für die Gesundheit der Papageien. Schließlich soll sie eine Art Ersatzlebensraum darstellen. Ich möchte allen Papageienhaltern eine vereinfachte Grundregel ans Herz legen, die leider häufig nicht beachtet wird: „Halten Sie möglichst wenige Paare in möglichst großen Volieren".

Um überprüfen zu können, ob eine Voliere für die langfristige Gesunderhaltung der Papageien geeignet ist, muss

Papageien sind am glücklichsten, wenn sie mit Artgenossen zusammen gehalten werden. Bei Einzelhaltung verkümmern sie und entwickeln Verhaltensstörungen.

man sich einige Gedanken darüber machen, was für Ansprüche die Tiere an ihre Unterkunft stellen. Zunächst einmal sind Papageien sehr bewegungsfreudige Tiere, die gerne klettern und fliegen. Daher ist es am besten für sie, wenn sie in einer geräumigen mit zahlreichen Klettermöglichkeiten ausgestatteten Voliere untergebracht werden. Bei Käfighaltung, der schlechtesten Variante der Papageienhaltung, müssen tägliche Zimmerfreiflüge für Ersatz sorgen. Doch fragen Sie sich vor der Anschaffung, ob sie es ihrer Wohnung wirklich zumuten wollen, fortan als „Ersatzdschungel" für herumtobende Papageien zu dienen. Übrigens werden Papageien nie stubenrein, d. h. auch die teure Wohnzimmereinrichtung wird schnell mit Ausscheidungen beschmutzt! Für Großpapageien wie Aras, Kakadus, Graupapageien und Amazonen sind Käfige zur dauerhaften Unterbringung völlig ungeeignet.

Papageien brauchen einerseits die Gesellschaft von Artgenossen, andererseits kommt es auch einmal zu Raufereien. Auch dies verlangt nach einer geräumigen Unterkunft, denn nur hier gibt es im Fall von Streitigkeiten ausreichende Ausweichmöglichkeiten. Vögel sind auf eine besonders gute Frischluftversorgung angewiesen, da sie einen hohen Sauerstoffbedarf haben. In stickigen Räumen kommt es in kurzer Zeit zu Erkrankungen der Atemwege. Es empfiehlt sich daher eine Freivoliere oder zumindest eine Innenvoliere, bei der eine entsprechende Lüftung möglich ist.

Die moderne Tierhaltung zielt darauf ab, in Menschenobhut befindliche Tiere so zu halten, dass sie langfristig gesund erhalten und vermehrt werden können. Ferner sollen sie ein Verhalten zeigen, das als artgemäß gelten kann. Natürlich ist dabei zu beachten, dass das Verhalten eines Papageien in einem künstlichen Haltungssystem nicht mit denen eines freilebenden Artgenossen identisch sein kann. Man denke in diesem Zusammenhang nur einmal an den stark vereinfachten Vorgang der Nahrungssuche in einer Voliere.

Inwieweit sich ein Haltungssystem für eine bestimmte Tierart eignet, kann aufgrund verschiedener biologischer Gesichtspunkte beurteilt werden. Nicht zuletzt deshalb ist es für jeden Papageienhalter wichtig, genau über die Biologie, insbesondere über das Verhalten seiner Tiere informiert zu sein. Nur so können Erfolge bzw. Misserfolge bei der Haltung erkannt, analysiert und beseitigt werden. Die Tiergartenbiologie gibt uns vor allem fünf Anhaltspunkte an die Hand, mit deren Hilfe beurteilt werden kann, ob sich ein Haltungssystem für eine bestimmte Tierart eignet. Es sei darauf hingewiesen, dass jedem Kriterium für sich genommen nur der Wert einer Einzelaussage zu kommt. Nur wenn alle fünf Faktoren vollständig erfüllt werden, gilt die Haltung als angemessen.

1. Die gehaltenen Vögel müssen eine gute Kondition aufweisen, die abgesehen von altersbedingten Abbauerscheinungen konstant sein sollte. So geben z. B. das Gefieder, welches vollständig, glatt und glänzend sein sollte, ein konstantes Körpergewicht und die Bewegungs- und Reaktionsfreudigkeit der Vögel Aufschluss über eine gelungene Anpassung an das Haltungssystem. Um dieser Anforderung nachzukommen, ergibt sich unter anderem zwangsläufig ein Abrücken von der Käfighaltung, da hier beengte Verhältnisse für ein Zerstoßen z. B. des Schwanzgefieders sorgen und häufig Übergewicht mit allen daraus langfristig resultierenden Folgen (z. B. Organschäden) auftritt. Falsche oder zu einseitige Ernährung kann ferner zu Störungen im Federwachstum und zu einem ungünstigen Mauserverlauf führen. Eine mangelhafte Ausstattung des Haltungssystems sorgt nicht selten für ein abnormes Schnabel- und Krallenwachstum, da Ab-

nutzungsmöglichkeiten fehlen. Auftretende Reizarmut und beengte Käfighaltung begünstigen Verhaltensänderungen und -störungen.

2. Im Haltungssystem müssen Wildtiere durchschnittlich eine höhere Lebenserwartung aufweisen als Tiere der gleichen Art im Freiland. Dies resultiert aus dem ständig vorhandenen und gleichwertigen Nahrungsangebot und dem Fehlen natürlicher Feinde. Ferner werden Krankheiten therapiert und Parasiten ausgeschaltet. Allerdings lässt sich im Falle der meisten Papageienvögel dieses Kriterium nur unzureichend anwenden, da uns mangels ausreichender Freilanduntersuchungen kaum Daten über die Lebenserwartung wildlebender Papageien vorliegen.

3. Die Vögel müssen in der Lage sein, im Haltungssystem eine Brut zu beginnen und die Jungen störungsfrei und ohne die maßgebliche Hilfe des menschlichen Pflegers aufzuziehen. Gerade dieser Faktor wird als wichtig empfunden, wenn es gilt ein Haltungssystem nach seiner Eignung zu überprüfen, da sich herausgestellt hat, dass viele Arten erst dann mit der Jungenaufzucht beginnen, wenn andere wichtige Bedürfnisse ausreichend befriedigt sind. Andererseits sei noch einmal wiederholt, dass auch das Kriterium der Vermehrung nicht allein ausreicht, um ein Haltungssystem als geeignet zu befinden.

4. Die gehaltenen Papageien müssen eine relativ hohe Abwehrkraft gegen Krankheitserreger aufweisen, d. h. infektiöse Krankheiten z. B. in den verschiedenen Organen dürfen nicht zu häufig auftreten. Begünstigt werden solche Krankheiten durch andauernde Stress-Situationen, unzureichende Ernährung, ungeeignete Voliereneinrichtungen und übermäßigem sozialen Stress, z. B. bei nicht harmonierenden Paaren oder Gruppen.

Ein solcher Käfig ist gut zu bedienen und zu reinigen. Die Gitterstäbe bieten ausreichend Halt zum Klettern und zum Befestigen von Naturästen. Die große Tür erleichtert das Handling. Trotz der relativen Größe muss täglich Zimmerfreiflug gewährt werden!

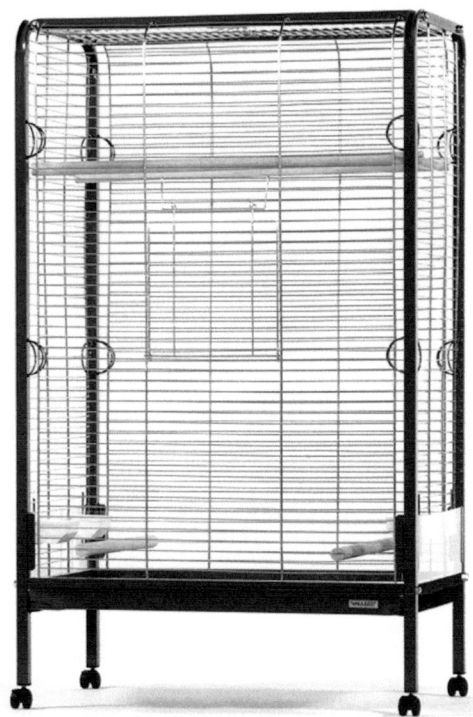

Ein geeigneter Käfig für kleinere Papageienarten oder eine vorübergehende Unterbringung von Großpapageien.

5. Auffällige Verhaltensabweichungen, wie z. B. mangelnde Bewegungs- und Reaktionsfreudigkeit, gestörtes Sozialverhalten, Bewegungsstereotypien, Selbstbeschädigung (z. B. Federrupfen), neurotisches Dauerschreien und ähnliche krankhafte Verhaltensweisen deuten eindeutig auf ein ungeeignetes Haltungssystem hin. Die Erfahrung hat gezeigt, dass vor allem isoliert gehaltene Exemplare für Verhaltensstörungen anfällig sind. Hinzu kommen zu kleine Volieren oder im schlechtesten Fall ein Käfig, der dem natürlichen Bewegungsdrang keinen ausreichenden Spielraum lässt. Zusätzlich bela-

stend ist die Reizarmut des Haltungssystems mangels Partnervogel und geeigneter Beschäftigungsmöglichkeiten.

Geeignete Zimmervolieren

Überlegen Sie sich gut, ob Sie eine Zimmervoliere bauen! Viele Papageien sorgen für erhebliche Mengen Schmutz und Staub (Allergierisiko!) und sind laut. Eine Voliere im direkten Wohnbereich zu bauen, wäre sicher ein Fehler, da hier die Tiere kaum die nötige Ruhe finden dürften und auf Dauer durch ihre Laute, Schmutz und Gerüche stören. Günstiger ist ein separater Raum, den man gut lüften kann und der zumindest ein großes Fenster hat. Lichtlänge bzw. Lichtintensität beeinflussen nämlich Wachstumsvorgänge und den Stoffwechsel durch Einwirken auf Futteraufnahme und Bewegungsaktivität. Da Vögel tropischer Herkunft etwa zwölf Stunden Licht benötigen, wird man auf künstliche Lichtquellen, am besten in Verbindung mit einer Zeitschaltuhr und Dimmerfunktion, zurückgreifen müssen.

Vögel brauchen eine ständige Frischluftzufuhr. Der hohe Sauerstoffbedarf basiert auf dem intensiven Stoffwechsel, der bei Vögeln höher als bei vergleichbaren Säugetieren ist. Zugluft ist zu vermeiden, da diese Krankheiten begünstigt. Volieren sollten leicht und gründlich zu reinigen sein, ohne die Tiere zu sehr zu stören. Gefliese Wände und Böden sind dabei sehr nützlich, da man sie auch leicht desinfizieren kann. Integriert man die Voliere in eine Raumecke, spart man so zum einen Bauelemente, zum anderen bietet man den Tieren mehr Deckung.

Da eine Holzkonstruktion in den meisten Fällen nach einer gewissen Zeit dem Nagebedürfnis der Tiere zum

Opfer fallen wird, bietet sich ein Grundgerüst aus Metallelementen an. Holz kann man dann verwenden, wenn man aufgrund der Bauweise dafür sorgt, dass die Tiere nicht die Möglichkeit zur Beschädigung der Holzteile haben. Dies ist aber aufwendig und wohl nur bei wenig nagefreudigen Arten erfolgversprechend. Das Volierengrundgerüst wird dann mit stabilem, verzinktem und punktgeschweißtem Drahtgeflecht bespannt. Plastikummanteltes Drahtgeflecht eignet sich nicht, da der Kunststoff schnell abgeknabbert wird.

Wer nicht selber bauen will, kann auf die vorgefertigten, im Handel erhältlichen Volierenteile zurückgreifen. Ferner gibt es heute diverse Firmen, die entsprechende Volieren nach den Wünschen des Halters bauen. Bei Zuchtanlagen sollten die Volierenabteile in einem Abstand von 5 - 8 cm mit einer doppelten Drahtbespannung versehen werden. Beißereien am Gitter, die nicht selten zu schweren Fußverletzungen führen, können so wirkungsvoll verhindert werden. Ein etwa 50 cm hoher Sockel aus Mauerwerk oder Kunststoffplatten verhindert weitgehend, dass Schmutz, Federn und Futterreste in den vor gelagerten Raum gelangen.

Den Volierenboden bedeckt man üblicherweise mit normalem Fluss-Sand, der mindestens wöchentlich, am besten alle zwei Tage durchgeharkt und regelmäßig erneuert werden sollte. Die Innenausstattung wird dem Bewegungsbedürfnis der Tiere entsprechend aus zahlreichen verzweigten Naturästen und kleinen Bäumen zusammengestellt. Ferner sind einige grobgliedrige Ketten oder ähnliche Beschäftigungsgegenstände, die nach Möglichkeit regelmäßig ausgetauscht werden, unerlässlich für die gehaltenen Tiere. Wichtig ist, dass die Bewegungsfreiheit der Papageien nicht übermäßig durch die Einrichtungsgegenstände eingeschränkt wird und kurze Flugstrecken von Ast zu Ast möglich sind. Um den Volierenraum ansehnlicher zu gestalten, kann man vor die Voliere einige große Pflanzen etc. aufstellen, die aber so platziert sein sollten, dass sie den Papageien nicht das Licht nehmen und ebenfalls nicht von diesen benagt werden können.

Die Freivoliere

Eine Freivoliere mit angrenzendem, beheizbarem Schutzhaus ist optimal für die meisten Papageienarten. Nur besonders empfindliche und wärmebedürftige Arten sind auf Dauer besser in einer Innenvoliere untergebracht. In einer Außenvoliere gibt es kaum Schwierigkeiten bezüglich Frischluft und natürlichem Licht, was die Papageien bewegungsfreudiger macht, und ihren Appetit anregt und nicht zuletzt das Gefieder positiv beeinflusst. Freivolieren können in der Regel auch großzügiger dimensioniert werden. Papageien, die viel fliegen und klettern können, haben in der Regel ein konstantes Körpergewicht und eine bessere Gesamtkondition. Für unsere Klimabedingungen braucht man in den allermeisten Fällen eine angeschlossene, beheizbare Innenvoliere. Dies verlangt nach ausreichendem Platz und auch Geld für den Bau und Betrieb. Beträgt die Volierenhöhe mindestens 2 m, können die Vögel oberhalb der menschlichen Augenhöhe sitzen und fühlen sich sicherer. Günstiger sind Volierenhöhen von 2.5 m bis 3 m. Der Innenraum sollte nicht wesentlich kleiner als die Außenvoliere sein, da die meisten Arten wärmebedürftig sind und somit einen erheblichen Teil des Jahres im Innenraum verbringen müssen. Entsprechend muss der Innenraum auch über Fenster zur Licht- und Frischluftzufuhr verfügen.

Im Innenraum braucht man einen Stromanschluss mit geeigneten Lichtquellen für die kurzen Wintertage, einen

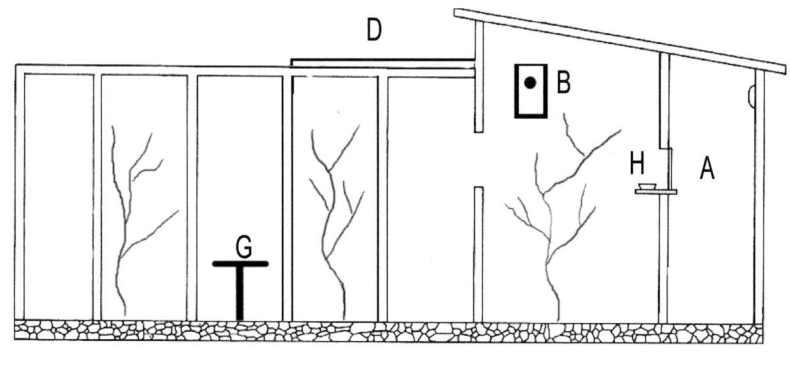

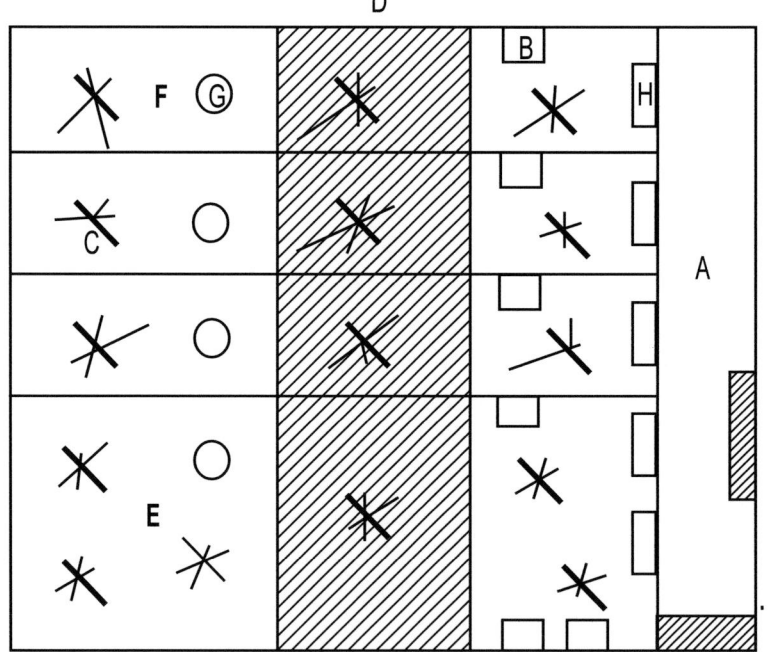

Eine geeignete Zuchtanlage für Papageien und Sittiche inklusive Gruppenvoliere zum Verpaaren von Einzeltieren.

Legende: A = Futtergang, B = Nistkästen, C = Naturäste, D = Überdachung, E = Gruppenvoliere, F = Zuchtabteil, G = Badeplatz, H = Futterplatz.

frostsicheren Wasseranschluss und eine wirtschaftlich arbeitende Heizung. Bewährt hat sich die Einrichtung eines Futterganges, der an der Volierenrückseite liegt und über den man alle Innen- und Aussenvolieren erreichen kann, z. B. zur täglichen Fütterung und regelmäßigen Reinigung. Die Innenvolieren stattet man mit niedrigen Türen aus, durch die man nur gebückt vom Gang in die Volieren kommen kann. Auf diese Weise wird verhindert, dass Volierenbewohner beim Eintreten entfliegen. Die Verbindung zur Außenanlage stellt man ebenfalls durch eine Tür her. Die Papageien erhalten mittels eines kleinen Durchflugs in dieser Tür oder im Gemäuer Zugang zu den Innenräumen bzw. zu den Außenvolieren. Sehr praktisch ist es, wenn man diese Einflugschleusen über eine Seilzugvorrichtung öffnen und schließen kann, ohne die Anlage zu betreten. Um im Winter Heizkosten zu sparen, ist auf eine gute Isolierung aller Innenräume zu achten. Die Fütterung erfolgt nur im Innenraum mit Hilfe einer Futterstelle, die vom Futtergang aus zu bedienen ist.

Über den Bau von Volieren gibt die entsprechende Fachliteratur Auskunft. Viele nützliche Tipps bietet heute auch das Internet. Daher möchte ich nur wesentliche Aspekte einer Voliere ansprechen, die zur erfolgreichen Papageienhaltung nötig sind, ohne auf bauliche Details einzugehen.

Ein Fundament schützt vor Ratten und Mäusen, die durch herunterfallendes Papageienfutter angelockt werden. Bei der Gestaltung des Bodens sollte man darauf achten, dass Wasser z. B. bei der Volierenreinigung oder bei Regen abfließen kann und sich keine Wasserlachen bilden. Der Volierenumriss wird vorzugsweise mit einem etwa 50 cm hohen und 30 bis 40 cm tief in die Erde reichenden Sockel umgeben, auf dem die eigentliche Volierenkonstruktion befestigt wird.

Das Volierengerüst, das möglichst aus Metall besteht, bespannt man mit verzinktem und punktgeschweißtem Drahtgeflecht ausreichender Stärke. Drahtstärken von 3-4 mm sind für die meisten größeren Arten geeignet, bei Kleinsittichen reichen auch 1,5 bis 2 mm. Plastikummantelte Drahtgeflechte werden schnell benagt und rosten dann. Wie zuvor für Innenvolieren beschrieben, trennt man nebeneinander liegende Aussenvolieren mit einer doppelten Drahtbespannung voneinander. Überdacht man einen Teil der Aussenvoliere, können die Tiere auch bei Regen in der Freivoliere bleiben, ohne nass zu werden. Kunststoffplatten, die man an der Volierenseite anbringt, sorgen für zusätzlichen Wind- und Sichtschutz. Nadelhölzer oder andere immergrüne Gewächse, die man direkt an den Volierenseiten anpflanzt, sind hierfür auch geeignet, sollten aber so stehen, dass die Tiere sie nicht benagen können.

Die Inneneinrichtung der Innen- und Aussenvolieren erfolgt nach dem gleichen Schema wie es bereits im vorangegangenen Abschnitt beschrieben wurde.

Zimmerfreiflug

Papageien sind bewegungsfreudige Tiere, die in kleineren Zimmervolieren oder Käfigen leicht verfetten. Aus diesem Grund ist es dringend notwendig, ihnen regelmäßige Freiflüge im Zimmer zu gewähren, damit sie sich mal richtig austoben können. Mehrere papageiengerechte Landemöglichkeiten erleichtern den Papageien sich im Zimmer zu Recht zu finden, ohne in Panik zu geraten. Hängt man einen großen, verzweigten Naturast quer an Ketten oder Seilen an der Zimmerdecke auf, hat man schnell einen Lieblingsplatz der Papageien eingerichtet. Ergänzt man diesen noch durch eine darunter angebrachte Plastikschale, reduziert man die Verschmutzung. Ausgelegtes Zeitungspapier kann ebenfalls helfen.

Artgenossen

Papageien sind sozial lebende Tiere, die zu ihrem Wohlbefinden den ständigen Kontakt eines gegengeschlechtlichen Artgenossen benötigen. Interessant für Besitzer von Volierenanlagen ist die Haltung von Papageien in kleinen Gruppen. Eine solche Gemeinschaftshaltung ist unter bestimmten Voraussetzungen (Gehaltene Art und Größe der Unterkunft) relativ unproblematisch zu praktizieren. Die Tiere zeigen in der Gruppe ihr ausgeprägtes Sozialverhalten, das wohl jeden Pfleger begeistern wird. Unter keinen Umständen sollten Papageien oder Sittiche dauerhaft einzeln gehalten werden. Es gilt daher: Ein Papagei ist kein Papagei!

Haltungstemperaturen

Bei den meist tropischen Papageien müssen natürlich gewisse Haltungstemperaturen gewährleistet sein. Wärmebedürftige Arten sind z. B. Edelpapageien, Loris, Fledermauspapageien, die daher nicht unter 15-20 °C gehalten werden sollten. Die meisten Kakadus, Amazonen, Aras, Graupapageien, Langflügelpapageien sind zufrieden, wenn zwischen 10 und 15 °C herrschen. Viele Agaporniden, Wellensittiche, Edelsittiche und Plattschweifsittiche kann man bei Temperaturen zwischen 5 und 10 °C überwintern. Nur wenige Arten wie etwa Felsensittiche, Mönchsittiche, Große Alexandersittiche und Halsbandsittiche sind zufrieden, wenn ihre Unterkunft frostfrei gehalten wird.

Wie groß sollte die Voliere sein?

Es ist fast nicht möglich, eine Voliere zu groß zu bauen. Allerdings sollte man auch bedenken, dass man z. B. kranke Tiere aus einer Volierengemeinschaft heraus fangen muss, um sie zu behandeln. Die von mir gemachten Angaben sind als Richtgrößen zu verstehen.

Große Aras und Kakadus sind gute Flieger und sollten daher eine langgestreckte Voliere von etwa 6 x 2 m bei einer Höhe von 2,5 - 3 m erhalten.

Amazonen, Graupapageien, kleinere Kakadus oder Edelpapageien sind mit einer Grundfläche von 3-4 x 2 m bei einer Höhe von 2,5 m zufrieden.

Großsittiche kommen auch mit schmaleren Volieren zurecht, weniger als ein Meter sollte es aber auch hier nicht sein.

Für eine kleine Gruppe Agaporniden, Sperlingspapageien oder Wellensittiche eignet sich eine Volieren mit den Maßen 2 x 1 x 2 m.

Wie bereits erwähnt, sollten an jede Freivoliere entsprechend große, beheizte Innenräume angegliedert sein. Für die großen Papageien (z. B. Aras) also eine Fläche von rund 3 x 2 m, die mittelgroßen Arten (z. B. Graupapageien) 2 x 2 m.

Mindestens einen Käfig sollte aber jeder Papageienliebhaber besitzen. Denn Neuzugänge sollten erst einmal in einem solchen Eingewöhnungskäfig einige Wochen beobachtet werden (Quarantäne). Ferner sollten erkrankte Tiere separat vom Bestand gehalten werden, um eine Ansteckung gesunder Vögel zu vermeiden.

Bademöglichkeit

Papageien lieben es zu baden oder abgeduscht zu werden. Daher sollte man ständig eine geeignete Bademöglichkeit in der Voliere anbieten. Baden ist besonders für das Gefieder wichtig, das dadurch in einem optimalen Zustand gehalten wird.

Eine große stabile Badeschale, die am besten täglich mit sauberem Frischwasser gefüllt wird, eignet sich hierzu am besten. Gut sind auch flache, innen glasierte Blumentopfuntersetzer, die möglichst in erhöhter Position (etwa 80-100 cm vom Boden) in einem eigens dafür vorgesehenen, wackelfreien Gestell oder einer Halterung am Volierengitter angebracht werden.

Unerfahrene Jungtiere können allerdings in einer solchen Badegelegenheit ertrinken, so dass man sie dann vorübergehend entfernen sollte. Während dieser Zeit oder aber wenn die Tiere eine derartige Badegelegenheit nicht annehmen, kann eine Brause oder ein Wasserzerstäuber aus der Blumenpflege für Badespaß sorgen. Als Zeitpunkt fürs Duschen empfiehlt sich der Vormittag, damit die Tiere bis zum Abend wieder ein trockenes Gefieder aufweisen und sich nicht verkühlen.

Beschäftigung

Papageien sind relativ intelligent und haben ein ausgeprägtes Erkundungs- und Spielverhalten. Daher ist eine Unterbringung nur dann gut geeignet, wenn sie den Tieren Gelegenheit zur Manipulation, Erkundung und zum Spiel gibt.

Die Voliere sollte daher unbedingt mit zahlreichen verzweigten Naturästen und kleinen abgestorbenen Bäumen ausgestattet werden. Somit können die Papageien ihrem ausgeprägten Kletterbedürfnis nachgehen und bekommen Gelegenheit, sich durch Benagen der Rinde und des Holzes zu beschäftigen. Einen zusätzlichen Beitrag zur Ernährung leisten frische Zweige, die die nagenden Tiere mit mineralhaltiger Rinde versorgen. Solche Zweige sollten daher regelmäßig (mindestens wöchentlich) angebracht werden. Weitere Beschäftigungsgegenstände können grobgliedrige Ketten, Nistkästen, Seile, Pappschachteln und andere manipulierbare Gegenstände sein.

Wenn sich die Tiere mit den gebotenen Futtermitteln vor dem Verzehr auseinandersetzen müssen, bekämpft dies zusätzlich die Langeweile. Aufgehängte Maiskolben, Bananen in der Schale oder ähnliche Früchte sorgen für eine relativ lange Beschäftigung der Tiere. Mit Nüssen, die man in der Schale belässt, beschäftigen sich manche Tiere minutenlang. Ein hölzerner Nistkasten kann ganzjährig zur Verfügung stehen, da er auch außerhalb der Brutzeit gerne benagt und untersucht wird.

In große Schüsseln kann man Erde anbieten werden, damit die Tiere diesen durchsuchen. Waldboden enthält oft wertvolle Mineralien oder gar Insekten und Würmer, die von Papageien gefressen werden können. Tolle Möglichkeiten bieten auch verschiedene Zapfen heimischer Bäume wie z. B. Tannen und Kiefern. Ungiftige Blüten und Grasähren sorgen für stundenlange Beschäftigung. Hierzu kann man z. B. einen großen Drahtkorb in die Voliere hängen, den man mit langen Grashalmen, anhängenden Ähren und anderem Grünfutter füllt. Sie werden erstaunt sein, wie lange sich die Papageien mit dem Inhalt auseinandersetzen.

Je größer die Variationsbreite der gebotenen Beschäftigungen ist, desto besser für die Tiere.

Kapitel III
Die richtige Ernährung

Allgemeines

Die Haltung und Zucht von Papageienvögeln erfreut sich in vielen Ländern seit Jahrzehnten großer Beliebtheit. Neben der richtigen Haltung in großräumigen Volieren, vergesellschaftet mit einem artgleichen Partnertier, spielt die Ernährung eine große Rolle, wenn es gilt, Papageien langfristig in guter Kondition zu halten.

Leider kommt es immer wieder zu Fehlern bei der Papageienernährung, die oftmals auf mangelndem Wissen der Papageienhalter beruhen. Dieser Zustand lässt sich leicht verbessern, sind Fehler erst einmal erkannt. Demnach sollte eine leicht zugängliche Information über die Ansprüche der Papageienvögel kurzfristig Abhilfe schaffen können. Aus diesem Grund habe ich meine eigenen Erfahrungen und das in der Literatur verfügbare Wissen über die richtige Ernährung der Papageienvögel in diesem kurzen Ratgeber zusammengefasst.

Was bedeutet eigentlich „richtige" Ernährung von Papageien? Aspekte, die bei der Entwicklung eines Fütterungsplans für Papageien generell berücksichtigt werden müssen, sind Art, Alter, Geschlecht, Jahreszeit, Unterbringung, Bewegungsaktivität und die Frage, ob die Tiere Eier legen, Junge aufziehen, in der Mauser sind oder sich von Operationen, Krankheit oder anderem Stress erholen müssen.

Nach Einschätzung erfahrener Ziervogel-Tierärzte steht die Mehrzahl der auftretenden Krankheitserscheinungen im ursächlichen Zusammenhang mit der Ernährung. So wird eine Fehlernährung als primäre Ursache der Fettleibigkeit, des generalisierten Mangelsyndroms, der Hyperkeratose („Hühneraugen"), der Metaplasien („tumorähnliche Schwellung"), Fettleberdegeneration, Hypocalcämie (Calciumunterversorgung), von Gicht, der Verkalkung verschiedener Organe und Gewebe (durch exzessive Nährstoffgehalte im Futter) sowie von Störungen in der Befiederung und Gesundheit der Haut angesehen. Noch häufiger führt Fehlernährung zu einer Schwächung der körpereigenen Abwehr, was dann mit Symptomen wie Federpicken, Kloakenvorfall, Legenot, Dauerlegen, einer Fremdkörperaufnahme, Verhaltensstörungen, insbesondere aber mit einer erhöhten Anfälligkeit für Infektionen durch Parasiten, Pilzen, Hefen, Bakterien oder Viren einher geht.

Das Bundesministerium für Ernährung, Landwirtschaft und Forsten ließ 1995 eine Sachverständigengruppe ein Gutachten zum Thema „Mindestanforderungen an die Haltung von Papageien" erstellen. Wie schwer eine solche Aufgabe ist, zeigt die Tatsache, dass - obwohl nur sieben Sachverständige an der Studie beteiligt waren - gleich zwei Differenzgutachten eingereicht wurden, die sich in einigen Punkten vom Gesamtgutachten abheben.

Für die Ernährung der Papageien fanden die Gutachter eine kurze Formel: „Besondere Sorgfalt ist auf abwechslungsreiches, geeignetes Futter zu verwenden. Es genügt nicht, Papageien ganzjährig mit trockenen Sämereien zu füttern. Es muss, je nach Vogelart, auch Keimfutter, Obst, Gemüse, Grünfutter und, zumindest während der Jungenaufzucht, tierische Eiweiße angeboten werden. Loris, Fledermauspapageien und Schwalbensittiche müssen Nektarfutter erhalten und dürfen nicht an ausschließliche Körnerfütterung gewöhnt werden. Fledermauspapageien, Schwalbensittiche und einige Loriarten benötigen neben dem Lorifutter auch Sämereien, alle Nektar trinkenden Arten auch Obst."

Natürlich stimmen diese Empfehlungen grundsätzlich, doch helfen sie dem unerfahrenen Papageienhalter kaum wesentlich weiter. Ich hoffe, dass mein Buch hier Abhilfe schaffen kann, denn Papageien liegen mir am Herzen und ich weiß, dass viele von ihnen unter schlechter Ernährung leiden müssen.

Ernährung im Freiland

Die vielfältigen Unterschiede in den Nahrungsgewohnheiten und Präferenzen der einzelnen Papageienarten erlauben, dass auch in relativ begrenzten Gebieten eine beachtliche Zahl verschiedener Papageienarten koexistieren kann. Diese Arten teilen sich gewissermaßen einen Biotop und werden daher auch als syntop bezeichnet.

So findet man auf der südwestlich vor Neuseeland gelegenen Antipoden-Insel auf nur rund 38 km² gleich zwei Arten von Papageien. Beide sind Vertreter der Laufsittiche (*Cyanoramphus*) und erschließen sich unterschiedliche Nahrung. Nur so konnten sie diese kleine Fläche in zwei Arten besiedeln. Es handelt sich um eine Unterart des Ziegensittichs (*C. novaezelandiae hochstetteri*) und den Antipoden Laufsittich (*C. unicolor*). Während der Ziegensittich sich vorwiegend einer „klassischen" Papageiennahrung aus Samen, Früchten und einigen Wirbellosen bedient, erschloss sich der andere Laufsittichvertreter verschiedene Grasarten als Nahrungsquelle. Nebenbei betätigt er sich ab und zu auch als Aasfresser und knabbert an den Kadavern von Pinguinen und anderen Vögeln, die auch auf dieser abgeschiedenen Insel leben.

Nimmt man das Beispiel Australien, so findet man im gleichen Gebiet Nektar und Pollen fressende Loris mit ihren Pinselzungen und Arten, die vorwiegend auf dem Boden nach Nahrung suchen, wie z. B. Wellensittiche. Während des Jahresverlaufs treten für Wellensittiche hinsichtlich der Verfügbarkeit ihrer Nahrungsressourcen zwei kritische Perioden auf. Nach der Reifung fallen die Grassamen gewöhnlich zu Boden und können dann, wenn die Bodenvegetation sehr dicht ist, nicht mehr von den Vögeln erreicht werden.

Eine andere kritische Phase ist der Beginn einer neuerlichen Vegetationsperiode. Auch hier nimmt die Verfügbarkeit reifer Samen sehr stark ab, da diese jetzt keimen und neue Pflanzen hervorbringen. Die Nahrungssituation verbessert sich erst wieder mit der erneuten Produktion von Samen. Während viele Samenfresser in dieser Zeit dazu übergehen, vermehrt Insekten zu fressen, stellen sich Wellensittiche nicht auf andere Nahrungsquellen um. Sobald das Nahrungsangebot unzureichend wird, wandern sie ab, um neue Nahrungsgründe zu finden. Sowohl im Norden als auch im Süden des Verbreitungsgebietes erneuern sich die Nahrungspflanzen saisonal. Abhängig von der jahreszeitlichen Verteilung der Niederschläge liegt die Wachstumsphase der Gräser im Norden im Sommer und Herbst, im Süden dagegen im Frühling und zu Beginn des Sommers. Im Gegensatz hierzu ist das Angebot an Nahrungspflanzen in dem wüstenhaften Inland nicht an eine bestimmte Jahreszeit gebunden. An heißen Tagen suchen Wellensittiche nur morgens und am späten Nachmittag offenes Grasland auf, um dort Nahrung aufzunehmen. Wenn es weniger heiß ist, setzen sie die Nahrungssuche auch während der Tagesmitte fort, doch halten sie sich dann in der Nähe von Schatten spendenden Bäumen auf. Es wurde beobachtet, dass Wellensittiche während der Brutzeit ihre Nahrung nicht weiter als drei Kilometer entfernt von den Nistplätzen suchen.

Wellensittiche suchen ihre Nahrung nahezu ausschließlich in Bodennähe. Die Nahrungspflanzen sind in erster Linie Gräser und Gänsefußgewächse. Die Samen des Stachelschweingras und des Mitchellgras bilden einen wichtigen Bestandteil der Nahrung. Gelegentlich fallen die Vögel auch in reifendes Getreide, beispielsweise Weizen, ein und können hier beträchtlichen Schaden anrichten. In den Kröpfen von gefangenen freilebenden Wellensittichen konnten Samen von bis zu 39 verschiedenen Pflanzenarten gefunden werden.

Wie alle Papageienvögel, so entfernen auch Wellensittiche die äußeren Hüllspelzen und nehmen die Samen anschließend unzerkleinert auf. Wellensittiche verhalten sich bei der Nahrungswahl ausgesprochen opportunistisch und bevorzugen die Nahrungspflanzen, die am häufigsten vorhanden sind. Ist nur eine einzige Nahrungspflanze häufiger vorhanden, so werden nahezu ausschließlich die Samen dieser betreffenden Art gefressen. Ist das Angebot jedoch reichhaltiger, werden auch mehrere Arten genutzt. Die Menge an tierischen Bestandteilen (Insekten) in der Nahrung von Wellensittichen ist in der Regel äußerst gering. Es gibt Hinweise, dass Wellensittiche Sand und Holzkohle aufnehmen, wie es auch gelegentlich bei anderen Papageienarten beobachtet wird.

Schnabel und Zunge dienen dazu, einen Samen von seiner Hülle zu befreien. Der Samen wird mit der Zunge fixiert und mit dem Unterschnabel bearbeitet, während der Oberschnabel Halt bietet (nach HOMBERGER 1982).

Ursprünglich wurde vermutet, dass das Brutgeschehen bei Wellensittichen von der Verfügbarkeit halbreifer Grassamen zur Aufzucht der Jungen abhängt, doch fanden sich keine Anzeichen dafür, dass sie bevorzugt halbreife oder weiche Samen aufnehmen. Bei Wellensittichen ist die Nahrungsqualität vermutlich weniger entscheidend als die tatsächliche Nahrungsverfügbarkeit. Da Wellensittiche nicht auf das Vorhandensein eines bestimmten Aufzuchtsfutters, beispielsweise halbreifer Grassamen oder Insekten, angewiesen sind, sind sie in der Wahl ihrer Brutzeit flexibler als andere Vogelarten. Wellensittiche suchen morgens etwa für zwei Stunden Nahrung. Anschließend enthalten ihre Kröpfe im Mittel etwa 0,6 g Samen. Allerdings bestehen in Bezug auf die aufgenommene Nahrungsmenge erhebliche individuelle Unterschiede.

Die größte Nahrungsmenge ist in ihren Kröpfen enthalten, wenn die Tiere nach der Nahrungssuche am späten Nachmittag ihre Schlafplätze aufsuchen. Wenn Wellensittiche in den frühen Morgenstunden ihre Schlafplätze verlassen, sind ihre Kröpfe zwar nahezu oder gänzlich leer, doch verbrauchen sie ihre Fettreserven nicht während der Nacht. Gelegentlich können sie diese sogar noch vermehren. Hierin unterscheiden sie sich in ihrer Nahrungsenergetik deutlich von anderen Kleinvögeln mit einer ähnlichen Körpergröße. Denn diese verbrauchen, insbesondere im Winter, die tagsüber aufgebauten Fettreserven in der Regel während der Nacht. Die Depotfettmenge freilebender Wellensittiche beträgt im Mittel etwa 4 % ihres Gewichtes. Im Gegensatz hierzu weisen solche, die in Käfigen gehalten werden, mitunter erhebliche Mengen an Depotfett auf. In diesem Fall beträgt die Depotfettmenge durchschnittlich 25 % des Gewichtes. Freilebende Wellensittiche bilden jedoch auch bei einer reichhaltigen Nahrungsgrundlage keine größeren Fettdepots.

Vermutlich müssten die Vögel hierzu verhältnismäßig mehr Zeit für die Nahrungssuche aufwenden. Es ist auch vorstellbar, dass sich Wellensittiche kein höheres Körpergewicht „leisten" können, da sie ansonsten in ihrem Flugvermögen eingeschränkt und eine leichte Beute für Greifvögel wäre.

Bei Wellensittichen wird das Körperfett wohl in erster Linie für die Energieansprüche beim Fliegen genutzt. Vermutlich sind die während der Nacht gespeicherten Fettreserven wichtig für das Erreichen der Nahrungsplätze, die oftmals einige Kilometer von dem Schlafplatz entfernt liegen. Fliegen Wellensittiche nur eine kurze Strecke, so ist ihr Flug bogen- oder wellenförmig. Diese Flugweise ist bei eher geringen Fluggeschwindigkeiten energiesparender als ein geradliniger Flug in konstanter Höhe. Man kann ausrechnen, dass ein 29 g schwerer Wellensittich mit einer Energiereserve von etwa 0,8 g Depotfett etwa 100 km weit ohne Unterbrechung fliegen kann. Die Vögel legen während ihrer Wanderungen regelmäßig Zwischenstopps ein, um zu fressen. In diesem Zusammenhang ist es bemerkenswert, dass vor der Wanderung keine Depotfettanreicherung stattfindet. Die Depotfettmenge ist bei Wellensittichen zu allen Jahreszeiten etwa gleich. Auch während der Eibildung findet keine Mobilisierung und Abnahme der Depotfettmenge statt.

Einige australische Papageienarten haben sich auf wenige Nahrungsmittel spezialisiert, die für andere Arten schwierig oder gar nicht zu erschließen sind. Ein solches Beispiel ist der Rotkappensittich (*P. spurius*), der sich auf eine bestimmte Eukalyptusart spezialisiert hat. Dabei hilft der verlängerte und schlanke Oberschnabel dieses Sittichs, an die Samen dieser Pflanzenart heranzukommen, die nämlich tief in einer harten kapselartigen Frucht verborgen sind. So verwundert es auch nicht, dass die Verbreitung des Rotkappensittichs eng an die Verbreitung der Eukalyptusart gebunden ist. , und zwar im Südwesten Australiens. Da sich ein Tier meist aber nicht auf nur eine Nahrungsquelle beschränken kann, fressen Rotkappensittiche auch andere Früchte und Samen.

Aber wie so oft, hat der Rotkappensittich auch Konkurrenten, wenn es um die Nahrung geht. So können nämlich auch Rabenkakadus (*Calyptorhynchus* spec.) mit ihren mächtigen Schnäbeln die hartschaligen Kapseln sprengen und so auch an die Samen herankommen. Ein dritter Rabenkakadu weist einen etwas anders geformten Schnabel auf, der insgesamt kürzer und breiter ist. Dies ist das Resultat einer Anpassung an das Fressen von Piniensamen, die in seinem Lebensraum dominieren.

Der Braunkopfkakadu (*C. lathami*) bevorzugt die Früchte des Casuarina-Baumes. *C. lathami* nutzt dabei die Füße, um die sehr hartschaligen Samen festzuhalten und schrittweise zu drehen, während der sehr kräftige Schnabel die Schale Stück für Stück knackt. Die Samen sind so widerstandsfähig, dass sich die Kakadus schon einige Minuten als „Nussknacker" betätigen müssen, bis sie an das begehrte Innere gelangen können.

Die Gelbohr-Rabenkakadus (*C. funerus funerus*) im Osten Australiens stellen eine eigene Population dar, die sich von ihren Verwandten im Westen relativ stark abgrenzt. So zeigt die Art hier eine veränderte Schnabelausprägung, die auf unterschiedliche Nahrungsstrategien zurückgeht. Der Oberschnabel ist hier viel länger und wirkt gestreckt, während der gesamte Schnabel insgesamt schmaler ausgeprägt ist. Diese Schnabelstruktur erlaubt es den Kakadus, in der Borke von Bäumen nach Mottenraupen und Insekten zu suchen. Tatsächlich scheint sich diese Kakaduart zumindest in diesem Abschnitt ihres Gesamtverbreitungsgebietes vorwiegend von Insekten zu ernähren, was für Papageien eine Besonderheit darstellt. Normalerweise stellen Insekten nur eine Nahrungsergänzung der ansonsten Früchte und Samen verzehrenden Psittaciden dar.

Auch bei den eigentlichen Kakadus der Gattung Cacatua findet man vergleichbare Spezialisierungen was die Nahrung angeht. Obwohl Nacktaugenkakadus (*C. sanguinea*) auch nach Wurzeln im Boden gräbt, sind sie doch eher dafür bekannt, dass sie ihre aus zahlreichen Samen, Nüssen und Früchten zusammengesetzte Nahrung vor allem in Bodennähe suchen. Im Gegensatz dazu nutzt der Nasenkakadu (*C. tenuirostris*) seinen Schnabel, um Grasbüschel auszurupfen und neu gesäten Weizen oder Insektenlarven auszubuddeln.

Eine andere Gruppe australischer Papageien mit spezialisierten Ernährungsstrategien sind die Feigenpapageien (*Opopsitta* spec.). Diese ernähren sich vorwiegend von den Feigen der Gattung Ficus, von denen sie aber weniger das Fruchtfleisch als vielmehr die enthaltenen Samen verzehren. Soweit sich die Chance ergibt, nehmen diese kleinen, sehr versteckt und hoch in den Baumkronen lebenden Papageien auch gerne Insekten oder deren Larven zu sich. Die wenigen aufgeführten Beispiele zeigen, dass die Papageien Australiens sich unterschiedlicher Strategien bedienen, um an genügend Nahrung zu gelangen.

Die zahlreichen verschiedenen Lebensraumtypen mit all ihren vielfältigen Nahrungsquellen und Eigenheiten haben letztendlich dazu geführt, dass die Papageienfauna Australiens zu den artenreichsten der ganzen Welt gehört.

Biologie der Ernährung

SCHNABEL und KRALLEN

Beim Vogelschnabel hat die Natur aus nur einem Material, dem Horn, ein wahres Multifunktionswerkzeug höchster Qualität erschaffen. Der Schnabel ist eine beeindruckende Anpassung an die zahlreichen Aufgaben des Vogellebens. Die Schnabelform entspricht den jeweiligen Ernährungsweisen der verschiedenen Vogelarten. Bedenkt man, dass es heute rund 9000 bekannte Vogelarten gibt, die unterschiedlichste Lebensräume und Nahrungsquellen erschlossen haben, wird deutlich, was die Entwicklungsgeschichte der Vögel aus nur einem Grundmaterial hervorgebracht hat.

Vogelschnäbel öffnen hartschalige Samen, meißeln Löcher in Holz, zerkleinern Kerne, fangen Fische, Insekten und andere Tiere, schneiden Pflanzenteile ab, durchsieben Schlick und filtern Kleingetier aus dem Wasser und, und, und. Dabei wurden einige Schnäbel zu wahren Spezialwerkzeugen (wie z. B. beim Kolibri oder Flamingo), während andere durchaus vielseitig einsetzbar sind. So dient der Papageienschnabel zum Festhalten von Gegenständen, zum Klettern, zum Abpflücken von Früchten, Entspelzen

Der Schnabel der Papageien ist ein charakteristisches Werkzeug.

von Samen, Knacken von Nüssen usw.

Schnabel und Krallen wachsen ständig nach. Der Vogelschnabel besteht im Kern aus den Ober- und Unterkieferknochen und außen aus der sichtbaren Hornscheide, die auch Rhamphotheka genannt wird. Diese ist das Produkt einer Verhornung der Oberhaut (Epidermis). Das Schnabelhorn entsteht lamellenförmig, also in Hornblättchen, auf der ganzen Schnabelfläche und schiebt sich nach vorn und zur Schnabelkante hin. Das Schnabelhorn wächst nicht an der Spitze weiter, sondern von der Basis her nach vorn. Bei starker Beanspruchung des Hornschnabels steigert sich auch die Geschwindigkeit des Hornvorschubs. Die Abnutzung der Hornscheide erfolgt nicht nur durch äußere Beanspruchungen, sondern auch gegenseitig durch die beiden Schnabelhälften. Da das innere Deckhorn härter ist als das Traghorn, einer Sonderbildung des Mundhöhlenhorns, entsteht eine scharfe Kante.

Auch die Krallen wachsen kontinuierlich und auch bei ihnen besteht die untere Fläche, die Krallensohle, aus weicherem Horn als die obere Fläche, die die scharfe Kante bildet.

NAHRUNGS- und WASSERAUFNAHME

Bevor Papageien die Nährstoffe z. B. einen Samen nutzen können, müssen sie diesen erst einmal von der unverdaulichen Schale befreien. Dieser Schälvorgang ist für alle Arten ähnlich. Normalerweise werden Samen zwischen Oberschnabelspitze und Unterschnabelschneide eingeklemmt und zusätzlich mit der Zungenspitze in Position gebracht. Hat der Vogelschnabel genug Halt auf der Samenoberfläche gefunden, dann wird die Samenhülle mit der Unterschnabelschneide gespalten, so dass der Vogel an den Kern kommt. Von größeren Kernen werden kleinere Stük-

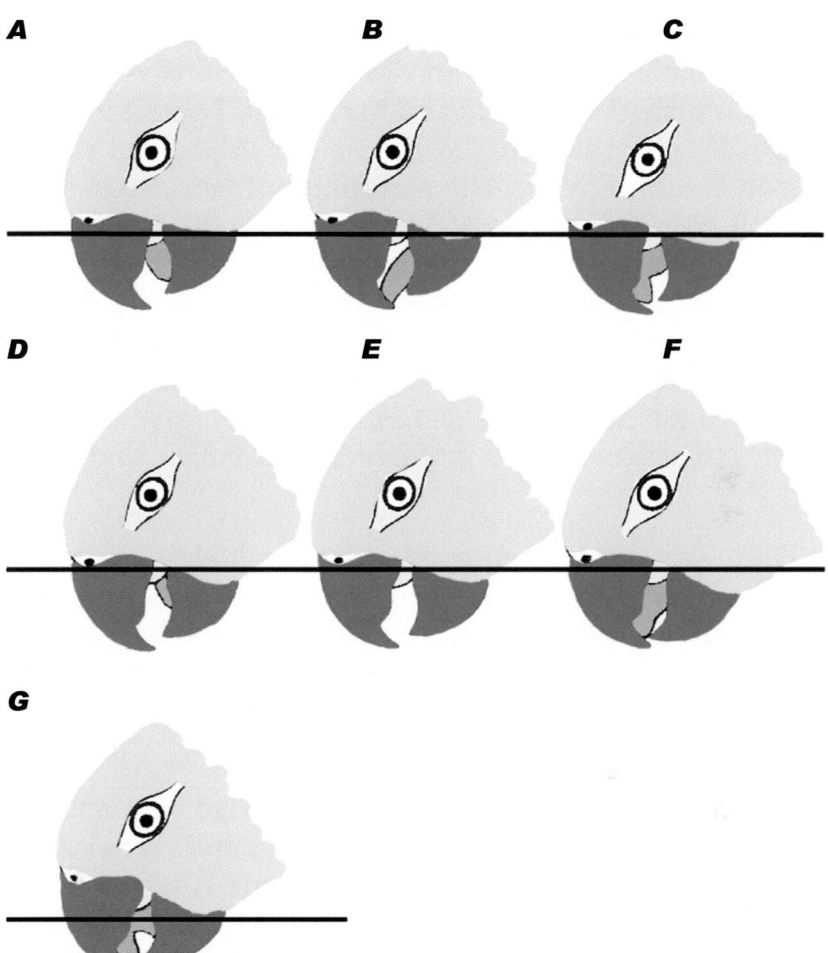

A **B** **C**

D **E** **F**

G

Trinkvorgang bei Langflügelpapageien (z.B. Mohrenkopfpapagei, *Poicephalus senegalus*) gefilmt mit 64 Bildern/s; A-G zeigen einzelne Bilder der Filmfrequenz (nach HOMBERGER 1982).

ke abgebissen, während kleine Samenkerne auch als Ganzes verschluckt werden.

Bei größeren Nahrungsbrocken, wie z. B. größeren Früchte, werden Fruchtfleischbrocken abgebissen. Teilweise wird dabei die Frucht mit dem Fuß gehalten oder die Frucht bleibt an der Mutterpflanze. Kleinere Beeren und ähnliches transportieren manche Tiere im Schnabel zu einem bevorzugten Sitzast, um sie dort in Ruhe zu verzehren. Dabei kommen je nach Fruchtgröße die Greiffüsse der Papageien unterschiedlich zum Einsatz. Die Nahrungsaufnahme der Loris ist noch einmal besonders. Sofern sie Früchte fressen, tasten sie diese häufig mit der aufgefächerten Pinselzunge ab, um die Nahrung zu überprüfen. Dann beißen auch die Loris schnabelgerechte Stücke ab. Der austretende Saft der im Schnabel zerquetschten Fruchtbrocken wird dann mit der Zungenbürste aufgeleckt. Die Pinselzunge eignet sich natürlich besonders für die Aufnahme von Pollen und Nektar.

Beim Trinken sind vier typische Methoden zu unterscheiden. Kakadus und Nymphensittiche schöpfen das Wasser mit dem Unterschnabel. Dieser wird dabei tief ins Wasser eingetaucht und mehr oder weniger waagerecht gehalten. Durch Anheben des Kopfes wird die Flüssigkeit dann aufgeschöpft und verschluckt.

Loris trinken mit Hilfe ihrer Pinselzunge, ähnlich wie sie auch Nektar trinken. Die gespreizten Papillen der Zungenspitze bieten eine große Oberfläche zur Wasseraufnahme. Es entsteht eine Art Schwammwirkung. Die voll gesogene Zunge wird dann an den Gaumen gepresst, so dass das Wasser wieder freigegeben wird und der Vogel es verschlucken kann.

Die eigentlichen Papageien schöpfen Wasser mit der muldenförmigen Zungenspitze, das dann durch Anpressen der Zunge an den Gaumen geschluckt wird.

Borstenkopf- und Fledermauspapageien trinken saugend-pumpend.

Es gibt Beobachtungen von Rosakakadus, die im Flug

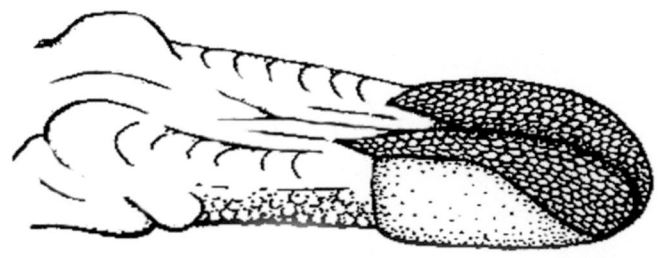

Die Pinselzunge der Loris stellt eine besondere Anpassung an ihre Ernährungsweise dar. Die pinselartige Zungespitze eignet sich ideal dazu, Nektar und Pollen aufzunehmen (nach FORSHAW 1989).

den Schnabel ins Wasser tauchen, und somit ohne zu landen trinken können. Da sich ein Vogel, der sich zum Trinken auf den Boden begibt auch immer einem höhere Risiko aussetzt, Opfer eines Beutegreifer zu werden, stellt dieses Verhalten vermutlich einen gewissen Überlebensvorteil dar.

VERDAUUNG

Die Verdauungsorgane der Vögel beginnen im Prinzip schon mit dem Schnabel, mit dem Nahrungsbrocken festgehalten, abgebissen und zerkleinert werden. In der Mundhöhle liegt die fleischige Zunge. Bei Vögeln zeichnet sich die Speiseröhre durch ein kleines Speicherorgan, den Kropf, aus. Neben der Speicherfunktion dient der Kropf auch der Aufbereitung der Nahrung. Der Vogelmagen ist anatomisch und funktionell in zwei Abschnitte getrennt.

Der Drüsenmagen ist nur mit einer schwachen Muskulatur ausgestattet und in der Regel sehr dehnbar, so dass er dem Volumen der Nahrung angepasst werden kann. Der Muskelmagen ist dagegen größer und kompakter gebaut. Da die Vögel zum Zerkleinern und Zermahlen der Nahrung keine Zähne besitzen, muss diese Arbeit von einem anderen Abschnitt des Verdauungsapparates übernommen werden. Körnerfresser, wie die meisten Sittiche und Papageien, müssen die Nahrung fein zerkleinern, um sie gut nutzen zu können. Sie haben einen Muskelmagen, der innen mit einer sich ständig erneuernden, harten Sekretschicht ausgekleidet ist. Zusätzlich nehmen sie Sandkörner und Steinchen auf (in der Voliere u. a. Grit), die beim Zerreiben der Nahrungsteile im Magen als Mahlsteine dienen. Ein wesentlicher Vorteil der Verlagerung der Nahrungszerkleinerung in den Magen besteht für die Vögel darin, dass dieser umfangreiche, schwere Abschnitt des Verdauungsapparates in der Nähe des Körperschwerpunktes liegt.

Vom Muskelmagen aus wird die Nahrung portionsweise über den Pförtner in den Zwölffingerdarm abgegeben. Hier münden die Ausfuhrgänge der Bauchspeicheldrüse (Pankreas) und die Gallengänge der Leber. Die Bauchspeicheldrüse ist bei allen Körnerfressern stark entwickelt. Ihre Sekrete neutralisieren den sauren Magenbrei und spalten Eiweiße, Kohlenhydrate und Fette. Die Gallensekrete sind ebenfalls ein Neutralisationsmittel, emulgieren aber auch Fette. An den Zwölffingerdarm schließen sich Dick- und Dünndarm an, wobei an ihrer Übergangsstelle zwei Blindsäcke ansetzen, die zum Verdauungsprozess beitragen. Im Enddarm wird der Kot gesammelt und getrocknet bevor er über die Kloake ausgeschieden wird.

Natürlich ist auch das Verdauungssystem der Vögel an die Art ihrer jeweils bevorzugten Nahrung angepasst. So haben z. B. Körnerfresser einen besonders stark entwickelten Muskelmagen. Die schnellste Verdauung haben hingegen Vögel, die vor allem Früchte fressen (z. B. Edelpapageien) oder sich überwiegend von Nektar ernähren (z. B. Loris). Der Nahrungsbedarf hängt grundsätzlich vom Energieumsatz und somit auch vom Körpergewicht ab. Da der Grundumsatz pro Gewichtseinheit mit abnehmendem Körpergewicht steigt, benötigen kleine Vögel relativ mehr Nahrung. In Prozent ausgedrückt bedeutet dies, dass ein mittelgroßer Vogel als Richtwert rund 15% bis 20% seines Körpergewichts an Nahrung benötigen kann.

Wie die Ernährungsweise die Biologie einer Papageienart beeinflusst, kann am Beispiel des Wellensittichs verdeutlicht werden. Viele Papageienvögel ernähren sich in erster Linie von Pflanzensamen, sie sind also granivor. Unter den sich von Pflanzensamen ernährenden Vogelarten haben einige eine besonders weitreichende Spezialisierung auf diese Ernährungsweise erfahren. Hierbei handelt es sich um Grassamenfresser, deren Lebensräume Wüsten, Steppen und Savannen sind. In diesen Lebensräumen findet nur zu bestimmten Zeiten (meist unregelmäßig) und an bestimmten Stellen eine Produktion überaus großer Mengen von Grassamen statt.

Zu diesen Grasspezialisten gehört der australische Wellensittich. Wie bei anderen granivoren Vogelarten, so ist auch der Schnabel von Wellensittichen in Bezug auf die Größe und Form an die Größe der als Nahrung bevorzugten Pflanzensamen angepasst. Wellensittiche weisen im Vergleich zu anderen Papageienarten einen extrem kurzen Schnabel auf. Auch die Strukturmerkmale des Horngaumens und die Beschaffenheit der Zunge weisen darauf hin, dass bei ihnen die Spezialisierung auf Grassamen besonders ausgeprägt ist. Wellensittiche besitzen wie alle Papageienvögel einen ausgeprägten Kropf. Diese sackförmige Erweiterung der Speiseröhre stellt ein Speicherorgan dar, das in erster Linie dazu dient, größere Mengen von Nahrung zu transportieren. Dies ist insofern sinnvoll, als da die Tiere während der Brutzeit oft eine größere Distanz zwischen dem Nistplatz und den Nahrungsgründen zurücklegen müssen. Der Kropf ermöglicht es ihnen darüber hinaus, in kurzer

Zeit eine relativ große Nahrungsmenge aufzunehmen. Im Gegensatz zu anderen Papageienarten nehmen sie ihre Nahrung in der Regel mit schnellen Pickbewegungen auf. Die Futteraufnahme läuft meist sehr hastig ab. Bei Wellensittichen, die ihre Nahrung vornehmlich in offenem Gelände suchen, spielt diese Zeitersparnis vermutlich eine besondere Rolle. So können sie die Futtersuche auf die kühleren Morgen- und Nachmittagsstunden beschränken und während der heißen Tageszeit im Schatten eines Baumes ruhen. Zusätzlich sind sie während der Nahrungssuche eine kürzere Zeit dem Räuberdruck, beispielsweise durch Falken, ausgesetzt. Es ist anzunehmen, dass der Kropf bei Wellensittichen auch eine zusätzliche Funktion bei der Vorbereitung der Nahrung für den anschließenden Verdauungsprozess besitzt. Die Sämereien nehmen während ihrer Verweildauer im Kropf Wasser auf und erhalten auf diese Weise eine weichere Konsistenz. Dieser Vorgang spielt vermutlich bei der Jungenaufzucht eine besondere Rolle.

EXKRETION

Vögel haben ein sehr wirkungsvolles Exkretionssystem, allein schon um Gewicht zu sparen. Das bedeutendste Exkretionsorgan sind die Nieren, die vornehmlich der Beseitigung der Abfallprodukte des Eiweißstoffwechsels und der Kontrolle des Salzgehalts dienen. Sie sind bei Vögeln paarig und die beiden Harnleiter münden getrennt in die Kloake. Sie besitzen keine Harnblase.

Der Harn selbst ist breiig und der Stickstoffabfall wird in Form von Harnsäure abgegeben. Die Nieren liegen der Innenseite des Beckens eng an. Sie produzieren eine wässerige Harnsäurelösung, die über die Harnleiter in den letzten Darmabschnitt, die Kloake, gelangt. Wie aus dem Kot wird im Enddarm auch aus dem Harn ein Großteil des

Wassers zurück gewonnen. Die entwässerte Harnsäure bildet den für den Vogelkot typischen, weißen Belag. Da die Vögel aus den Ausscheidungsprodukten viel Wasser zurückgewinnen, müssen sie nicht sehr viel trinken, also im Flug auch keine großen Wassermengen transportieren.

GERUCHS- und GESCHMACKSSINN

Der Geruchssinn spielt, soweit heute bekannt ist, bei vielen Vögeln keine besonders herausragende Rolle. Die Bedeutung des Geruchs für den einzelnen Vogel lässt sich an der Größe der Riechlappen seines Gehirns ermessen. Die meisten Vögel haben nur schwach entwickelte Riechlappen. Chemische Sinneswahrnehmungen wie z. B. Geschmack oder Geruch scheinen für Vögel im Vergleich zu Säugetieren von relativ geringer Bedeutung zu sein. Geschmacksknospen finden sich am hinteren Teil der Zunge und am Kehlboden. Papageien scheinen im Gegensatz zu vielen anderen Vogelarten allerdings einen gut ausgeprägten Geschmacksinn zu haben. Vögel nehmen dieselben vier Geschmacksqualitäten wahr (salzig, süß, sauer und bitter), die auch der Mensch unterscheiden kann.

Aus zwei Gründen wird das Geschmacksvermögen der Vögel bei den meisten Arten aber weniger gut ausgebildet sein als das der Säugetiere. Deren Geschmacksempfinden beruht zu einem wesentlichen Anteil auf dem Geruch. Da die meisten Vögel nicht gut riechen können, müssen sie auch anders schmecken. Auf der Zunge der Säugetiere befinden sich zahlreiche Geschmacksknospen. Die Vogelzunge ist dagegen zum größten Teil von einer Hornschicht überzogen. Die wenigen Geschmacksknospen liegen auf dem Hinterende der Zunge und am Kehlboden. Die Vögel müssen demnach einen Nahrungsbrocken Sie müssen die Nahrung also schon fast heruntergeschluckt haben, bevor sie etwas schmecken können. Obgleich also vieles dafür spricht, dass der Geschmackssinn der Vögel nur schwach entwikkelt ist, scheinen Papageien doch über die Hauptgeschmacksqualitäten hinaus auch feinere Unterschiede schmecken zu können.

Sag mir, was du frisst, und ich sag dir, wer du bist!

Um Papageien richtig füttern und versorgen zu können, braucht man ein breites Wissen über ihr natürliches Freileben und ihre Bedürfnisse. Denn von den rund 350 Papageienarten kann man nicht sagen, dass sie leicht in irgendwelche Kategorien einzuordnen sind. Genau da liegt auch häufig das Problem der modernen Papageienhaltung. Man leidet bei der Entwicklung neuer Fütterungsstrategien immer noch all zu häufig am mangelhaften Wissen über die Ökologie der Papageien.

Was frisst ein Graupapagei in Afrika eigentlich? Eine solche Frage hat schon so manchen Experten aus der Fassung gebracht. Man liest in der Regel nur allgemeine Beschreibungen wie „Art x frisst überwiegend Früchte, Samen und Nüsse", allerdings erscheint diese sehr allgemeine Formel zu ungenau, will man die Ernährung wilder Papageien angemessen beschreiben. Dies wird immer dann deutlich, wenn man Zugriff auf Langzeitstudien hat, die sich u. a. auf die Ernährungsgewohnheiten einer bestimmten Papageienart befassen. Sehr häufig entstehen dann lange Listen mit Dutzenden von Pflanzenarten, deren Früchte und Samen genutzt werden.

Es wird dann schnell deutlich, dass wir in der Regel unsere Papageien zu einseitig füttern. Leider reicht Vielfalt allein streng genommen immer noch nicht aus, um Papageien richtig zu ernähren (Natürlich wäre damit schon ein wesentlicher Schritt getan!). Vielmehr müssen auch Dinge wie Jahresperiodik, Futtermenge und tägliche Zusammensetzung in Abhängigkeit vom Bedarf etc. pp. mit in die Ernährungsformel einfließen. Spätestens dann wird klar, wie wenig wir eigentlich über unsere Tiere wissen!

Aber verzagen Sie nicht, schließlich hat die Haltung von Papageien eine sehr lange Tradition und es sind durchaus schon sehr gute Fütterungskonzepte entwickelt worden, die eine langfristige Gesunderhaltung und auch Vermehrung von Papageien in Menschenobhut erlauben.

Wie bereits erwähnt, charakterisieren die wenigen aussagekräftigen Studien die Mehrzahl der Papageien als unspezialisierte, Körner und/oder Früchte fressende Arten, deren Nahrungsspektrum vor allem Früchte, Beeren, Knospen, Blätter, Blüten und Grünpflanzen, aber auch Grassamen und Samen von Kulturpflanzen in verschiedenen Reifestadien umfasst. Daneben gibt es Arten mit Teilspezialisierungen, die nur auf eine ganz bestimmte Nahrung oder Ernährungsweise ausgerichtet sind. Eine große Gruppe solcher Spezialisten bilden die Loris oder Pinselzungenpapageien, die sich durch ihren speziellen Schnabel- und Zungenbau primär als Blütenpollen- und Nektarfresser auszeichnen.

Schließlich wird aufgrund der neueren Feldstudien deutlich, dass Papageien zu einem Teil ihren Nahrungsbedarf auch durch animalische Nahrung decken, möglicherweise in einem wesentlich höheren Maße, als bislang allgemein angenommen wurde. Eine solche Studie hat 16 südamerikanische Papageienarten hinsichtlich ihrer Ernährungsstrategien verglichen und in folgende Kategorien eingeteilt:

(a) Reine Spezialisten

Voraussetzung für Spezialistentum ist, dass eine oder wenige Pflanzen den Nahrungsbedarf des Konsumenten decken. Mit anderen Worten heißt das, dass es sich bei den Nahrungspflanzen nicht um saisonale Arten handeln darf; vielmehr müssen sie ganzjährig Früchte produzieren, so dass während des ganzen Jahres Pflanzen mit Früchten anzutreffen sind. Lange Suchzeiten sind bei Spezialisierung die Kosten für den Konsumenten. Vorteile sind effiziente und häufig auch mehr oder weniger exklusive Nutzung der Nahrungsquellen. Die einzige Art, die in dieser Studie berücksichtigt wurde und zu dieser Kategorie zu rechnen ist, ist offenbar der Rotbauchara. Er ernährt sich fast ausschließlich von Früchten der Buriti-Palme. Schaut man sich über diese Studie hinausgehend in der Literatur um, findet man schnell heraus, dass die Zahl der der nahrungsspezialisierten Papageienarten relativ beschränkt ist. Neben einigen Loris gehören beispielsweise auch der Braunkopfkakadu, der sich fast ausschließlich von Casuarinen-Samen ernährt, und das Grünköpfchen, dessen Hauptnahrung Feigen bilden, zu den Spezialisten.

(b) Teilspezialisten

Zu ihnen zählen Arten, deren Ernährung Schwerpunkte in bestimmten Pflanzentaxa zeigt, sowie andere, die bestimmte Pflanzenteile besonders häufig fressen oder bei denen Nahrungsquellen eine Rolle spielen, die für andere Papageienarten belanglos sind. Der Vorteil einer solchen Spezialisierung besteht wiederum darin, dass bestimmte Nahrungsquellen effizient, zum Teil exklusiv genutzt werden. Da diese Ressourcen unregelmäßig verteilt sind und kaum in größeren Beständen vorkommen, erweisen sich kleine bis sehr kleine Gruppen als optimal für die Nah-

rungssuche. Zu den Teilspezialisten des Untersuchungs-
gebietes gehörten der Gelbbrustara, der Rotbugara, der
Goldwangenpapagei und der Goldflügelsittich.

(c) Generalisten

Hierbei handelt es sich um Arten mit breitem Nahrungsspektrum, die - ohne lange fliegen und suchen zu müssen -
eine reiche Auswahl an Futterpflanzen vorfinden und jahreszeitlich bedingt immer wieder auf andere Futterpflanzen ausweichen können. Diesen Vorteilen stehen auch Nachteile gegenüber: Viele tropische Pflanzenarten enthalten
Substanzen, die sie gegen Fraß schützen. Da Generalisten
wohl ab und zu leicht toxische oder zumindest schwer
verdaubare Nahrung fressen, muss ihr Verdauungssystem
robust sein. Weil der Nährwert vieler Futterpflanzen nicht
optimal ist, muss der Verdauungstrakt mit mehr Ballast-
stoffen fertig werden als bei anderen Arten. Generalisten
sind die Gelbscheitelamazone, die Mülleramazone, der
Fächerpapagei, der Pavuasittich und der Braunkopfsittich
(Wedelsittich). Von diesen „echten" Generalisten unterscheidet man noch die Gruppe der spezialisierten Generalisten.

(d) Spezialisierte Generalisten

Diese nehmen längere Such- und Anflugstrecken in Kauf
als die echten Generalisten. Dafür ist pro Futterbaum die
Nahrungsausbeute größer. Die Regel ist eine mittlere Grup-
pengröße; je nach Phänologie der Futterpflanze schließen
sich mehrere Gruppen zusammen oder einzelne Gruppen
unterteilen sich. Zu der Kategorie gehören der Schwarzohrpapagei und der Rotbauchsittich.

Die Bausteine der Nahrung

Um Papageien richtig zu ernähren, ist es sicher nicht notwendig, über tiefgreifende Kenntnisse der Ernährungswissenschaften oder gar Biochemie zu verfügen. Dies kann man getrost den Experten der Veterinärmedizin und Biologie überlassen. Dennoch kann es nicht schaden, über grundlegende Bausteine der Nahrung informiert zu sein.

Dazu gehört, dass man die wesentlichen Nahrungselemente kennt und welchen Einfluss sie auf den Papageienkörper haben. Folgender Abschnitt beschäftigt sich daher mit der Darstellung von grundlegenden Nahrungsbestandteilen wie Fetten, Kohlenhydraten und Proteinen sowie Vitaminen, Mineralstoffen, Mengen- und Spurenelementen.

Treibstoff für den Körper

Energie ist in der Physik definiert als die Kapazität Arbeit zu leisten. Für die Ernährung gilt die Energie als Kapazität die Körperfunktionen aufrecht zu erhalten. Demzufolge hängt die Energiemenge, die ein Vogel benötigt, davon ab, in welchem Zustand er sich befindet und was er gerade tut. So braucht ein Papagei in Zimmerhaltung mit begrenzter Bewegungsfreiheit sicherlich weniger Energie pro Tag als ein Ara, der täglich mehrere Kilometer durch den Regenwald fliegt. Ferner fordern Wachstumsvorgänge, Fortpflanzung und auch die Heilung von verletztem Gewebe Energie. Tiere, die die gerade genannten Körperfunktionen und Vorgänge nicht vollbringen, befinden sich in einem so genannten Erhaltungszustand und müssen demzufolge eine energieärmere Erhaltungsdiät bekommen, sollen sie nicht verfetten. Diese Erhaltungsdiät muss soviel Energie liefern, wie zum Erhalt aller Körperfunktionen eines ausgeglichenen Tieres nötig ist.

Man kann Energie als eines der wichtigsten Elemente der Papageiennahrung bezeichnen, die darauf abzielt, die Bedürfnisse eines Vogels zu decken. So hängt es letztendlich vom Energiegehalt des Futters ab, wie viel von einer Futterration aufgenommen wird. Dies wiederum bestimmt, wie viel von den einzelnen Nahrungsbestandteilen dem Vogelkörper zugeführt wird. Kohlenhydrate, Fette und Proteine sind alle Energielieferanten für einen Papageien. So bringt es zum Beispiel nichts, wenn man Futtersorten (z. B. Pellettfutter) nach ihrem Proteingehalt auswählt, ohne zu wissen, welchen Energiegehalt die verschiedenen Pelletts haben. Will man nämlich wissen, wie viel Protein ein Vogel durch ein bestimmtes Futter wirklich aufnimmt, muss man auch wissen, wie der Energiegehalt der Futtersorte ist.

Eiweiß (Protein)

Alle Aminosäuren setzen sich grundsätzlich aus den gleichen Bauteilen zusammen. In der Mitte des Moleküls steht ein Kohlenstoffatom (C). An dieses C-Atom sind vier unterschiedliche Gruppen angegliedert: eine NH_2-Gruppe, die auch Aminogruppe genannt wird, eine COOH-Gruppe, die Carboxylgruppe genannt wird (O_2 = Sauerstoff), ein Wasserstoffatom (H) und ein Rest (R).

Proteine sind allerdings sehr unterschiedlich was ihre chemische Komposition (R), physikalische Eigenschaften und biologische Funktionen angeht. Allen gemeinsam ist allerdings, dass sie aus etwa 20 verschiedenen Aminosäuren aufgebaut sind, die teilweise vom Vogelkörper selbst nicht gebildet werden können. Diese müssen deshalb mit der Nahrung regelmäßig dem Körper zugeführt werden. Es gibt 10 bis 13 solcher essentiellen Aminosäuren, die der Papageienkörper ständig aufnehmen muss.

Proteine sind an vielen Körperfunktionen und biochemischen Vorgängen beteiligt. Sie sind Komponenten der Muskeln, des Skeletts, der Haut und Federn, der Organe und Zellmembranen. Ferner übernehmen sie wichtige regulatorische Aufgaben als Enzyme, Hormone und Antikörper des Immunsystems. Fast alle chemischen Prozesse des Organismus sind irgendwie mit Proteinen verknüpft. Bei der Zusammenstellung einer Papageiendiät reicht es nicht aus, nur den Gesamtproteingehalt zu betrachten. Wichtiger ist es zu wissen, wie viel des Proteins biologisch für den Vogelorganismus verfügbar ist. Dies bedeutet, man muss beachten, wie viel des in einem Futter enthaltenen Proteins auch wirklich vom Körper aufgeschlüsselt wird und dann in Form von Aminosäuren in neue Proteine umgewandelt werden kann.

Man spricht Proteinen, die am besten vom Körper verwertbar sind, auch den höchsten biologischen Wert zu. So haben z. B. Eier einen biologischen Wert von annähernd 100, weil die enthaltenen Proteine fast vollständig vom Körper verarbeitet werden können. Getreideproteine hingegen haben einen biologischen Wert von nur 50 bis 65. Dies bedeutet, dass mehr von einem Futtermittel mit niedrigem biologischem Wert konsumiert werden muss, um den Proteinbedarf eines Tieres zu decken.

Ferner ist zu bedenken, dass Getreideproteine einige essentielle Aminosäuren vermissen lassen, also trotz erhöhtem Futterkonsum bestimmte Bedürfnisse gar nicht decken können. Wie bereits erwähnt, reicht es nicht aus den Proteingehalt zweier Futtermittel zu vergleichen, um über ihren Beitrag zur Ernährung zu urteilen. So haben Eier etwa 13 %

Proteingehalt, gekochte Bohnen hingegen rund 21 %. Auf den ersten Blick spricht also vieles für die Bohnen (Garbanzos), was die Proteinversorgung angeht. Allerdings sind die Bohnen nur zu rund 40 % verdaubar und haben zudem noch Protein von geringerem biologischem Wert als Eier.

Insgesamt lässt sich festhalten, dass Papageien, die allein mit Obst- und Körnerfutter versorgt werden, in der Regel einen Mangel an essentiellen Aminosäuren aufzeigen. Dieser Mangel führt dazu, dass bestimmte Proteinstrukturen wie Enzyme, Antikörper oder Federn nicht richtig gebildet werden können. Übrigens benötigen aufwachsende Jungvögel mehr Protein als brütende Weibchen. Es ist also unsinnig, proteinreiche Nahrung nur zur Brutstimulation anzubieten und diese dann nach der Eiablage abzusetzen.

Kohlenhydrate

Kohlenhydrate entstehen in der Pflanze. Durch eine chemische Reaktion zwischen Kohlendioxid (aus der Luft), Wasser (aus dem Boden) und der Sonnenenergie (UV-Strahlung) sowie des Blattgrüns (Chlorophyll) entstehen Einfachzucker. Diesen Vorgang nennt man Photosynthese. Aus diesem Einfachzucker bilden sich Zweifachzucker und Vielfachzucker.

Die Kohlenhydrate dienen dem Organismus vor allem zur Deckung des direkten Energiebedarfs und Erzeugung von Wärme. Einige Kohlenhydrate wie die Cellulose der Samenschale können vom Papagei i.d.R. nicht verdaut werden und stellen demnach keine geeignete Kohlenhydratquelle dar.

Vögel beziehen ihre Energie vor allem von solchen Kohlenhydraten, die schnell zu Glukose umgewandelt werden können, wie z. B. Stärke. Die Leber spielt eine Schlüsselrolle bei der Kohlenhydratverdauung, da sie zum einen Glukose als Energieträger verfügbar macht, zum anderen Glukose auch in speicherbare Formen umbaut.

Fette

Fette werden auch Lipide genannt und haben verschiedene wichtige Aufgaben im Organismus. Zunächst stellen sie eine wichtige Energieressource dar, deren Energiegehalt pro Einheit etwa doppelt so hoch ist wie bei Zuckern. Ferner braucht der Organismus Fette als Lösungsmittel für die fettlöslichen Vitamine und als Quelle für essentielle Fettsäuren.

Fettsäuren bestehen aus einer so genannten Carboxylgruppe und einer unterschiedlich langen Kohlenstoffkette (4-24 Kohlenstoffatome). Mit einem Anteil von 95% sind sie Hauptbestandteil der Fette und Öle. Fettsäuren unterscheiden sich durch ihre Kettenlänge und die Anzahl und Position ihrer Doppelbindungen.

Fast alle natürlich vorkommenden Fettsäuren enthalten eine gerade Anzahl von C-Atomen. Die Kettenlänge bestimmt die Löslichkeit der Fettsäuren, da Fettsäuren aus einem hydrophilen, d. h. Wasser liebenden Teil (= Carboxylgruppe) und einem hydrophoben, d. h. wasserabweisenden Teil (= Kohlenwasserstoffkette) bestehen.

Je kürzer die Kohlenwasserstoffkette ist, desto besser ist die Fettsäure mit Wasser mischbar (z. B. Buttersäure mit 4 C-Atomen). Mit steigender Kettenlänge sinkt die Löslichkeit der Fettsäuren, der hydrophobe Anteil des Moleküls überwiegt. Langkettige Fettsäuren (14-24 C-Atome) sind wasserunlöslich.

Die Anzahl der Doppelbindungen in einer Fettsäure bestimmt ihren Sättigungsgrad. Sind alle Kohlenstoffatome mit je zwei Wasserstoffatomen (H-Atomen) abgesättigt, spricht man von gesättigten Fettsäuren. Aufgrund ihrer Struktur zeigen gesättigte Fettsäuren nur eine geringe Reaktionsfähigkeit. Sind in einer Fettsäurekette zwei C-Atome nur mit je einem H-Atom abgesättigt, gehen die C-Atome eine Doppelbindung ein: es liegt eine einfach ungesättigte Fettsäure vor. Weist eine Fettsäure zwei und mehr Doppelbindungen auf, spricht man von mehrfach ungesättigten Fettsäuren. Eine Sonderrolle nehmen die mehrfach ungesättigten Fettsäuren ein, die der Organismus für viele Stoffwechselprozesse dringend benötigt, selbst aber nicht herstellen kann. Diese Fettsäuren bezeichnet man als essentielle Fettsäuren (z. B. Linol und Linolen).

Fast alle Pflanzen enthalten - vorzugsweise in ihren Samen - Fette und Öle, wobei der individuelle Fettgehalt von sehr geringen Mengen bis zu 70% reichen kann. In tierischen Fetten finden sich überwiegend gesättigte Fettsäuren. Die Mehrzahl der pflanzlichen Öle und Fette enthalten überwiegend ungesättigte Fettsäuren. Bei allen stark öl- und fetthaltigen Samen ist auf eine an die Haltungsbedingungen und Jahreszeit angepasste Dosierung zu achten. Eine Überdosierung zum Beispiel bei einer Haltung in Käfigen hat oft eine Verfettung der Tiere zur Folge, die langfristig zu gesundheitlichen Schäden führen kann. Vögel, die hingegen in großen Volieren gehalten werden oder solche, die auch kühleren Temperaturen ausgesetzt sind, sollte eine entsprechend höhere Menge zur Verfügung stehen.

Vitamine

Vitamine sind Baustoffe, die der Körper in den meisten Fällen nicht selbst herstellen kann, obgleich er sie für zahlreiche Stoffwechselvorgänge benötigt. Die Unterscheidungsmerkmale von Vitaminen beziehen sich zum einen auf ihre Löslichkeit - es gibt wasser- und fettlösliche Vitamine, zum anderen auf ihre Wirksamkeit; es gibt neurotrope, antioxidative und am Zellkern wirksame Vitamine.

Ihren hohen Stellenwert verdanken die Vitamine ihrer Funktion als Bindeglied zwischen verschiedensten Stoffwechselvorgängen. Ohne Vitamine läuft kaum eine Reaktion im Vogelorganismus ab. Obgleich die verschiedenen Vitamine bei vielen Stoffwechselprozessen Hand in Hand arbeiten, verfügt jedes einzelne über ganz spezielle Funktionen. Deshalb können Stoffwechselprozesse teilweise oder auch insgesamt erheblich gestört werden, wenn nur ein einziges Vitamin fehlt.

Alle Vitamine sind lebensnotwendig (essentiell) und müssen täglich mit der Nahrung aufgenommen werden. Für alle gilt, dass sie bereits in „kleinster Menge" wirken. Der Name Vitamin kommt vom Lateinischen (vita = das Leben, amin = stickstoffhaltige Verbindung). Nach heutigem Wissensstand ist er allerdings nicht mehr zutreffend, da nicht alle Vitamine stickstoffhaltig sind.

Alle Vitamine benötigen als Lösungsmedium Wasser oder Fett, da sie nur in gelöster Form über den Darm ins Blut und letztlich an ihren Wirkort transportiert werden können. Die fettlöslichen Vitamine - A, D, E und K - können nur an ihren Wirkort kommen, wenn gleichzeitig mit ihnen auch Fett verzehrt wird. Sie verteilen sich in den fetthaltigen Räumen des Körpers, wobei es sich nicht nur um Fettzellen handelt, sondern auch um alle Zellhüllen (Membranen). Sobald fettlösliche Vitamine mit Wasser in Kontakt kommen, benötigen sie ein spezielles wasserlösliches Eiweiß (Hüllprotein) als Transportmittel, das sie vorübergehend wasserlöslich macht. Im Gegensatz zu den wasserlöslichen Vitaminen entfalten die fettlöslichen ihre Wirkung nur in wenigen Organen und Geweben bzw. Zellbestandteilen.

Um die Unterschiede im Vitamingehalt der Nahrung auszugleichen, ist es notwendig, den Tieren ständig eine große Palette anzubieten. Durch die chemische Industrie werden heute auch synthetische Vitamine angeboten. Um einer Vitaminmangelerkrankung vorzubeugen, empfehlen sich gelegentliche Beigaben; eine natürliche Vitaminversorgung durch die Nahrungsmittel ist aber vorzuziehen.

Die fettlöslichen Vitamine

VITAMIN A

Das wirkungsvollste Vitamin A (Retinol) findet man ausschließlich in tierischen Futtermitteln. In pflanzlichen Futtermitteln ist nur das Provitamin A (Carotinoide) enthalten. Die pflanzlichen Carotinoide besitzen eine geringere biologische Wirkung als Retinol und können im Körper nur durch gemeinsame Fettgaben verwertet werden. Vitamin A ist reichlich enthalten in: Eigelb, Getreidekeimlingen, Hagebutten, Löwenzahnblättern, Vogelmiere, Brennessel, Spinat, Ebereschen, Mango, Kresse, Endiviensalat, Feldsalat, Möhren.

VITAMIN D

Im tierischen Organismus kommen vor allem zwei Formen von Vitamin D vor und zwar D 2 und D 3. Diese Vitamine können nur als Vorstufen aufgenommen werden und erst unter dem Einfluss von Sonnenlicht (UV) in ihre aktive Form umgewandelt werden. Vitamin D reguliert im Körper das Gleichgewicht der Mineralstoffe Calcium und Phosphor, welche für die Festigkeit der Knochen Verantwortung tragen. Vitamin D ist reichlich enthalten in: Eigelb.

VITAMIN E

Vitamin E ist in den meisten Grundnahrungsmitteln enthalten. Daher tritt in der Regel kein Mangel auf. Vitamin E ist reichlich enthalten in: Getreidekeimen, Leinsamen, Roggen, Hafer, Weizen, Mais, Sonnenblumenkernen, Salat, Eigelb, Bananen, Birnen, Äpfeln, Brombeeren, Heidelbeeren, Himbeeren, Feigen, Kiwi, Mango, Papaya, Pfirsichen, Pflaumen, Erdnüssen, Haselnüsse, Mandeln, Kresse, Möhren, Kürbis, Löwenzahnblätter, Paprikaschoten, Spinat, Tomaten.

VITAMIN K

Das Vitamin K nimmt Einfluss auf die Blutgerinnung. Vitamin K ist reichlich enthalten in: Kresse, Chicoree, Salat, Löwenzahnblätter, Spinat, Getreidekeimen.

Die wasserlöslichen Vitamine

VITAMIN B1

Das Vitamin B 1 ist an den meisten Prozessen der Energiegewinnung aus Kohlenhydraten beteiligt. Vitamin B 1 ist enthalten in: Erdnüssen, Paranüssen, Hülsenfrüchten (gequollen oder gekeimt), Hafer, Getreidekeimen.

VITAMIN B2

Das Vitamin B 2 nimmt direkten Einfluss auf die Zellatmung. Vitamin B 2 ist reichlich enthalten in: Leinsamen, Mandeln, Getreide Bierhefe, tierischen Eiweißfuttermitteln, Grünfutter.

VITAMIN B6

Ein Vitamin-B-6-Mangel ist selten zu verzeichnen, da es in vielen Nahrungsmitteln reichlich enthalten ist. Vitamin B 6 ist enthalten in: Grünfutter und dessen Keimen, Bananen, Honigmelonen, Leinsamen.

PANTOTHENSÄURE

Die Pantothensäure greift unmittelbar in den Zellstoffwechsel ein. Die Pantothensäure ist reichlich enthalten in: Erdnüssen, Sonnenblumenkernen, Bierhefe, Eigelb.

NIKOTINSÄURE (Niacin)

Da Niacin im Stoffwechsel gebildet werden kann, ist ein Mangel selten. Nikotinsäure ist reichlich enthalten in: Getreide (außer Mais und Roggen), Bierhefe, Datteln, Erdnüssen, Leinsamen, Sonnenblumenkernen.

FOLSÄURE

Die Folsäure spielt eine wichtige Rolle im Eiweiß-Stoffwechsel und ist beteiligt am Aufbau der roten Blutkörperchen. Folsäure ist reichlich enthalten in: Apfelsinen, Bananen, Datteln, Honigmelonen, Kiwi, Mango, Erdnüssen, Maronen, Haselnüssen, Mandeln, Paranüssen, Walnüssen, Sonnenblumenkernen, Kresse, Chicoree, Salat, Gurken,

Löwenzahnblätter, Spinat, Rettich, Tomaten, Zucchini, Hülsenfrüchten (gequollen oder gekeimt), Getreidekeimen, Bierhefe, Ei.

BIOTIN

Biotin ist auch unter dem Namen Vitamin H bekannt und in vielen Nahrungsbestandteilen enthalten. Biotin ist reichlich enthalten in: Erdnüssen, Walnüssen, Haselnüssen, Paranüssen, Getreide, Bierhefe, Ei.

VITAMIN B 12

Das Vitamin B 12 ist verantwortlich für die Blutbildung, das Wachstum, verschiedene Stoffwechselprozesse. Ferner ist es an der Bildung einzelner Aminosäuren unmittelbar beteiligt. Vitamin B 12 ist reichlich enthalten in: Joghurt, Käse (Vorsicht! Gefahr einer Kropfverstopfung), Ei.

CHOLIN

Ein Cholin-Mangel ruft Störungen im Fettstoffwechsel hervor. Cholin ist reichlich enthalten in: tierischem Eiweiß, Bierhefe.

VITAMIN C

Der Vogelkörper kann Ascorbinsäure aus Einfachzuckern selber zusammenzusetzen. Aus diesem Grund ist er von Vitamin-C-Gaben im Allgemeinen unabhängig. Unter Stressfaktoren sind Zugaben dieses Vitamins unerläßlich. Vitamin C ist reichlich enthalten in: Apfelsinen, Ebereschen, Hagebutten, Heidelbeeren, Himbeeren, Holunderbeeren, Johannisbeeren (rot und schwarz), Honigmelonen, Kiwi, Mango, Papaya, Maronen, Kresse, Kohlrabi, Paprikaschoten, Radieschen, Rettich, Spinat, Zucchini.

Mineralstoffe

Mineralstoffe sind anorganische Substanzen, die im tierischen Körper wichtige Aufgaben zu erfüllen haben. Mineralien sind lebensnotwendig, aber sie müssen dem Papagei mit der Nahrung zugeführt werden, denn er produziert sie nicht selbst. Sie helfen dem Vogelkörper beim Bau von Zellen und wirken beim Ablauf zahlreicher unterschiedlicher Stoffwechselreaktionen mit. Die Elemente sind Teil der Enzyme (körpereigener Eiweißverbindungen) oder arbeiten mit ihnen zusammen, und die Enzyme wiederum steuern die Stoffwechselreaktionen. Auch in den Hormonen finden sich Mineralien.

Was kaum bekannt ist: schon geringste Mengen eines Minerals können enorme Auswirkungen auf den Zustand eines Papageis haben - im positiven wie im negativen Sinne. So erklärt sich, dass bei Mangel eines Spurenelements bereits die Zufuhr von einigen Mikrogramm des entsprechenden Elements eine dramatische Verbesserung der Gesundheit bewirken kann! Andere Spurenelemente wiederum wie Quecksilber, Cadmium, Arsen und Blei sind giftig. Hier können bereits geringste Mengen zu negativen, bis hin zu tödlichen Veränderungen im Organismus führen.

CALCIUM

Calcium ist ein wesentlicher Bestandteil der Knochen und dient dem Aufbau des Skeletts und aktiviert außerdem die Blutgerinnung. Gleichzeitig ist es auch für die Erregbarkeit des Nervensystems mitverantwortlich. Calcium ist reichlich enthalten in Joghurt, Haselnüssen, Paranüssen, Spinat, Brennnesseln , Kohlrabi, Löwenzahnblätter, Möhren, Petersilienblättern und -wurzeln Apfelsinen, Johannisbeeren (schwarz), Kiwi, Mandarinen.

PHOSPHOR

Ebenso wie das Calcium ist Phosphor wesentlicher Bestandteil der Knochen. Außerdem ist er beteiligt am Aufbau des Zellkerns, von Fermenten (Hilfsstoffe bei der Verdauung) und Hormonen. Auch nimmt er großen Anteil am Energiestoffwechsel aller Zellen. Phosphor ist reichlich enthalten in: Kürbiskernen, Paranüssen, Sonnenblumenkernen, Bierhefe.

NATRIUM und CHLOR

Natrium und Chlor bilden in Verbindung das Kochsalz (NaCl), das sich vorwiegend in der Flüssigkeit zwischen den Zellen befindet, wo sie den Druck auf die Zellwände regulieren. Chlor ist außerdem in der im Magensaft enthaltenen Salzsäure (HCl) zu finden, die an Verdauungsvorgängen beteiligt ist. Bei einer ausgewogenen Ernährung ist der Bedarf an Cl und Na gedeckt. Ein Zuviel an Kochsalz führt sehr schnell zu Durchfall, Krämpfen und Benommenheit bis hin zum Tod.

KALIUM

Kalium ist überwiegend in den Körperzellen anzutreffen. Natrium, Chlor und Kalium sind zusammen für die Erregbarkeit der Muskelfasern mitverantwortlich. Kalium ist reichlich enthalten in: Getreide, Maronen, Erdnüssen, Haselnüssen, Paranüssen, Walnüssen, Mandeln, Kürbiskernen, Leinsamen, Sonnenblumenkernen, Hülsenfrüchten (gequollen oder gekeimt), Bierhefe, Kartoffeln (nur in gegartem Zustand füttern), frischen, grünen Erbsen. Spinat, Brennnesseln, Salat, Kresse, Kohlrabi, Löwenzahnblättern, Möhren, Paprikaschoten, Petersilienblätter und -wurzeln, Radieschen, Rettich, Tomaten, Zucchini, Zuckermais, Aprikosen, Bananen, Datteln, Feigen, Honigmelonen, Johannisbeeren (rot und schwarz), Kiwi, Nektarinen.

SCHWEFEL

Der Schwefel kommt vor allem in Federn und Horngebilden der Haut vor. Gerade während der Mauserzeit benötigt der Papagei schwefelhaltige Aminosäuren, die vorwiegend im tierischen Eiweiß enthalten sind. Schwefel ist reichlich enthalten in: Ei, Quark, Getreide, Erdnüssen, Paranüssen, Sonnenblumenkernen, Bierhefe, Hülsenfrüchten (gequollen oder gekeimt), Kresse.

MAGNESIUM

Magnesium ist beteiligt am Stoffwechsel, hat Bedeutung im neuro-muskulären System und ist außerdem Bestandteil der Knochen. Magnesium ist reichlich enthalten in: Getreide, Erdnüssen, Haselnüssen, Paranüssen, Walnüssen, Mandeln, Kürbiskernen, Leinsamen, Sonnenblumenkernen, Bierhefe, Kartoffeln (nur gegart reichen), frischen, grünen Erbsen, Spinat, Brennnesseln, Kresse, Kohlrabi, Löwenzahnblättern, Petersilienblättern und -wurzeln, Tomaten, Zucchini, Zuckermais, Bananen, Brombeeren, Himbeeren, Kiwi, Papaya, Datteln.

MAGNUM

Mangan ist als Spurenelement für den Fermentstoffwechsel von Bedeutung. Mangan ist reichlich enthalten in: Getreide, Erdnüssen, Haselnüssen, Walnüssen, Mandeln, Kürbiskernen, Leinsamen, Sonnenblumenkernen, Hülsenfrüchten (gequollen oder gekeimt), frischen, grünen Erbsen, Spinat, Brenn-Nessel, Kresse, Salat, Kürbis, Löwenzahnblätter, Möhren, Petersilienblättern und -wurzeln, Zuckermais, Aprikosen, Bananen, Brombeeren, Himbeeren, Heidelbeeren, Johannisbeeren (rot und schwarz).

EISEN

Das Eisen befindet sich zum größten Teil in Fermenten und Sauerstoff übertragenden Farbstoffen (z. B. Hämoglobin). Eisen ist reichlich enthalten in: Ei, Getreide, Kürbiskernen, Leinsamen, Sonnenblumenkernen, Bierhefe, Hülsenfrüchten (gequollen oder gekeimt), Spinat, frischen, grünen Erbsen, Brenn-Nessel, Kresse, Salat, Kohlrabi, Kürbis, Löwenzahnblättern, Möhren, Paprikaschoten, Petersilienblättern und -wurzeln, Radieschen, Rettich, Zucchini, Himbeeren, Johannisbeeren (rot und schwarz), Datteln.

ZINK

Zink ist in den verschiedensten Fermenten, den Zellkernen der Haut und der Bauchspeicheldrüse enthalten. Zink ist reichlich enthalten in: Getreide, Kürbiskernen, Sonnenblumenkernen, Bierhefe, Hülsenfrüchten (gequollen und gekeimt), frischen, grünen Erbsen, Zuckermais, Spinat, Salat, Kresse, Kohlrabi, Kürbis, Löwenzahnblättern, Möhren, Petersilienblättern, Rettich, Tomaten, Zucchini, Ananas, Bananen, Birnen, Brombeeren, Himbeeren, Johannisbeeren (rot und schwarz), Datteln, Feigen.

JOD

Jod findet sich im Organismus vor allem in der Schilddrüse, wo es als Bestandteil des Schilddrüsenhormons unentbehrlich ist. Jod ist reichlich enthalten in: Ei, Erdnüssen, Kürbiskernen, Leinsamen, Sonnenblumenkernen, Spinat, Salat, Möhren, Radieschen, Rettich, Bananen.

KUPFER

Das Kupfer spielt als Spurenelement eine Rolle bei der Bildung der Blutkörperchen und ist Bestandteil verschiedener Eiweißstoffe und Enzyme. Daneben wird es insbesondere in der Leber, dem Blut und dem Gefieder gespeichert bzw. abgelagert. Kupfer ist reichlich enthalten in: Buchweizen, Hirse, Weizen, Haselnüssen Paranüssen, Sonnenblumenkernen, Kürbiskernen, Bierhefe, Hülsenfrüchten (gequollen und gekeimt), Kartoffeln (nur gegart reichen), Brennnesseln, Löwenzahnblättern, Kresse Petersilienblättern und -wurzeln, frischen, grünen Erbsen, Radieschen, Äpfeln, Aprikosen, Bananen, Brombeeren, Erdbeeren, Heidelbeeren, Himbeeren, Johannisbeeren (rot und schwarz), Stachelbeeren, Kiwi, Mango, Kirschen, Datteln.

Wasser

Die Wasserversorgung erfolgt über Trinkwasser und wasserhaltige Futtermittel. Zur Bedarfsdeckung trägt auch das Stoffwechselwasser bei, das bei der Verbrennung der energieträchtigen Nährstoffe im Körper anfällt. Je kg Fett werden etwa 1 kg, je kg Stärke etwa 0,5 kg Wasser gebildet. Bei aller Speicherungsfähigkeit der Gewebe verursacht schon ein kurzfristiger Wasserentzug erhebliche Leistungsminderungen, der Verlust von 10% des Körperwasserbestandes führt beim Tier zum Tod.

Diese Tatsachen unterstreichen die zentrale Bedeutung des Wassers für einen normalen Ablauf des tierischen Stoffwechsels und machen verständlich, dass man Wasser zu Recht als den wichtigsten Nährstoff bezeichnen kann. Da die Schwerpunkte der positiven und negativen Ladung des Wassermoleküls nicht zusammenfallen, ist das Wassermolekül asymmetrisch aufgebaut und als permanenter Dipol wirksam. Infolge dieser strukturellen Eigenschaft kann das Wassermolekül andere geladene Teilchen umhüllen und seinen Aufgaben als Lösungs- und Transportmittel in nahezu idealer Weise nachkommen. Diese Aufgaben erfüllt es sowohl im Prozess der Verdauung und Resorption als auch im intermediären Raum. Nicht nur der Abtransport der resorbierten Nährstoffe über Blut und Lymphe geschieht in wässriger Lösung, sondern auch die Verbindung der Zellen innerhalb eines Gewebes sowie die vielfältigen stofflichen und regulatorischen Beziehungen zwischen Einzelorganen sind letztendlich an Wasser gebunden bzw. durch Wasser erst möglich.

Das Wasser erfüllt wichtige Aufgaben im Wärmehaushalt der Tiere. Seine gute Wärmeleitfähigkeit ermöglicht es, die bei allen Abbauprozessen anfallende Wärmeenergie abzutransportieren, einen Temperaturausgleich im Gesamtkörper zu schaffen und so die Überhitzung stoffwechselintensiver Körperpartien zu verhindern. Ohne diesen Wärmeabtransport würden die Proteine eben diese Körperpartien schon in wenigen Minuten, u. U. in Sekunden, denaturieren und somit den grundsätzlichen Bedingungen des „Lebens" nicht mehr genügen.

Für die praktische Fütterung und Haltung ergibt sich, dass schon aus der Sicht des Wärmehaushalts der Tiere jede Überforderung dieser an das Körperwasser als Vermittlermedium gebundenen Regulationsmechanismen eine negative Beeinflussung des Wohlbefindens darstellen muss.

Futtermittelkunde

Eine hinreichende Kenntnis der Stoffe, die der Ernährung der Tiere dienen, ihres Nähr-, Mineral- und Wirkstoffgehaltes, ist unbedingt Voraussetzung für den richtigen und ökonomischen Einsatz. Die Futtermittelkunde vermittelt diese Kenntnis. Futtermittel werden normalerweise wie folgt definiert: Organische und anorganische Stoffe und Mischungen solcher Stoffe sowie Futterzusätze mit Sonderwirkungen, die der Verfütterung an Tiere dienen sollen. Stoffe, die in erster Linie zur Beseitigung oder Linderung von Krankheiten eingesetzt werden, gelten nicht als Futtermittel.

In der Fütterung von Wildtieren, zu denen ja auch die überwiegende Mehrzahl der Papageien zu zählen ist, kommen nicht nur reine Futtermittel, sondern viele Produkte zum Einsatz, die auch Bestandteile der menschlichen Ernährung sind. Die Einteilung aller dieser Futtermittel ist infolge der großen Vielfalt der verwendeten Produkte nach verschiedenen Gesichtspunkten möglich. Es ist aber kaum möglich, wirklich alle Futtermittel und ihre Varianten ausführlich darzustellen, so dass sich die folgende Beschreibung auf die gängigsten und wichtigsten Futtermittel für Papageien beschränkt.

Futtermittel pflanzlicher Herkunft

Diese Nahrungsobjekte sind pflanzlichen Ursprungs und stellen bei den Papageien den größten Anteil am Futter. Zu dieser Gruppe gehören:

KRÄUER & GRÜNFUTTER

In der Papageienfütterung verdient der Einsatz von Grünfutter und Kräutern besondere Beachtung. Viele Papageienarten fressen regelmäßig Blätter, Halme und andere Bestandteile von Kräutern, so dass ihre tägliche Ration unbedingt durch Kräuter aufgewertet werden sollte. Es handelt sich um nährstoffreiche, gut bekömmliche, schmackhafte und daher gern genommene Futtermittel. Kräuter enthalten Inhaltsstoffe verschiedener Art, wie Bitterstoffe, Mineralstoffe, ätherische Öle, Gerbstoffe, Alkaloide und Glykoside, die zum Teil den spezifischen Wert ausmachen. Sie können der Pflanze einen gewissen Heilcharakter verleihen, sie aber auch als gefährliche oder giftige Pflanze rangieren lassen.

Zur Orientierung sind verschiedene geeignete Kräuter aufgelistet. Der Futterwert der Kräuter hängt vom Erntezeitpunkt und den Erntebedingungen sowie dem Nähr- und Wirkstoffgehalt der verfütterten Arten ab. Unter den Kräuterarten ist auf die wertvollen Wiesenkräuter und auf die als Tee geeigneten hinzuweisen.

Im jungen blattreichen Zustand werden Kräuter gern gefressen und können durch ihre Schmackhaftigkeit und Nährstoffgehalt das Wohlbefinden der Papageien beachtlich erhöhen. Sie zeichnen sich durch hohen Eiweiß, Vitamin- und Mineralstoffgehalt aus. Sie weisen z. T. auch belastende Inhaltsstoffe auf, die aber erst bei großen einseitigen Gaben schädlich wirken können.

Alle Kräuterarten müssen im einwandfreien frischen Zustand verfüttert werden. Bei Arten mit möglicherweise toxisch wirkenden Inhaltsstoffen ist Vorsicht geboten und sind die verabreichten Mengen zu begrenzen. Verpilzung und Verschimmelung schließen diese von der Verfütterung aus. Beim Einsatz von Kräutern ist richtige Kenntnis der Arten bzw. der spezifischen Wirkung notwendig, damit Giftpflanzen nicht verwendet werden.

Wichtige Futtermittel sind Löwenzahnblätter (*Taraxacum officinale*), da sie zart, rohfaserarm und nährstoffreich sind und gern gefressen werden. Auch Vogelmiere (*Stella media*) wird als Grünfutter geschätzt, da sie eine wertvolle Vitamin- und Eiweißquelle darstellt. Weitere Kräuterarten sind Akker-Kratzdistel (*Cirsium arvense*), Kohl-Kratzdistel (*Cirsium oleraceum*), Einjähriges Rispengras (*Poa annua*), Ampfer-Arten (*Rumex*-Arten), Vogel-Knöterich (*Polygonum aviculare*), Hühnerhirse (*Panicum crusgalli*) und andere.

GEMÜSE, KNOLLEN & WURZELN

In der Papageienfütterung haben vor allem Gemüse und Knollen einen festen Platz und sind durch andere Futtermittel nicht zu ersetzen. Sie bilden als wichtiger Nähr- und Wirkstoffträger einen Teil des Grundfutters, das vor allem der Bedarfsdeckung an Vitaminen und Mineralstoffen, dem günstigen Einfluss auf Verdauung, Darmdrüsensekretion, Darmmikroflora und Darmperistaltik dient. Zum Gemüse zählen alle pflanzlichen Nahrungsmittel (der menschlichen Ernährung) außer Obst und Getreide, die als ganze Pflanzen oder Pflanzenteile roh oder nach besonderer Zubereitung aufgenommen werden.

Laut Sortenliste werden Kohlgemüse, Wurzel- und Knollengemüse, Blatt- und Stielgemüse sowie Fruchtgemüse unterschieden. Der Nährstoffgehalt des Gemüses ist absolut niedrig, auf die Trockensubstanz bezogen, aber hoch und leicht verdaulich. Es gilt vorrangig als Mineralstoff- und Vitaminspender, insbesondere das Blattgemüse, das reich an Karotin, Vitamin D, E und vor allem C ist. Der Gehalt an Vitaminen des B-Komplexes ist bei allen Gemüsearten gering. Außerdem sind Fermente, organische Säuren und ätherische Öle, die Geschmack und Aroma verleihen, im Gemüse vorhanden. Viele Gemüsearten enthalten hochwertiges Eiweiß (z. B. Spinat, Erbsen, Bohnen). Der Kohlenhydrat- und der Fettgehalt sind ernährungsphysiologisch nicht so bedeutend wie bei anderen Futtermitteln. Der Futterwert hängt weitgehend von der Art des Gemüses und dem natürlichen Reichtum an Nähr- und Wirkstoffen ab. Boden, Klima, Erntezeitpunkt, Düngung, Züchtung, Transport, Lagerung und Zubereitung sowie Art der verwendeten Pflanzenteile beeinflussen ihn.

Besonders reich an Vitamin C sind Petersilie, Paprika, Spinat und Tomaten, an Karotin Möhren, Spinat und Tomaten. Die intensiv grün gefärbten Blätter enthalten mehr Karotin als die inneren blassen. Als calciumreich gelten Endivien, grüne Bohnen, Petersilie, Schnittlauch sowie Spinat, in dem es aber schwer assimilierbar ist. Reich an Phosphor sind Erbsen und Petersilie usw. usf. Durch unsachgemäßen Transport und schlechte Lagerung treten Qualitäts- und Masseverluste auf, und der Gehalt an Nähr- und Wirkstoffen wird vermindert.

Knollen- und Wurzelgemüse, zu dem u. a. Möhren, Sellerie, Wurzelpetersilie und Radieschen zählen, weist Unterschiede im Futterwert auf. Möhren bilden für Papageien eine der wichtigsten natürlichen Quellen für die Versorgung mit Karotin und stellen deshalb ein unentbehrliches Futtermittel dar. Sie regen Appetit und Verdauung an. Aufgrund ihres hohen Gehaltes an Rohr- und Fruchtzucker (bis 5%) schmecken sie angenehm süßlichwürzig. Eiweiß- und Energiewert sind wegen des hohen Wassergehaltes mäßig.

Zwiebelgemüse: Hierzu zählen u. a. Speisezwiebeln, Schnittlauch und Knoblauch, von denen die vitamin-B1-reichen Zwiebeln zur Ergänzung und Erhöhung der Vielseitigkeit der Gemüseration eingesetzt werden. Schnittlauch, ein wichtiges Grünfutter auch im Winter, weist einen guten Gehalt an Vitamin C und Karotin und einen sehr guten an Calcium, Phosphor und Eisen auf. Alle Zwiebelgemüse enthalten ätherische Öle und Glykoside.

Zu den Blatt- und Stielgemüsen gehören die verschiedenen Salate (Kopf-, Pflück- und Schnittsalat), Rapünzchen oder Feldsalat, Endivien, Spinat, Mangold, Brunnenkresse und Petersilie, die vitamin-C-reichste Gemüseart. Für Papageien bildet Blattgemüse ein notwendiges mineralstoff- und vitaminreiches Grünfutter. Es ist eiweißreich, schmackhaft, leicht bekömmlich, mitunter etwas abführend. Besondere Bedeutung haben die Arten, die im Winterhalbjahr vor allem zur Sicherung der Vitaminversorgung gereicht werden können, wie Brunnenkresse, Spinat und Mangold.

Zu den Fruchtgemüsen gehören Gurken, Melonen, Tomaten und Paprika. Größere Bedeutung haben Tomaten und Paprika, die einen guten bzw. sehr guten Vitamin-C-Gehalt aufweisen. Fruchtgemüse sind sehr wasserreich und schlecht lagerfähig: Alle Gemüsearten sind wegen ihres hohen Wassergehaltes bzw. geringen Substanzgehaltes leicht verderblich. Sie müssen daher immer frisch, gut gesäubert und frei von Faulstellen verabreicht werden. Mängel können zu Verdauungsstörungen führen.

Bei vielseitiger Zusammensetzung der Gemüseration gleichen sich Unterschiede im Nähr-, Mineralstoff- und Vitamingehalt aus. Blattgemüse ist lediglich in kühlen (+2 bis +4 °C), nicht zu trockenen und nicht zu feuchten Räumen, flach ausgebreitet über wenige Tage begrenzt lagerfähig. Karotten kann man hingegen länger lagern.

NÜSSE, OBST & SÜDFRÜCHTE

Wie Gemüse bildet Obst eine wichtige Quelle für die Versorgung mit Vitamin C und Karotin, ferner für leicht assimilierbare Kohlenhydrate und Mineralstoffe. Infolge seines Gehaltes an organischen Säuren, besonders Apfel-, Zitronen- und Weinsäure, und an Gerb- und Pektinstoffen, die günstig auf die Verdauungsvorgänge wirken, besitzt das Obst einen hohen Wert. Der Vitamin-C-Gehalt erreicht im Obst die höchsten Werte aller Futtermittel. An erster Stelle stehen Hagebutten, Vogelbeeren, Sanddorn, Schwarze Johannisbeeren und Südfrüchte, die keine wesentlichen Verluste während der Lagerung erfahren. Der Karotingehalt ist niedriger als bei vielen Gemüsearten. Besonders reich sind Hagebutten und Aprikosen. Schalenobst enthält in bedeutenden Mengen Vitamin B1, außerdem viel Eiweiß und Fett. Der Futterwert des Obstes wird durch seine ernährungsphysiologischen Eigenschaften bestimmt. Diese schwanken nach Obstart, Sorte, Anbaubedingungen, Klima und Erntejahr.

Zum Steinobst gehören Süß- und Sauerkirschen, Pflaumen, Mirabellen, Aprikosen und Pfirsiche. Alle Arten enthalten in den Samen („Steinen") Blausäureglykoside, weshalb bei der Verfütterung etwas Vorsicht geboten ist. Am besten entfernt man die Steine vor der Fütterung. Trotzdem gehört das Steinobst zu dem beliebten, in großem Umfang jahreszeitlich abhängig einsetzbaren Obst. Besonders gern werden Süßkirschen, Aprikosen und Pfirsiche aufgenommen. Der Vitamin-C-Gehalt ist bei allen Arten mäßig hoch, der Karotingehalt hoch in Aprikosen, gut in Pfirsichen, Kirschen und Pflaumen. Der Fruchtsäuregehalt entspricht dem Durchschnitt, bei Aprikosen liegt er etwas höher.

Kernobst: Beim Kernobst, zu dem Apfel, Birnen, Quitten und süße Ebereschen (Vogelbeeren) zählen, haben Äpfel und Birnen für die Papageienfütterung große Bedeutung und können ganzjährig, relativ kostengünstig eingesetzt werden. Sie kommen in vielen Zuchtsorten vor, die sich unterschiedlicher Beliebtheit erfreuen. Alle guten Tafelobstsorten werden gern gefressen und haben einen guten Futterwert, nicht nur als Vitamin-, sondern auch als Nährstoffträger. Sie sind kohlenhydratreich und leicht verdaulich. Der Vitamingehalt ist weniger hoch als in anderen Obstarten. Da aber Äpfel und Birnen, insbesondere die Spätsorten, lagerfähig sind, bilden sie im Winter eine wichtige Vitaminquelle. Vitaminverluste treten während der Lagerung auf und können bei ungünstigen Bedingungen hoch sein. Weniger beachtet, aber aufgrund des hohen Gehaltes an Vitamin C und Karotin wertvoll, sind die Vogelbeeren, die auch gefrostet gut verwendbar sind.

Beerenobst: Artenreich ist die Gruppe des Beerenobstes, zu dem Erdbeeren, Himbeeren, Brombeeren, Johannisbeeren, Stachelbeeren, Weinbeeren, Heidelbeeren, Preiselbeeren und Holunderbeeren gehören. Fast alle Arten lassen sich gut einsetzen. Erdbeeren haben einen guten Vitamin-C-Gehalt, während der Karotingehalt niedrig ist. Alle anderen Obstarten (außer Hagebutten) verfügen über einen nur mäßigen Karotin-, aber relativ guten Vitamin-C-Gehalt, der bei Schwarzen Johannisbeeren und Hagebutten am höchsten liegt. Der hohe Wassergehalt bedingt schlechte Lagerfähigkeit. Deshalb kann Beerenobst wie Steinobst nur als Frischobst eingesetzt werden.

Schalenobst: Zu dieser Gruppe gehören Walnüsse, Haselnüsse, Mandeln, Erdnüsse, Kokosnüsse u. a. Die Kerne des Schalenobstes sind von einer festen, ungenießbaren Hülle umgeben. Sie besitzen einen hohen Trockensubstanz-, Eiweiß- (50 bis 60 %) und Fettgehalt mit einem bedeutenden Anteil wertvoller ungesättigter Fettsäuren. Deshalb weist Schalenobst einen hohen Nährwert auf. Alle Nüsse sind kalorien-, phosphor- und z. T. auch calciumreich und verfügen über einen guten Eisen- und beachtlichen Vitamin-B1-Gehalt. Sie werden von den meisten Papageien gern genommen und sollten als wertvoller Bestandteil die Ration bereichern. Ein Übermaß kann aber leicht zu Verfettung führen. Erdnüsse mit Schale sollten ganz aus der Papageiennahrung verschwinden, da sie gefährliche Pilzsporen tragen, durch die sich die Tiere schnell Aspergillose einfangen können. Geschälte Erdnüsse sind aber i.d.R. ein wertvolles Ergänzungsfutter.

Südfrüchte sind in der Fütterung der Papageien unentbehrlich. Apfelsinen bilden fast das ganze Jahr über eine wichtige Vitaminquelle für Vitamin C und in geringem Umfang auch für Karotin, das noch am meisten in Bananen vorkommt. Auch während längerer Lagerung treten kaum Vitaminverluste ein. Den höchsten Energiewert besitzen Bananen und auch Feigen, die aber vitaminarm sind. Ananas verfügt über einen guten Vitamin-C und mittleren Karotingehalt.

Obst, insbesondere Beeren- und Steinobst, verdirbt sehr schnell. Nur einwandfreies Obst darf zum Einsatz kommen. Faulendes, gärendes oder verschimmeltes Obst führt zu

Verdauungsstörungen. Die Früchte müssen sauber und frei von Insektenbefall sein. Bei Südfrüchten ist zu beachten, dass diese oft mit Konservierungsmitteln gespritzt werden. Sie müssen vor dem Verfüttern gründlich heiß abgewaschen werden. Obst der verschiedenen Sorten ist heute ganzjährig erhältlich, so dass man auf lange Lagerzeiten verzichten kann. Äpfel lassen sich aber hervorragend einkellern, z. B. wenn man zur Erntezeit ein Überangebot aus dem eigenen Garten lagern möchte.

KÖRNER, SAMEN & ANDERE FRÜCHTE

Bei dieser Futtermittelgruppe handelt es sich um die Reproduktionsorgane verschiedener Pflanzen, insbesondere des Getreides und anderer Gräser, der Leguminosen und der Kreuzblütler, denen wegen ihres Nährstoffreichtums besondere Bedeutung in der Fütterung zukommt. Alle Nährstoffe sind gut verdaulich. Beim Getreide herrschen die Kohlenhydrate (Stärke), bei den Leguminosen Eiweiß und zum Teil Fett, bei den Kreuzblütlern Fett und Eiweiß vor. Der Rohfasergehalt ist bei den reinen Samen niedrig, desgleichen der Mineralstoffgehalt. Phosphor überwiegt, während Calcium nur in geringen Mengen vorkommt. Der Futterwert hängt in erster Linie von der Pflanzenart und den als Futtermittel verwendeten Samen- oder Fruchtteilen ab.

Getreide

Getreidekörner sind stärkereich und eiweißarm. Die Wertigkeit des Eiweißes ist mäßig, da einige wichtige essentielle Aminosäuren nur in geringen Mengen vorhanden sind. Getreide ist relativ P-, K- und Mg-reich, aber Ca-arm. Von den Vitaminen kommen denen des Vitamin-B-Komplexes in den äußeren Schichten und dem Vitamin E in den Keimlingen große Bedeutung zu. Karotin, Vitamin C und

D fehlen praktisch.

Weizen: Ist unter den Getreidearten relativ eiweißreich. Zur Erhöhung des Vitamin-E-Gehaltes wird er vorgekeimt.

Mais: Hat den größten Gehalt an verdaulichen Nährstoffen und mit 4,5 % einen relativ hohen Fettgehalt an vor allem ungesättigten Fettsäuren. Eiweißgehalt und Eiweißwert sind niedriger. Papageien fressen trockenen Mais, bevorzugen aber frischen, halbreifen bis reifen Mais. Vor einer übermäßigen Fütterung muss allerdings gewarnt werden, da es teilweise zu Verdauungsstörungen kommen kann.

Buchweizen: Eignet sich ebenfalls als Bestandteil der Papageienkörnerfuttermischung.

Hirse: Kommt in vielen Arten und Unterarten vor. Besonders bekannt sind Rispenhirse, Kolbenhirse und Mohrenhirse, unter letzterem vor allem das Milokorn, welches wegen seiner hohen Verdaulichkeit große Verbreitung in Körnerfuttermischungen hat. Hirse hat einen erfreulichen Vitamin- und Mineralstoffgehalt. Der Fettgehalt entspricht etwa dem von Mais.

Hülsenfrüchte

Gegenüber Getreide zeichnen sich Hülsenfrüchte, die Samen der Schmetterlingsblütler oder Leguminosen, durch einen hohen Eiweißgehalt und z. T. sehr beachtlichen Fettgehalt aus. Manche Arten enthalten auch giftige Alkaloide und Glykoside, die vor der Fütterung ausgeschaltet werden müssen (z. B. durch Kochen). An Mineralien sind sie reicher als Getreide und haben ebenso wie dieses viel P und K und weniger Ca. Der Karotin-, Vitamin-D- und C-Gehalt ist niedrig, während Vitamin E und die Vitamine des B-Komplexes reichlicher vorkommen.

Übrigens zählen auch die bereits angesprochenen Erdnüsse zu dieser Gruppe, gehören gleichzeitig aber auch zum
so genannten Schalenobst. Sie sind eiweiß- und fettreich,
rohfaserarm, aber relativ schlecht verdaulich. Ihr Eiweißwert ist infolge des geringen Gehaltes an einigen essentiellen Aminosäuren niedrig, der Gehalt an Vitaminen des B-
Komplexes gut.

Ölsaaten

Diese Samen zeichnen sich durch einen hohen Gehalt an
Fett (25 bis 50 %) und an Eiweiß 12 bis 50 % aus. Leinsamen
ist eiweiß- und fettreich (etwa 25 % Eiweiß) bei einem hohen Gehalt an essentiellen Fettsäuren. Ein großer Anteil an
Schleimstoffen, die im warmen Wasser quellen und günsti-
ge diätetische Wirkung ausüben, kennzeichnet ihn. Beim
Verfüttern von Leinsamen in großen Mengen ist wegen eines Blausäureglykosids Vorsicht geboten.

Hanfsamen: Sind rohfaserreicher und eiweiß- und fettärmer
als Leinsamen bei einem ebenfalls guten Gehalt an ungesättigten Fettsäuren. Trotz dieser guten Eigenschaften
sollte Hanf zurückhaltend verfüttert werden.

Mohnsamen: Sind mit über 40 % Rohfett die fettreichsten
einheimischen Ölsamen und sollte dementsprechend in
geringen Mengen angeboten werden.

Sonnenblumensamen: Werden von einer harten, rohfaser-
reichen Schale umgeben, die etwa 45 % ausmacht. Samen ohne Schale sind hochverdaulich und haben bis 60
% verdauliches Rohfett, etwa 20 % verdauliches Eiweiß,
ungeschält nur 16 % bei bis etwa 30 % Rohfaser. Sonnenblumenkerne können den Glanz des Gefieders erhöhen
und wirken teilweise günstig in der Mauser. Ein zu hoher Anteil im Futter ist allerdings ebenfalls schädlich,

weil er schnell zur Verfettung führt. Es gibt schwarze, weiße und schwarz-weiß gestreifte Sorten, die sich kaum oder gar nicht in ihrer Zusammensetzung unterscheiden. Am häufigsten kommen die gestreiften Sonnenblumenkerne zum Einsatz. Sehr beliebt sind auch frische Sonnenblumenkerne, die man leicht im Garten anpflanzen kann. Durch das Anbieten der gesamten Blüte mit den Samen, kann ein guter Beschäftigungseffekt erzielt werden.

Kardisaat: Gehört ebenfalls zu den Ölsaaten und eignet sich gut für die Papageienfütterung. Der Fettanteil ist nur geringfügig niedriger als bei den Sonneblumenkernen.

Futtermittel tierischer Herkunft

Den Bedarf an hochwertigem tierischen Eiweiß kann man durch regelmäßige aber zurückhaltende Gaben von Quark, hartgekochten Eiern, Maden oder frisch geschlüpften Mehlkäferlarven („Mehlwürmer") oder kleinen Mengen Rindergehacktes decken.

Dabei sollte aber vor übertriebenen Gaben tierischen Eiweiß gewarnt werden. Man stellte fest, dass der tägliche Proteinbedarf im Erhaltungsstoffwechsel bereits durch das Angebot üblicher Samenmischungen gedeckt ist. Im Leistungsstoffwechsel (Mauser, Wachstum) sind allerdings Ergänzungsgaben erforderlich, vor allem um den Bedarf an schwefelhaltigen Aminosäuren zu decken.

EIER

Das Ei enthält alle zur Bildung eines neuen Lebens notwendigen Stoffe. Es versteht sich von selbst, dass dies einen hohen Wert des Proteins und Reichhaltigkeit an Vitaminen und Mineralien voraussetzt. Eier sind deshalb ein hochwertiges Futtermittel und ein vielbewährter Bestandteil verschiedener Aufzuchtrezepturen. Eier werden in der Regel hartgekocht und vermischt mit Zwieback — eventuell auch mit geriebenen Möhren — den Vögeln gereicht. In der Vogelfütterung findet fast ausschließlich das Hühnerei Verwendung. Dieses besteht zu ca. 10% aus Schale, 60% Eiklar und 30% Eidotter. Eidotter und Eiklar unterscheiden sich in ihrer Zusammensetzung erheblich voneinander. So hat das Eiklar ein Eiweißgehalt von 13% und einen Fettgehalt von nur 0,3%, während das Eigelb rund 16% Eiweiß, aber 32% Fett aufweist. Insgesamt enthalten Eigelb und Eiklar eines durchschnittlich großen Hühnereies 7 g Eiweiß, 6 g Fett und 0,5 g Mineralstoffe. Von letzteren sind Eisen, Calcium und Phosphor besonders reichlich vertreten. Das Eigelb enthält neben den stark vertretenen Proteinen viel Lecithin, Cholesterin und die Vitamine A und D. Wegen der Möglichkeit einer Übertragung von Krankheitserregern, insbesondere Salmonellen, verbietet sich das Verfüttern von rohen Eibestandteilen.

QUARK

Magerquark ist für Papageien als Ergänzungsfuttermittel gut geeignet, da sich dessen Eiweiß durch gute Verdaulichkeit und hohe Wertigkeit auszeichnet. Der Anteil an Milchzucker (Laktose) ist gering. Wegen dieser guten ernährungsphysiologischen Eigenschaften kann man Quark sehr gut als Bestandteil von Weichfutter einsetzen.

KÄSE

Käse wird in einer Vielzahl von Sorten angeboten. Unterschieden sind diese vor allem in Konsistenz, Geschmack und Fettgehalt. Geriebener Hartkäse wird von manchen Papageien gerne angenommen. Nach übermäßigem

Käsegenuss kann es allerdings zu einer Ausfällung und Zusammenballung von Kasein in Kropf und Drüsenmagen kommen, in deren Gefolge schwere Verdauungsstörungen zu beobachten sind. Stark gewürzte Käsesorten sollten nicht verfüttert werden.

HEFEN

Hefen sind mikrobiell erzeugte Produkte, die ihre Entstehung der Fähigkeit von Mikroorganismen zur raschen Vermehrung verdanken. Mit der Herstellung von Hefen wird im Prinzip jeweils versucht, für den menschlichen oder tierischen Organismus nicht oder nur bedingt verwertbare bzw. wertlose Rohstoffe mittels einzelliger Lebewesen in hochwertige Nährstoffe, also Eiweiß, umzuwandeln.

Aufgrund ihrer Nährstoffzusammensetzung sind Hefen in die Gruppe der Eiweißfuttermittel mit guter biologischer Wertigkeit einzuordnen. Die Vitamine A, D, E und K sind kaum, dagegen B1, B2, B6 und Nikotinsäure nennenswert enthalten. Allerdings unterliegt der Vitamingehalt der Hefen starken Schwankungen und standardisierte Werte fehlen in der Regel. Weit verbreitet ist die Bierhefe, die man den Papageien unter ein Weichfutter oder über Obst geben kann. Da Hefeproteine hohe, den Stoffwechsel belastende Anteile an Nukleinsäuren besitzen, sollte aber auch hier vorsichtig dosiert werden.

SCHNECKEN

Vor allem die Vertreter der Gehäuseschnecken werden von einigen Papageien gerne gefressen. Es kommt dann auf das Tier an, ob es Schnecken als Quelle tierischen Proteins annimmt oder nicht. Ein Versuch lohnt sich allemal, da Schnecken eine sehr naturnahe Proteinquelle darstellen, die auch in freier Natur u. a. von Goldsittichen und Hyazintharas genutzt wird.

HONIG

Ein wertvolles Futtermittel für Papageien ist der durch Bienen eingetragene Bienenhonig. Er enthält etwa 80% Kohlenhydrate, insbesondere Invertzucker, Fermente und Abwehrstoffe, so dass er auch ein wichtiges Heilmittel ist. Vitamine und Mineralstoffe sind nur in geringen Mengen vorhanden. Je nach den Blütenpflanzen unterscheidet er sich in Geschmack, Geruch, Farbe und chemischer Zusammensetzung. Honig ist in verschiedenen Sorten jederzeit zu geringen Preisen erhältlich. Aufgrund seines Geschmacks eignet er sich als Zusatzfutter, das man z. B. in ein Weichfuttergemisch oder eine Lorisuppe einrührt.

WEICHFUTTER

Weichfutter ist vor allem dann nötig, wenn die Tiere vor und während der Brutzeit einen erhöhten Eiweißbedarf aufweisen. Dieser wird vor allem durch die zusätzlichen Stoffwechselbelastungen bei der Eibildung, beim Brüten und bei der Jungenaufzucht verursacht. Auch die Entwicklung der Jungvögel ist ohne zusätzliche Eiweißzufuhr nicht optimal zu gewährleisten. Aus diesem Grund ist es günstig, die Vögel frühzeitig an die Aufnahme von Weichfutter zu gewöhnen. Auch Medikamente oder Vitaminpräparate sind über das Weichfutter wesentlich besser zu verabreichen als über das Trinkwasser, da Papageien vergleichsweise wenig trinken.

Folgendes Rezept für ein Weichfutter hat sich bewährt: ein hartgekochtes Eigelb wird durch ein Sieb gedrückt, mit einem altbackenen, eingeweichten und kräftig ausgedrückten Brötchen oder Weißbrot oder der gleichen Menge Zwiebackmehl und ca. 50 g geriebener Möhre vermischt.

Hinzugesetzt werden 1 Esslöffel Sojamehl, Trockenmilch, käufliches Insektenweichfutter sowie je 1 Teelöffel Honig-Milch-Präparat. Dazu gibt man noch einige Weizenkeime und eine Messerspitze guten pulverisierten Mineralstoffgemisches. Die zu verfütternde Menge hängt natürlich von der Anzahl der Tiere ab. Es sollte so eine Menge angeboten werden, dass das Weichfutter am nächsten Tag bis auf einen kleinen Rest verzehrt wurde. Näpfe sind gründlich zu reinigen.

Fütterungspraxis

Das Grundfutter für die meisten Papageien stellt eine Samenmischung, auch Körnerfuttermischung genannt, dar. Hiermit decken die Tiere vor allem ihren Bedarf an Kohlenhydraten und Fetten, teilweise auch ihren Proteinbedarf. Diese Grunddiät muss ausgewogen und vielfältig zugleich sein. Je nach Jahreszeit (Sommer/Winter), Haltungsweise (kleiner Käfig/große Voliere) und Aktivität (Ruhephase, Brutzeit) der Papageien muss die Zusammensetzung sowie die täglich angebotene Menge angepasst werden. Vögel, die in einer kleinen Zimmervoliere gehalten werden, brauchen weniger Energiezufuhr als solche, die in großen Aussenvolieren gehalten werden. Ein Hochleistungssportler benötigt schließlich auch mehr Energie als ein Normalbürger. Nicht viel anders verhält es sich bei den Papageien.

Während der Brutzeit benötigen die Tiere eine größere Futtermenge, da die Produktion von Eiern sehr viel Energie verlangt. Gleiches gilt für die nachfolgende Jungenaufzucht. Zusätzlich zum Körnerfutter ist es dann wichtig, dass tierische Eiweiße und reichlich Obst und Gemüse angeboten werden. Die Regulation der Körpertemperatur verlangt ebenfalls Energie. Daher ist es einleuchtend, dass Papageien, die in einer Freivoliere gehalten werden (vor allem in der kalten Jahreszeit), entsprechend energiehaltigere und mehr Nahrung erhalten müssen als Tiere, die in einer ständig warmen Zimmervoliere gepflegt werden. Man stellte bei Fütterungsexperimenten fest, dass die insgesamt aufgenommene Futtermenge (1 Tier pro Käfig, Umgebungstemperatur 20 °C, Hell-/Dunkelrhythmus 12 : 12 Stunden) nur in geringem Maße variiert.

Bei Angebot von Futtermischungen, die vorwiegend fetthaltige Sämereien enthalten (z. B. Sonnenblumenkerne und Erdnüsse) werden diese in der Regel bevorzugt gefressen. Normalerweise würde man erwarten, dass bei energiehaltigerem Futter entsprechend geringeren Mengen aufgenommen werden, was sich allerdings in der Praxis nicht bestätigte. Dies kann auf die unterschiedliche Akzeptanz der angebotenen Futtermittel zurückgeführt werden. Die aufgenommenen Futtermengen variieren nicht nur in Abhängigkeit von der Art des Futters, sondern auch zwischen den bei der Studie berücksichtigten Arten (Agaporniden, Kakadus, Amazonen, Graupapageien). In Relation zur Körpermasse nahmen kleinere Papageien (z. B. Agaporniden oder Goffin-Kakadus) höhere Futtermengen zu sich als größere Arten (Amazonen, Graupapageien).

Da Papageien die meisten Saaten vor dem Verzehr entspelzen, wird ein bestimmter Prozentsatz der angebotenen Gesamtfuttermenge unvermeidlich zu unbrauchbaren Futterresten. Der jeweilige Anteil variiert sehr stark in Abhängigkeit vom jeweiligen Nahrungsbestandteil. So können beim Mais zwischen 2 und 5 %, bei der Kardisaat bis zu 58 % nicht von den Papageien genutzt werden. Es wird daher notwendig, bei einem handelsüblichen Mischfutter (Sonnenblumenkerne, Kardisaat, Haferkerne, Hanf, Mais und Zirbelnüsse) etwa 65 bis 85 % mehr an Futter anzubieten, als der Papagei letztlich aufnimmt. Als Richtwerte werden zur Deckung des Erhaltungsstoffwechsels (außerhalb der Brutzeit) folgende Mengen empfohlen: Agaporniden etwa 8 - 12 g, Amazonen, Graupapageien und Kakadus etwa 30 g Futter pro Tag und Vogel. Wichtig ist die Erkenntnis, dass verschiedene Haltungsbedingungen entscheidenden Einfluss auf die tägliche Futteraufnahme nehmen. Es wurde festgestellt, dass mit zunehmender Besatzdichte eines Käfigs in der Regel ein höherer Futterverbrauch pro Tier zu verzeichnen ist. Bei Versuchen mit Agaporniden wurde die Futteraufnahme bei der Haltung von 4 bzw. 6 Vögeln pro Käfig im Vergleich zur Einzelhaltung um 17 bzw. 26 % gesteigert. Bei erweiterten Bewegungsräumen der Tiere z. B. durch Einsetzen in eine größere Unterkunft ist ein vergleichbarer Effekt festzustellen, was mit der höheren Bewegungsaktivität zu erklären ist.

Darreichung des Futters

Da viele Papageien im Allgemeinen die Bodennähe meiden, sollte das Futter etwa 1- 1,5 m vom Boden entfernt angeboten werden. Bei Boden besuchenden Arten empfiehlt es sich, die Futterbretter im unteren Volierendrittel bzw. direkt am Boden aufzustellen. Aus hygienischen Gründen ist eine Futterstelle zu bevorzugen, die aus einem weitmaschigem, stabilen Drahtgeflecht leicht selbst anzufertigen ist. Ebenfalls bewährt haben sich Metallrahmen, deren Boden aus Geflecht oder aus eingeschweißten Metallstäben besteht. Ein hoher nach innen eingestülpter Rand gibt den Näpfen hierbei soviel Halt, dass sie durch die Tiere nicht hinuntergeworfen werden können. Solche Futterstellen haben den Vorteil, dass sich keine Spelzen und andere Futterreste für die Tiere erreichbar ansammeln können. Allerdings müssen auch diese Varianten einer regelmäßigen Reinigung unterzogen werden, da sich immer wieder Obstreste etc. verkleben und so ein Nährboden für Krankheitserreger entsteht.

Früchte, Körnerfutter und Trinkwasser werden in getrennten Näpfen angeboten. Diese sollten aus glasiertem Keramik, Ton oder aus Edelstahl bestehen, um eine gründliche Reinigung zu gewährleisten. Die Fütterung darf nur aus vollständig sauberen Näpfen erfolgen, da sich sonst Krankheitserreger ansammeln können. Es ist empfehlenswert, Trinkwasser in einiger Entfernung, evtl. oberhalb der eigentlichen Futterstelle anzubringen, damit es nicht allzu schnell verunreinigt werden kann. Die Fütterung und Wassergaben werden täglich durchgeführt, um den Tieren ein ständig frisches Nahrungsangebot zukommen zu lassen. An heißen Sommertagen kann es vorkommen, dass leicht verderbliches Futter (z. B. Weichfutter, Keimfutter o. ä.) bereits nach einigen Stunden entfernt werden muss, um jedes Risiko zu vermeiden.

Die Fütterung sollte jeden Tag zur selben Zeit erfolgen, am günstigsten sind hierbei die Morgenstunden, aber auch an spätere Zeitpunkte lassen sich die Tiere gewöhnen. Die Futtermenge ist so zu bemessen, dass die Tiere nie ohne Futter sind, aber auch kein Überangebot besteht. Ansonsten kann es passieren, dass die Tiere lediglich die „Leckerbissen" nehmen, da diese ja immer vorhanden sind und sich so einseitig ernähren. Besonders in der Gruppenhaltung ist darauf zu achten, dass alle Tiere ausreichend Futter zu sich nehmen können und nicht übermäßig vom Futterplatz verdrängt werden. Eventuell empfiehlt sich die Einrichtung mehrerer entfernt voneinander liegender Futterstellen. Auf diese Weise können auch weniger durchsetzungsfähige Tiere sich mit allen angebotenen Futtermitteln ausreichend versorgen.

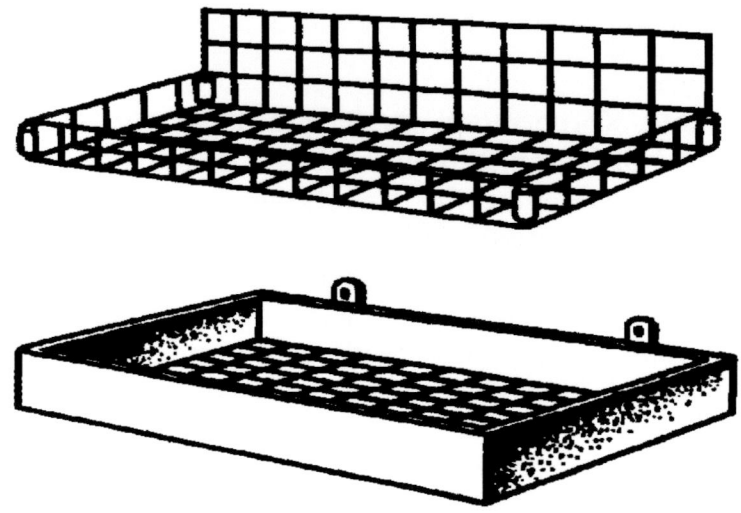

Solche Futterbretter sind aus hygienischer Sicht optimal, da sich Futterreste nicht direkt am Futterplatz ansammeln. Am besten bestückt man sie mit Futternäpfen aus Edelstahl oder glasierter Keramik (nach ROBILLER 1989).

Lagerung von Futtermitteln

Die Lagerung der Futtermittel muss so erfolgen, dass sich keine Schädlinge an den Vorräten vergreifen können und so gegebenenfalls Krankheiten übertragen. Ferner ist auf Trockenheit zu achten.

Zur Lagerung haben sich umfunktionierte Müllbehälter aus Plastik bzw. Metall mit fest verschließbarem Deckel bewährt. Futtermischungen sollten nur in solchen Mengen gekauft werden, dass eine monatelange Lagerung unnötig wird. Nach einer gewissen Zeit wird man Erfahrung im Abschätzen solcher Werte haben und nur kurzzeitige Vorräte anschaffen. Beim Einkauf ist auf die hygienischen Voraussetzungen beim Händler und auf das Herstellungs- bzw. Abfülldatum der Futtermittel zu achten. Obst und Gemüse sollte möglichst nicht pestizidbehandelt sein, sofern Zweifel bestehen, ist ein Abschälen vor der Fütterung unbedingt zu empfehlen.

Empfehlungen für beliebte Papageien

Handelsübliche Futtermischungen für Papageien weisen erhebliche Unterschiede in der botanischen, und damit auch in der chemischen Zusammensetzung auf. Ferner bleibt festzuhalten, dass diese oft als „Alleinfutter für Papageien" deklarierte Mischungen, ihrem Namen nicht gerecht werden. Besonders im Bereich der Mengen- und Spurenelemente sind bei ausschließlicher Fütterung dieser Mischungen auf Dauer Mangelsituationen möglich. Insbesondere liegen unzureichende Calcium- und Natriumgehalte vor sowie ein als ungünstig einzustufendes Verhältnis von Calcium zu Phosphor (empfohlener Wert 1,5-2 : 1). Aus diesem Grund sollen nachfolgend einige erfolgreich angewendete Fütterungsmethoden für verschiedene Papageiengruppen exemplarisch dargestellt werden, die alle samt in der Praxis entwickelt wurden und sich bewährt haben.

ARAS

Aras zeigen erfahrungsgemäß individuelle Unterschiede in der mengenmäßigen Aufnahme von trockenem Körnerfutter sowie Keim- und Obstfutter. Nicht anders verhält es sich mit Pellets, nackten Labormäusen und Hühnerknochen, also mit Eiweißfutter. Aras, die vorwiegend trockene Sämereien fressen, stehen meist solchen Tieren in ihrer Kondition nach, die auf ein umfangreiches Angebot aus Keimfutter, Obst und tierischem Eiweiß zurückgreifen können. Letztere scheinen auch häufiger in Brutstimmung zu kommen.

Ein geeignetes Trockenfutter besteht aus verschiedenen Hirsesorten, Glanz, Mais, Hafer, Weizen, Kardisaat und Kolbenhirse, alles vorzugsweise auch halbreif. Außer der Kolbenhirse wird das Körnerfutter gekeimt geboten, zusätzlich gekeimte Sonnenblumenkerne. Reichlich Obst und Gemüse darf den Vögeln ebenso wie Grünfutter nicht fehlen. Das Angebot richtet sich nach der jeweiligen Jahreszeit. Das ganze Jahr über erhalten die Tiere außerdem frische Äste und Zweige und ein Mineralstoffgemisch sowie Multivitaminpräparat.

AMAZONEN

Nach Ansicht einiger Autoren besteht eine geeignete Grundnahrung für Amazonenpapageien nur noch außerhalb der Brutzeit, von Anfang November bis Mitte März, vorrangig aus einem „trockenen" Körnergemisch, das man am besten aus Einzelsämereien selbst zusammenstellt. Ein solches geeignetes Mischfutter besteht aus: je 40 % Kardisaat, 20 % Sonnenblumenkernen, je 5% Hafer, Weizen, Paddyreis, Hirse, Buchweizen, Zirbelnüssen, geschälten Erdnüssen und Kürbiskernen.

Zur Brutzeit wird tierisches Eiweiß in Form von hartgekochtem Ei und fettarmen Quark wichtig. Ferner kann das Körnerfutter mengenmäßig reduziert und durch ein Gemisch aus Hülsenfrüchten ersetzt werden. Die Hülsenfrüchte sollen über Nacht in Wasser eingeweicht werden. Ein anderes empfehlenswertes Grundfutter für Amazonen besteht aus einem handelsüblichen Papageienfutter, also Sonnenblumenkerne, (geschälte) Erd- und Zirbelnüsse, Weizen,

Hafer, Sojabohnen, Kürbiskerne, Kardisaat und Garnelen. Außerdem wird Keim-, Obst- und Gemüsefutter gereicht, besonders Karotten, grüne Bohnen, Erbsen mit Schote, Rote Beete und Gurke.

Die Obst- und Grünfütterung richtet sich nach jahreszeitlich Angebot. Ganzjährig werden der Obst- und Grundfuttermischung Kartoffelstückchen beigegeben die 4 bis 5 Minuten im Wasser mit Meersalz gekocht werden. Zusätzlich sollten halb- und vollreife Kolbenhirse, halbreife und reife Maiskolben, frische Zweige mit Knospen sowie Hagebutten, Vogelbeeren und Löwenzahn angeboten werden.

Bei einer zu reichlichen Fütterung von Sonnenblumen- und Erdnüssen drohen gesundheitliche Schäden durch Leberverfettung. Während der Ruhephase im Winter sollte Amazonenfutter folgendermaßen zusammengesetzt sein: etwa 50% Trockenfutter, 25 % Keim- und 25% Früchte-Gemüsefutter. Zum Frühjahr wird der Anteil des Keimfutters auf 40% zu Lasten des Trockenfutters erhöht. Der Obst-Gemüse-Anteil bleibt unverändert. Als Brutvorbereitung und während der Brutzeit benötigen die Vögel tierisches Eiweiß.

GRAUPAPAGEIEN

Mindestens 30 % der Gesamtfuttermenge sollte aus Obst und Gemüse, Beeren, Rindenzweigen und Kräutern bestehen. Ansonsten kommt ein Körnergemisch zum Einsatz wie es für Kakadus und Amazonen beschrieben ist. Keimfutter wird ebenfalls gerne genommen. Als Leckerbissen kann halbreifer Mais angeboten werden, den auch die meisten anderen Arten begierig fressen. Graupapageien leiden häufig an einer zu fettreichen Fütterung vor allem bei Bewegungsmangel.

Eine weitere Bedrohung der Gesundheit besteht in der Verfütterung von Erdnüssen, die häufig mit Pilzsporen belastet sind. Auf diese kann bei der Fütterung bedenkenlos verzichtet werden. Gute Erfahrungen konnte man mit der Zufütterung von ca. 8 Stunden lang in Wasser eingeweichtem Taubenfutter (Zucht- und Reisemischung) machen. Dieses wird auch von den meisten anderen Papageien- und Sitticharten gerne gefressen.

KAKADUS

Der Zoologische Garten Basel verabreichte in der Vergangenheit allen gehaltenen Vogelarten ein einheitliches Grundfutter, welches aus nachstehenden Bestandteilen zusammengestellt wird: Getreideprodukte ca. 46 % (Mais, Gerste, Weizen, Hirse, Hafer, Haferflocken, Gerstenflocken, Maisquellmehl), Pflanzliche Eiweißträger ca. 33 % (Soja, Erdnussschrot, Sonnenblumenkerne, Bierhefe), Tierische Eiweißträger ca. 10 % (Magermilchpulver, Fischmehl), Rohfaserträger ca. 7 % (Luzernenmehl, Grasmehl, Weizenkleie), Mineralstoffträger ca. 3 % (Knochenmehl, Futterkalk, Salz) sowie Spurenelemente, Vitamine, Karotinoide 2%. Die Hälfte dieses Grundgemisches wird mit 25 % gekochtem, fein zerkleinertem Fleisch, 20 % gemahlenen Karotten und 5 % gemahlenen, hartgekochten Eiern mit Schalen zu einem fütterungsfertigen Futter vermengt. In abgewandelter Form kann die angeführte Futtermischung für nahezu alle Papageienarten Verwendung finden. Zur Deckung des Bedarfs an tierischem Protein eignen sich z. B. die Larven der Mehlkäfer („Mehlwürmer") oder hartgekochtes Ei. Es empfiehlt sich ferner, regelmäßig morsche, mit Insektenlarven gespickte Baumstümpfe etc. in die Voliere zu hängen, um den Tieren eine naturnahe Nahrungssuche zu ermöglichen.

Manche Autoren warnen davor, Kakadus zu fetthaltig zu füttern, da sonst Leberschäden drohen. Es empfiehlt sich daher ein Menü, das folgendermaßen zusammengesetzt ist: Körnerfutter aus verschiedenen Hirsesorten, Glanz, Buchweizen, Sonnenblumenkernen (gekeimt), etwas Hanf, Weizenähren, Kolbenhirse, grüne Maiskolben und wenige Zirbelnüsse. Dazu müssen Früchte (z. B. Äpfel, Apfelsinen, viele Ebereschenbeeren, Beeren des Feuerdorns, Hagebutten, Bananen etc. und Gemüse (z. B. Möhren, Gurken, Zucchini, Sellerie, rote Beete und Erbsenschoten) gereicht werden. Auch Grünfutter darf nicht fehlen. Hier eignet sich z. B. Samenstände von Gräsern, verschiedene Wildkräuter, Löwenzahn, Vogelmiere und andere.

Zur Deckung des Proteinbedarfs kann man einmal pro Woche einen gekochten Hühnerknochen mit etwas Fleisch anbieten oder gekochtes Ei. Ferner eignen sich Pellets für Hunde- und Katzen oder Pellets für Papageien, Quark, Joghurt, oder wenig Käse. Die Futterzusammensetzung sollte außerhalb der Brutsaison zu 50 % aus trockenem Körnerfutter, und zu je 25 % aus Keim- und Frucht-Gemüsefutter bestehen. Etwa 4 bis 6 Wochen vor der Brutzeit bis zu der Mauser sollte der Anteil des Keimfutters dann zu Lasten des trockenen Körnerfutters auf 40 % erhöht werden. Bei der Ernährung von Kakadus ist besonders auf Abwechslung zu achten.

LANGFLÜGELPAPAGEIEN

Folgende Grundfuttermischung, die wie bei den übrigen aufgeführten Papageienarten mit entsprechenden Frucht- und Gemüsezugaben ergänzt wird, kann empfohlen werden: 40 % Kardisaat, 10 % Sonnenblumenkerne, 10 % Hafer, 10 % Weizen, 10 % Mais, 10 % Kleinsämereien (Hirse etc.),10 % Nüsse (Zirbel-, (geschälte) Erd-, Hasel- und Walnüsse).

Ferner ist vor allem zur Brutsaison tierischen Eiweiß in

Form von hartgekochtem Ei und fettarmen Quark wichtig. Zur gleichen Zeit empfiehlt es sich, das angegebene Grundfutter mengenmäßig zu reduzieren und durch ein Gemisch aus Hülsenfrüchten (Sojabohnen, Bohnen, Mungbohnen, Erbsen, Linsen, Wicken) zu ersetzen. Die Hülsenfrüchte sollten etwa 8 Stunden lang in Wasser eingeweicht oder kurz gekocht werden. Ein weiteres empfehlenswertes Grundfutter ist ein Gemisch aus fetthaltigen Sämereien wie Sonnenblumenkernen, Nüssen, Kürbiskernen, Kardisaat, Hanf und geschälten Erdnüssen. Der Anteil sollte aber 60 % an der Grundfuttermenge nicht überschreiten. Als kohlenhydratreiche Sämereien empfehlen sich Hirse, Kolbenhirse und Kanariensaat, die dann etwa 40 % des Grundfutters ausmachen. Keimfutter sowie frische Wildkräuter, Früchte und Gemüse dürfen auch bei Langflügelpapageien auf dem täglichen Speiseplan nicht fehlen.

KLEINSITTICHE

Für Kleinsittiche (z. B. Wellensittiche, Grassittiche) wird folgende Futterzusammensetzung empfohlen: 75 % verschiedene Hirsen, 20% Kanariensamen (Spitzsaat), 5% Haferkorn. Das für Wellensittiche im Fachhandel angebotene Grundfutter besteht gewöhnlich aus einer Mischung verschiedener Hirsesorten, Kanariensaat, die auch Spitzsaat oder Glanz genannt wird, und Hafer. Hirsevarietäten werden oft nach der Färbung der Samenhülle unterschieden, so kennen wir beispielsweise weiße, gelbe und rote Hirse. Kolbenhirse ist bei vielen Sittichen beliebt. Ölhaltige Sämereien fehlen meist in den im Fachhandel angebotenen Körnermischungen für Kleinsittiche. Diese Sämereien sind aber auch reich an Eiweiß und essentiellen Aminosäuren. So sind beispielsweise Hanf und Leinsamen reich an der Aminosäure Arginin.

Werden Kleinsittiche in größeren Käfigen oder Volieren gehalten, so kann der Anteil an ölhaltigen Sämereien in der Körnermischung etwa 10% betragen. Bei der Haltung in kleineren Käfigen kann eine zu reichhaltige Fütterung dieser Sämereien aufgrund ihres hohen Fettgehaltes jedoch zur Verfettung der Vögel führen. Natürlich ist auch bei Kleinsittichen das Grundfutter durch verschiedene Obst und Gemüsesorten sowie durch Wildkräuter und Beeren zu ergänzen.

GROßSITTICHE

Für viele südamerikanische Großsittiche eignet sich eine Futtermischung wie sie für Amazonen beschrieben wurde. Bei der Fütterung von australischen Großsittichen und asiatischen Edelsittichen greift man in der Regel auf eine Futtermischung bestehend aus: Sonnenblumenkernen, Kardisaat, Hirsegemisch, Glanz, Hafer, Weizen, Negersaat sowie wenig Hanf zurück.

Es eignen sich auch Mischungen wie sie für Langflügelpapageien beschrieben wurden. Viele Sittiche lieben Kolbenhirse und Keimfutter, die daher zum täglichen Angebot gehören sollten. Auch eingeweichtes Taubenfutter wird gerne genommen. Zur Zuchtstimulation werden verstärkt Keim- und Grünfutter, tierisches Eiweiß sowie Obst- und Gemüse geboten.

AGAPORNIDEN

Für diese Kleinpapageien eignet sich u. a. folgende Grundfuttermischung, die durch Obst, Gemüse und frische Wildkräuter sowie regelmäßig angebotenen Rindenzweigen ergänzt wird:

30 % verschiedene Hirse, 20 % Kardisaat, 10 % Sonnen-

blumenkerne, je 5 % Hafer, Buchweizen, Weizen, Dari, Paddy-Reis, Glanz, Leinsamen, Hanf. Auch eingeweichtes Taubenfutter (Zucht und Reisemischungen sowie Diätmischungen) werden sehr gerne gefressen. Zur Brutzeit sollte hartgekochtes Ei oder ein geeignetes Weichfutter in Maßen angeboten werden. Auch Sperlingspapageien (Forpus) gedeihen mit diesem Futter.

LORIS

Das Grundfutter für alle Loris ist die so genannte Lori-Suppe. Der Vogelpark Walsrode nutzte in der Vergangenheit z. B. zwei unterschiedliche Lori-Suppen:

Für Loris der großen Arten, wie *Lorius, Trichoglossus, Eos, Chalcopsitta* wird folgende Zusammensetzung und Fütterungsform empfohlen: Einem Liter warmem Wasser werden zugesetzt: 6 Esslöffel Milchfertigbrei, 1 Esslöffel Dextropur, 1 Esslöffel Hefeflocken, 1 Esslöffel Haferflocken für Babys, 1 Esslöffel Honig, 0,5 Esslöffel Mineralstoffgemisch. Das Gemisch wird zerrührt und erhält als Obstzugabe Banane, Apfel, Birne, Apfelsine, Weintrauben, verschiedenste Beeren und anderes Obst entsprechend dem jahresbedingten Angebot.

Für Loris der Gattung *Charmosyna*, den Irislori (*Trichoglossus iris*) und den Gelbgrünen Lori (*Trichoglossus flavoviridus*) wird folgende Nektarmischung gemixt: Einem Liter warmem Wasser werden zugesetzt: 1,5 Esslöffel Honig, 2 Tropfen Multi-Mulsin, 1 Messerspitze Mineralstoff-Pulver, 1 gehäufter Esslöffel gemahlene Haferflocken, 0,5 Esslöffel Hefeflocken und 1 gehäufter Esslöffel Soja-Malt, außerdem Früchte. Die Früchte werden bei beiden Nektarmischungen in etwa 5 mm große Würfel geschnitten. Pro Futternapf wird ein halber Zwieback als Ballaststoff zugegeben. Gegen 14 Uhr erfolgt eine tägliche Nachfütterung von

Flüssignahrung. Während der Aufzucht von Jungen wird die Futtermenge verdoppelt. Körner-, Keim- und Insektenfutter werden in gesonderten Gefäßen gereicht.

Ein weiterer empfehlenswerter Brei besteht aus: 2 Esslöffel Haferflocken, 1 Esslöffel Reisschleim oder Siebenkornflocken, 2 Esslöffel Fruchtzucker, 1 Esslöffel Honig, 1 Teelöffel Sojamalt, 0,5, Teelöffel Osspulvit, 1 Messerspitze Fleischextrakt und 4 Tropfen Multimulsin, alles verrührt in einem Liter Wasser. Außerdem reichen sie den Loris der kleinen und empfindlicheren Arten Lorinektar-extra, für die übrigen Loriarten Lorinektar (beides Firma Biotronic). Zum Futter aller Loris gehören auch Früchte. Als Obst kommen vor allem Banane, Apfel, Birne, Apfelsine, Papaya, verschiedenste Beeren und andere Früchte entsprechend dem jahreszeitlichen Angebot zum Einsatz. Sie müssen reif und saftig sein. Loris mehrerer Arten benötigen zur Ernährung auch Samen. In einem Futtergefäß werden ihnen Hirse, Glanz, Sonnenblumenkerne, Weizen, Hafer und Kardi als Keimfutter und in geringerer Menge als Trockenfutter gereicht. Auch dieses Futter bekommen die Vögel in gesonderten Gefäßen. Vor einer zu fettreichen Fütterung bei großen Loriarten wird gewarnt, da sie leicht verfetten. Eine zusätzliche Beigabe von Multivitaminen ist allgemein nicht notwendig, da die Milchfertignahrung die erforderlichen Vitamine enthält.

EDELPAPAGEIEN

Zur Ernährung der Edelpapageien kommen je nach Jahreszeit Möhren, frische Maiskolben, andernfalls gekochten Mais, gekochte Bohnen, Erbsen und Linsen zum Einsatz, ferner eignen sich grüner Salat, Ei, Sonnenblumenkerne, geschälte Erdnüsse, etwas Hanf, Hirse, Spitzsaat, Hafer, Hafergrütze und tierische Beikost wie kleine Schnecken, wenig gehacktes mageres Fleisch und Quark.

Gekeimte Sonnenblumenkerne werden gern gefressen, frische Zweige sollten regelmäßig angeboten werden, auch wenn sie nicht sehr stark benagt werden. Zur Aufzucht verwendet man viele Arten Insektenlarven (z. B. Mehlkäferlarven).

Bei der Haltung von Edelpapageien sollte man immer ihren hohen Bedarf an Vitamin A im Auge behalten. Der wichtigste Teil ihrer Nahrung ist frisches Gemüse, vor allem Möhren wegen ihres hohen Gehaltes an Vitamin A. Frische Maiskolben, Sellerie, Erbsen in der Schale oder gekocht, Mangold-Spinat, Salat und Tomaten sollten regelmäßig angeboten werden. Im idealen Fall besteht die Nahrung zu mindestens 30 % aus Pflanzenfutter.

Auch wild wachsendes Grünfutter wie Vogelmiere, samentragende Gräser, Gänsedistel, sowie junge Blätter und Wurzeln vom Löwenzahn werden genommen. Mangelerscheinungen sind häufig Folge einer ausschließlichen Saatenfütterung. Es sollte regelmäßig ein Multivitamin- und Mineralstoffgemisch gereicht werden.

Weitere Tipps

Eine der wenigen wissenschaftlichen Untersuchungen zum Thema Papageienernährung kann mit zehn Punkten zusammengefasst werden, die jeder Papageienhalter verinnerlichen und umsetzen sollte (siehe WOLF & KAMPHUES 1995). Diese zehn Punkte sollen die hier gebotenen Empfehlungen zur Papageienernährung abschließen.

1. Bei Angebot üblicher Samenmischungen ist bei den untersuchten Papageienarten (Agaporniden, Amazonen,

Graupapageien und Kakadus) mit einer Futteraufnahme („Kerne") von durchschnittlich 7 % (Agaporniden) bzw. 3 bis 5 % (Kakadus, Amazonen, Graupapageien) der Körpermasse zu rechnen. Die absoluten Futteraufahme je Tag variierten um 4,5 g Trockensubstanz bei den Agaporniden bzw. etwa 10 bis 20 g bei Kakadus, Amazonen und Graupapageien.

2. Unter Berücksichtigung der Effekte des Schälens bzw. Entspelzens sollten daher pro Tier und Tag im Erhaltungsstoffwechsel etwa 8 - 12 g (Agaporniden) bzw. durchschnittlich 30 g (Kakadus, Amazonen, Graupapageien) Körnermischung angeboten werden (10 g Körnermischung entsprechen etwa einem gestrichenen Esslöffel).

3. Eine über den Bedarf zugeteilte Futtermenge führt neben einer „Futtervergeudung" (unnötig hohe Futterkosten) immer auch zur Gefahr der Selektion einzelner Sämereien und damit möglicherweise zur Aufnahme einer regelrechten „Monodiät".

4. Die Höhe des Futterverzehrs wird nicht nur vom Futter selbst, sondern auch von verschiedenen Einflussfaktoren wie z. B. Besatzdichte oder Käfiggröße (unterschiedliche Bewegungsaktivität) beeinflusst.

5. Beim Abschätzen der Nährstoffversorgung von Papageien ist stets zu berücksichtigen, dass die meisten Sämereien erst nach Schälen bzw. Entspelzen von den Vögeln aufgenommen werden. Für die tatsächliche Versorgung sind also letztlich die entsprechenden Nährstoffgehalte im „Kern" der Sämerei von Bedeutung (und nicht der ganzen, intakten Saaten).

6. Der Proteinbedarf der Papageien dürfte im Erhaltungsstoffwechsel vermutlich bereits bei Angebot üblicher

Sämereienmischungen gedeckt sein, so dass eine Ergänzung mit Produkten tierischen Ursprungs (proteinreich!) meist zu einer unnötig hohen Proteinaufnahme und den damit verbundenen gesundheitlichen Risiken führt. Im Leistungsstoffwechsel (Wachstum, Mauser) sind entsprechende Gaben hingegen - insbesondere im Hinblick auf eine ausreichende Zufuhr an schwefelhaltigen Aminosäuren - erforderlich.

7. Bei Angebot so genannter als „Alleinfutter" deklarierter Mischfuttermittel ist der Bedarf der Papageien nicht immer gedeckt, so dass entsprechende Ergänzungen (z. B. durch Mineralien und/oder Vitamine) vorzunehmen sind.

8. Aufgrund der teils unbefriedigenden Mineralisierung handelsüblicher Mischfuttermittel empfiehlt sich der Einsatz mineralischer Produkte, die insbesondere die Calciumversorgung der Papageien sichern (Eischalen, Sepia, $CaCO_3$-Steinchen usw.).

9. Die Zufütterung von Obst stellt in erster Linie eine Zufuhr an Vitaminen bzw. Flüssigkeit dar, während die Mineralstoffgehalte eher maginär und für die Versorgung kaum bedeutsam sind.

10. Die absolute Wasseraufnahme über die Tränke bei Angebot von Sämereienmischungen betrug durchschnittlich 10 ml bei Agaporniden, 15 ml bei den Kakadus und zwischen 17 und 35 ml bei Amazonen und Graupapageien. Durch das parallele Angebot von Obst (Apfel, Orangen) stieg der Wasserkonsum der Amazonen und Graupapageien insgesamt auf bis zu 40 ml/Tier und Tag an, wobei der Umfang des über die Tränke aufgenommenen Wassers deutlich zurückging.

Kapitel IV
Der Papagei als Patient

Wenn Papageien krank werden

Die meisten Papageienarten reagieren relativ empfindlich auf falsche Haltungsbedingungen und werden dann recht anfällig für bestimmte Krankheiten (z. B. Aspergillose). Durch entsprechende hygienische und vorbeugende Maßnahmen lassen sich Krankheiten allerdings minimieren, leider jedoch nicht ganz ausschließen. Daher soll an dieser Stelle auch nicht auf die Beschreibung der bei Papageien am häufigsten auftretenden Krankheiten, ihrer Ursachen und Möglichkeiten zu einer Erst-Diagnose verzichtet werden. Um jeglichen Versuchen einer eigenständigen Therapie von auftretenden Krankheiten entgegenzuwirken, wurde bewusst auf die Beschreibung von Behandlungsmethoden verzichtet.

Wird ein Vogel krank, ist ohne Verzögerung die Hilfe eines fachkundigen Tierarztes in Anspruch zu nehmen, da nur er ausreichend ausgebildet und ausgerüstet ist, um Vogelkrankheiten erfolgreich zu therapieren. Eigenständige Behandlungen sind absolut nicht im Sinne der erkrankten Tiere und führen häufig zu Misserfolgen, die im schlimmsten Falle den Tod des Vogels zur Folge haben. Leider ist die Zahl der Fachtierärzte für Geflügel- und Vogelkrankheiten sehr begrenzt, so dass es wichtig ist, entsprechende Ansprechpartner schon beim Erwerb eines Tieres in Erfahrung zu bringen. Auf der Internetseite *www.papageien-und-sittiche.de* hat das Institut für Papageienforschung e.V. entsprechende Listen hinterlegt. Auf diese Weise kann man im Ernstfalle unverzüglich handeln.

Das ein Vogel krank ist, kann man an folgenden Kriterien recht einfach sehen, sofern man mit dem Normalverhalten seiner Tiere vertraut ist: auffallend großes Schlafbedürfnis, dauernd aufgeplustertes Gefieder, trübe Augen, feuchte oder verklebte Nasenlöcher, dauerhaft veränderter Kot, mangelnde Bewegungs- und Reaktionsfreudigkeit, nachlassende Fresslust.

Das Erkennen der zugrunde liegenden Krankheit ist natürlich aufgrund dieser Beobachtungen nicht möglich. Hierzu bedient sich der Tierarzt verschiedener, in den letzten Jahren erheblich verbesserter Diagnosemethoden aus dem Bereich der Endoskopie, Röntgentechnik, Parasitologie, Mikrobiologie, Virologie, sowie Blut- und Kotuntersuchungen. Die richtige Diagnose ist Grundvoraussetzung für eine erfolgreiche Behandlung, die Krankheitsursache innerhalb des Haltungssystems kann in der Regel nur mit Hilfe des Vogelhalters ermittelt werden. Nur er kennt die genauen Bedingungen und kann durch eine detaillierte Beschreibung den Tierarzt bei seiner Arbeit unterstützen. Die langfristige Behandlung der Tiere erfolgt in der Regel beim Halter selbst und sollte strikt nach den Anweisungen des behandelnden Tierarztes erfolgen.

So entstehen Krankheiten

Ansteckenden Erkrankungen von Mensch und Tier werden vor allem durch Viren, Bakterien und Pilze verursacht. Erst das Eindringen dieser Keime in den menschlichen oder tierischen Organismus führt zu einer Ansteckung, zur Infektion. Infektion ist jedoch noch nicht gleichbedeutend mit Infektionskrankheit. Jedes Tier kann zu einem beliebigen Zeitpunkt infiziert sein, ohne an der entsprechenden Krankheit zu leiden, d. h. äußerlich sichtbare Anzeichen einer Krankheit zu zeigen. In unserer Umwelt befinden verschiedenste Krankheitserreger in millionenfacher Zahl. Sie kommen in der Luft, im Wasser und im Erdreich vor. In der Regel besteht ein gewisses Gleichgewicht zwischen ihnen und der Abwehr des Organismus. Wird dieses Gleichgewicht durch

Verletzung oder Schwächung des Körpers gestört, kann es zu einer Erkrankung kommen. Voraussetzung für die Entwicklung einer Infektionskrankheit ist demnach die Empfänglichkeit des Tieres gegenüber den Erregern.

Die Übertragung der Krankheitskeime von einem kranken auf ein gesundes Tier ist auf verschiedene Weise möglich. Bei den wenigsten Infektionskrankheiten ist ein unmittelbarer Kontakt erforderlich. Auch außerhalb des Tierkörpers bleiben die Keime in dem ihnen zusagenden Milieu lebens- und ansteckungsfähig. Meist gelangen sie durch die Ausscheidungen kranker Tiere wie durch Kot, Urin, Speichel oder Wundabsonderungen an die Außenwelt. Bei verschiedenen Krankheitskeimen kann deren Verbreitung durch äußerlich gesund erscheinende Tiere erfolgen. Es sind die Keimträger, die die Erreger, ohne selbst krank gewesen zu sein, beherbergen und ausscheiden.

Zwischen der Aufnahme der Krankheitskeime und dem Auftreten der für die Erkrankung typischen Symptome liegt eine oft charakteristische Zeitspanne, die so genannte Inkubationszeit. In dieser Zeit vermehren sich die Erreger und breiten sich im Organismus aus.

Die körperliche Verfassung, in der sich das Tier zum Zeitpunkt der Infektion befindet, kann darüber entscheiden, ob ein Tier erkrankt oder nicht. Schlechte Fütterung, Erkältungen, Parasitenbefall, Stress und ähnliche Einflüsse reduzieren die Widerstandskraft des Organismus. Verfügt der Papagei noch über genügend Abwehrkräfte, so bleiben die Krankheitskeime oftmals erfolglos.

Zu den Krankheitserregern gehören Bakterien, Pilze, Viren und Einzeller. Die Form und Größe der Bakterien ist sehr unterschiedlich. Sie können in Kugelform auftreten und formieren sich zu Trauben oder Ketten. Andere wieder haben die Grundform eines Stäbchens. Bakterien können so genannte Sporen bilden. Diese kugeligen oder ovalen Gebilde besitzen eine außerordentlich widerstandsfähige Membran, die sie gegen äußere Einflüsse, wie Austrocknung durch Hitze oder Sonnenlicht, schützt. Außerhalb des Tierkörpers bleiben sie lange Zeit ansteckungsfähig und können noch nach mehreren Jahren zu einer Infektion führen.

Zu den niederen Pilzen gehören eine Anzahl von Krankheitserregern, die u. a. für Erkrankungen der Atemwege (Aspergillose) und ähnliches verantwortlich sind. Sie sind wesentlich größer als Bakterien und wachsen stets in Zellverbänden, wobei die einzelnen Pilzfäden ein dichtes Geflecht bilden. Sie vermehren sich durch Sporen, die sehr viel aushalten und entsprechend schwer zu bekämpfen sind.

Unter Viren verstehen wir Krankheitserreger, die meist so klein sind, dass sie sich nicht mehr unter einem gewöhnlichen Mikroskop erkennen lassen. Einige von ihnen können mit Hilfe des Elektronenmikroskops sichtbar gemacht werden. Dabei handelt es sich im Wesentlichen um bestimmte Eiweißmoleküle (Nukleoproteide), die in ihrem Aufbau den Trägern der Erbanlagen - den Genen - ähneln. Sie weisen sowohl Eigenschaften des Lebens als auch solche der unbelebten Materie auf. Von den Bakterien unterscheiden sie sich nicht allein durch ihre Größe. Sie vermögen sich nicht selbständig zu vermehren. Ihre Weiterentwicklung ist an lebende Zelle gebunden, die sie zwecks Vermehrung befallen. Die Viren verfügen weder über eindeutig pflanzliche noch über tierische Merkmale. Auch Viren sind bemerkenswert widerstandsfähig gegen Hitze und Kälte.

Die Protozoen sind einzellige Lebewesen, die zum Tierreich gehören. Sie befallen bestimmte Gewebszellen oder die Blutkörperchen und entwickeln sich auf Kosten des befallenen Organismus. Sie sind z. B. für die Krankheit Kokzidiose verantwortlich.

Verhütung von Krankheiten

Wenn man neue Papageien erwirbt, sollte man sich die Tiere vor dem Erwerb ausreichend anschauen oder am besten vom Tierarzt untersuchen lassen. Seriöse Züchter stimmen gerne dieser Ankaufsuntersuchung für Papageien zu. Fällt die Kaufentscheidung, sollte man die ausgewählten Tiere selbst in eigenen Transportbehältern abholen. Natürlich erwirbt man nur gesunde und futterfeste Tiere.

Um die Einschleppung von Keimen in den eigenen Bestand zu vermeiden sollte grundsätzlich eine Quarantäne von 4-12 Wochen durchgeführt werden. Innerhalb dieser Phase sind folgende Maßnahmen zu empfehlen: zwei Kotproben, Vitamingaben, Entwurmung sowie evtl. weiterführende Untersuchungen bei Verdachtsmomenten. Hält man größere Bestände, sollte man strikt eine räumliche Trennung von Zucht-, Quarantäne- und Krankenabteil einhalten.

Natürlich benötigt man für jedes Abteil eigenen Gerätschaften und Futter, damit z. B. aus der Krankenstation nichts in den gesunden Bestand eingeschleppt werden kann. Durch eine sog. Hygieneschleuse lässt sich dies effektiv vermeiden. Am besten betritt man die Räume nur mit desinfizierten Schuhen (Desinfektionsbad) und eigener Kleidung (z. B. einen Overall). Nach der Arbeit in einem Raum sollte man seine Hände waschen und desinfizieren. Zu den täglichen Pflegemaßnahmen gehört das Überwachen des Gesundheitszustandes aller Tiere (intensives Beobachten), groben Schmutz entfernt man mit einer Bürste und den Boden harkt man oberflächlich durch und entfernt Kotballen und sonstige Verunreinigungen.

Man gibt im Optimalfall zweimal täglich frisches Wasser und spült Behälter aus und trocknet sie mit einem sauberen Tuch ab. Natürlich füttert man nur aus sauberen Näpfen (zwei Sets sind empfehlenswert), Futterreste sind zu entfernen, die Temperatur und Feuchtigkeit in der Anlage sind zu überwachen, in der Brutzeit sind Nistkästen zu kontrollieren und die Elterntiere zu beobachten, frisches Badewasser ist auch täglich zu reichen oder man sprüht die Tiere täglich mit Wasser ab.

Wöchentlich widmet man sich dem Reinigen und Spülen von Stangen, Futter-, Trink- und Badegefäßen. Ferner säubert man die Voliere, erneuert Sand und Einstreu.

Monatlich sollte man die Futter- und Wassernäpfe zunächst gründlich mechanisch reinigen und dann auch desinfizieren. Die Vögel unterzieht man einer Parasitenkontrolle.

Vierteljährlich sind dann die Volieren und Stangen zu desinfizieren. Äste und Zweige können am besten komplett erneuert werden. Den Volierenbelag, sofern es sich um einen Naturboden handelt, trägt man 20 cm ab und ersetzt ihn durch neuen. Alle sechs Monate (mindestens aber jährlich) empfiehlt es sich, eine Kotprobenuntersuchung (parasitologisch, evtl. bakteriologisch) anfertigen zu lassen.

REINIGUNG & DESINFEKTION

Käfige, Volieren, Einrichtungsgegenstände und Arbeitsgeräte müssen regelmäßig gereinigt werden, damit die Entwicklung von Schadgasen (Ammoniak, Schwefelwasserstoff etc.) vor allem aus dem Kot vermieden wird. Ferner sorgt die regelmäßige Entfernung von pathogenen Keimen, Pilzsporen, Bakterien und Viren für eine Reduzierung der Krankheitsgefahr. Parasiten und deren Dauerformen, Wurmeier, Kokzidienoozysten, Trichomonaden, Giardien u. ä. Risikofaktoren werden ebenfalls beseitigt.

In einer gereinigten Voliere fällt auch weniger Staub durch angetrockneten Kot und Federstaub an, was zum einen die Vögel, zum anderen aber auch den Halter schützt. Vogelvolieren können bedeutende Quellen für Hausstaub sein, was zu Allergien und zur Belastung der Atemwege führen kann (so genannte Vogelhalterlunge).

Zunächst wird die Voliere und deren Bestandteile mechanisch z. B. mit Bürste, Spachtel und Besen gereinigt. Dabei geht man immer von oben nach unten vor. Zum Einweichen der verunreinigten Oberflächen setzt man heißes Wasser (ca. 40°C) oder eine etwa dreiprozentige Seifenlösung ein, die man für etwa drei Stunden einwirken lässt. Ferner sind Dampfstrahler geeignet, die mit niedrigem Druck (10 bar) auch den widerspenstigsten Dreck entfernen helfen. Das Abwaschen geschieht dann anschließend am besten mit einem Schlauch oder Dampfstrahler bei 50-80 bar. Die Voliere lässt man dann gut abtrocknen und entfernt das Schmutzwasser aus der Voliere. Unter Desinfektion versteht man die gezielte Abtötung bestimmter Mikroorganismen. Man kann eine physikalische Desinfektion von einer chemischen unterscheiden.

Bei der physikalischen Desinfektion kann man z. B. kochendes Wasser mit 0,5% Soda einsetzen, ferner dienen in bestimmten Fällen Feuer (Lötlampe), Dampfstrahler, UV-Licht (nicht im Tierbereich!) und Ionisatoren der physikalischen Desinfektion.

Von chemischer Desinfektion spricht man, wenn Chemikalien unterschiedlichster Form bei der Reinigung eingesetzt werden. Für Volieren eignen sich vor allem Aldehyde (Formaldehyd, Acetaldehyd, Glutaraldehyd), die Eiweiß und Nukleinsäuren (RNA) denaturieren sowie kationische Netzmittel (Quartäre Ammoniumverbindungen). Vor der Desinfektion muss man immer erst die Voliere reinigen, um glatte, saubere Oberflächen zu bekommen. Ferner muss die zu reinigende Fläche trocken sein, damit kein Verdünnungseffekt die Wirkung des Desinfektionsmittels abschwächt. Natürlich sind die Gebrauchskonzentration und Einwirkzeit entsprechend der Herstellerangaben strikt zu beachten. Gleiches gilt für die Sicherheitsvorschriften, denn viele Desinfektionsmittel sind auch für den Menschen nicht unbedenklich. Weiterhin weisen bestimmte Mittel ab bestimmten Temperaturen einen Wirkungsverlust auf. Aldehyde zeigen diesen ab 15°C, wirken ab 10°C nur noch sehr schlecht. Gegebenenfalls ist der Volierenraum zu heizen. Am besten lässt man sich von einem fachkundigen Tierarzt beraten.

ERSTE HILFE-MAßNAHMEN

Natürlich muss man kranke Vögel immer von gesunden absondern, um mögliche Ansteckungsgefahren zu reduzieren. Ferner braucht ein kranker Papagei viel Ruhe. Vögel, die durch Krankheit oder nach einem Unfall geschwächt sind, haben einen erhöhten Wärme- und Flüssigkeitsbedarf. Eine Infrarotlampe kann da Abhilfe schaffen. Am besten stellt man diese einen bis anderthalb Meter vom Vogel entfernt auf. Man achte darauf, dass die Temperatur unmittelbar am Vogel 38 °C nicht überschreitet.

Das angebotene Futter sollte leicht verdaulich sein. Wasser, das man noch mit etwas Honig versehen kann, muss auch vorhanden sein. Damit der Vogelpatient frisst, kann man ihm sein Lieblingsfutter reichen. Es geht hier nicht um eine optimale Haltung, sondern nur darum, den Vogel etwas zu Kräften kommen zu lassen.

Blutungen z. B. nach Beißereien können in der Regel mit Hilfe durch Druck mit den Fingern oder mit einem Verband sowie durch blutstillende Watte vom Tierarzt gestoppt werden. Bei kleineren Verletzungen, die den Vogel nicht ernsthaft bedrohen, stoppt die Blutung sehr schnell von alleine. Man sollte den Papageien daher nicht unnötig bedrängen und ihn nur beobachten.

Ist ihr Papagei gegen eine Fensterscheibe geflogen kann ein Knochenbruch oder eine Gehirnerschütterung vorliegen. In diesem Fall ist das Tier unbedingt ruhig zu halten. Dazu kann man es in einen Pappkarton setzen oder in einen abgedeckten Käfig. Der Bodeneinstreu sollte allerdings vorher entfernt werden, um Verschmutzungen zu vermeiden. Schrecksituationen jeglicher Art sind zu vermeiden. Gleich nach dem Unfall sollte kein Futter und Wasser angeboten werden, da dies u. U. zum Ersticken führen kann. Der Tierarztbesuch ist nun unumgänglich.

Verbrennt sich das Tier z. B. an einer heißen Herdplatte, kühlt man die betroffenen Stellen sofort unter fließendem Wasser für längere Zeit. Anschließend kann Brandsalbe aufgetragen werden. Auch hier sollte der Tierarzt aufgesucht werden.

Verunreinigungen des Gefieders durch Kleber, Farben, Lacke lassen sich teilweise mit weichen Tüchern aufsaugen. Hierbei muss man den Lappen unbedingt in Richtung der Federfahne arbeiten. Ein Bad mit mildem Shampoo entfernt dann den Rest. Klebstoffe (z. B. von Fliegenfängern) im Gefieder werden mit Äther entfernt oder mit mildem Shampoo ausgewaschen. Eine Reinigung ist oft sehr kompliziert durchzuführen, so dass man besser die Hilfe einer zweiten Person in Anspruch nehmen sollte. Gelingt die Reinigung nicht, sollte der Tierarzt um Hilfe gebeten werden.

Entflogene Käfigvögel sind in der Regel nicht in der Lage, längerfristig ohne Menschenhilfe zu überleben. Fängt man einen entflogenen Papageien, muss er schnellstmöglich zum Fressen gebracht werden, da er vermutlich schon sehr geschwächt ist. Auch ein Gang zum Tierarzt sollte erfolgen! Das gefundene Tier wird in einen geeigneten Käfig gesetzt, Wasser und artgerechtes Futter werden angeboten. Das Futter wird nur in kleinen Portionen zugeteilt, um einer eventuellen Kropfüberladung nach längerer Hungerphase vorzubeugen. Den hier besprochenen Erste-Hilfe-Maßnahmen sollte grundsätzlich ein Tierarztbesuch folgen.

UMGANG MIT KRANKEN VÖGELN

Entsteht beim Halter nach ausgiebiger Beobachtung eines Tieres der Eindruck es sei erkrankt, sollte er es so behutsam wie möglich aus der Unterkunft entfernen, um zum einen eine weitere Ausbreitung von Krankheitskeimen zu verhindern, zum anderen muss der Vogel ja einem fachkundigen Tierarzt vorgeführt und anschließend behandelt werden.

Vor allem bei größeren Beständen empfiehlt sich der Bau oder Erwerb eines speziellen Krankenkäfigs, der nur eine Gitterfront hat (Kistenkäfig), relativ klein ist (, um unnötige Bewegungen des geschwächten Tieres zu vermeiden) und so eine Behandlung z. B. mit Rotlicht vereinfacht durchgeführt werden kann. Für kranke Vögel ist eine relativ hohe und gleichmäßige Temperatur von etwa 28 - 33°C zu empfehlen. Ständig muss frisches Trinkwasser und leicht verdauliches Futter geboten werden. Der Käfig sollte unbedingt in einem ruhigen Raum gestellt werden, damit der geschwächte Papagei keinen zusätzlichen Belastungen ausgesetzt ist. Der Boden des Käfigs sollte mit Zeitungspapier oder anderen leicht auswechselbaren Materialien ausgelegt werden. Dies erleichtert Kotprobenentnahmen und beschleunigt die Käfigreinigung. Eventuell empfiehlt sich ein Gitter über dem Boden, damit der Vogel nicht mit seinem infektiösen Kot in Berührung kommt. Stirbt ein Vogel während der Behandlung sollte man ihn unbedingt in ein veterinärmedizinisches Institut zur Untersuchung einschikken. Nur so wird man die wahre Todes- bzw. Krankheitsursache erfahren und kann entsprechende Maßnahmen ergreifen.

QUARANTÄNE

Nicht nur importierte Papageien (diese müssen nach den gesetzlichen Vorschriften einer Quarantäne unterzogen werden), sondern auch jeder Neuzugang in die eigene Voliere sollte eine Quarantäne durchlaufen, um den bereits vorhandenen Bestand vor Infektions- und Invasionskrankheiten zu schützen. Hierzu setzt man den Vogel in einen separaten Käfig in einem für die anderen Tiere unzugänglichen Raum. Hier hat man Gelegenheit, das neue Tier über längere Zeit zu beobachten, Kotproben zu entnehmen und es evtl. an ein neues Futter zu gewöhnen.

Ist nach vier bis sechs Wochen keine Krankheit feststellbar, kann der Papagei in die Volierenanlage integriert werden. Gerade Tiere, die verstärkten Stress-Situationen (Fangen, neue Umgebung u. ä.) ausgesetzt werden, haben ein geschwächtes Immunsystem und sind somit anfälliger für so genannte Faktorenkrankheiten. Eine freiwillige Quarantäne empfiehlt sich daher in jedem Falle.

Häufige Krankheiten

PSITTAKOSE (PAPAGEIENKRANKHEIT)

Bei der Psittakose handelt es sich um eine auf den Menschen übertragbare Infektionskrankheit der Vögel, die durch „Chlamydia psittaci" ausgelöst wird. Dieser Erreger nimmt eine Sonderstellung im System zwischen den Viren und den Bakterien ein. Da die Chlamydien aber für bestimmte Antibiotika anfällig sind, werden sie heute den Bakterien zugeordnet. Obwohl es sich jeweils um denselben Erreger handelt, spricht man bei Papageien von „Psittakose" und bei allen anderen Vögeln von „Ornithose". Es ist also zu bedenken, dass bei Freivolierenhaltung Psittakose-Erreger über Wildvögel in den Bestand eingeschleppt werden können. Bei der Psittakose handelt es sich um eine anzeigepflichtige Krankheit. Eine Ansteckung mit Chlamydien kann über viele Wege erfolgen, da der Erreger in allen Körperausscheidungen eines infizierten Tieres enthalten ist. Mögliche Infektionswege sind u. a. die Atemluft, das Futter, das Beknabbern von Gegenständen, die Partnerfütterung, Kot, Fanghandschuhe etc. Die Inkubationszeit der Psittakose wird mit 3 bis 30 Tagen angegeben. Leider kommt es meist nicht zu sichtbaren Krankheitsanzeichen, so dass die Krankheit sich in einem großen Bestand unbemerkt ausbreiten kann.

Als unspezifische Krankheitsmerkmale können Aufplustern, Mattigkeit, Zittern, angestrengte Atmung, Durchfall, einseitigen Augen- und (selten) Nasenausfluss beobachtet werden. Der Tod tritt dann meist nach 8 bis 14 Tagen ein. Beim Menschen ruft Chlamydia psittaci eine grippeähnliche Erkrankung hervor. Im Falle einer solchen Erkrankung sollte man den Hausarzt auf die Vogelhaltung hinweisen. Es hat sich gezeigt, dass sich Kotuntersuchungen nur bedingt für eine zuverlässige Bestimmung des Psittakosebefalls eignen. Die nach diesen Tests als „chlamydienfreie" Tiere gehandelten Vögel werden u. a. als Ursache der unbefriedigenden Seuchenlage nach einer Jahrzehnte lang straff angewandten Psittakoseverordnung angesehen. Vorzuziehen sind Spezial-Tupferproben von der Lidbindehaut und dem Rachen. Als Sicherheitsmaßnahme sollte man den Papageienbestand regelmäßig auf Chlamydien untersuchen lassen. Bei zugekauften Vögeln sollte immer ein Test erfolgen. Für eine Behandlung befallender Bestände gibt es inzwischen hochwertige Antibiotika mit geringen Nebenwirkungen und mit einer sehr guten Eignung für eine Bestandstherapie über das Trinkwasser. Psittakoseerreger können sehr lange überleben, so dass die Reinigung und Desinfektion der gesamten Voliere äußerst wichtig wird.

EKTOPARASITEN (FLÖHE, ZECKEN, MILBEN)

Die Krankheitszeichen variieren je nach Parasitenart; bei der „Roten Vogelmilbe": Schwächezustände vor allem bei Nestlingen, evtl. Verlassen des Nestes der Elterntiere, Schleimhäute der Mundhöhle verblassen aufgrund des Blutverlustes; bei der „Nordischen Vogelmilbe": vor allem Fraßschäden am Gefieder, ständige Beunruhigung der befallenen Tiere; Symptome ähneln sich bei den meisten Ektoparasiten stark. Ursache können verschiedene im Gefieder der Tiere parasitierende Organismen (Milben, Zecken, Läuse) sein, die teilweise tag- aber auch nachtaktiv sind. Ektoparasiten ernähren sich von Federmaterial, Schuppen oder Blut. Vorbeugend empfiehlt sich eine regelmäßige Reinigung und Desinfektion der Voliere, sowie des gesamten Voliereninventars. Neue Tiere sollten zunächst auf Ektoparasiten kontrolliert werden. Ist ein Befall feststellbar, stehen verschiedene Insektizide zur Verfügung, mit denen der betroffene Vogel behandelt bzw. die Unterkunft gereinigt wird. Natürlich dürfen nur solche Insektizide verwendet werden, die für den Vogel nicht schädlich sind (im Fachhandel oder beim Tierarzt erhältlich).

KROPFENTZÜNDUNG

Bei einer Kropfentzündung kommen Jodmangel, Infektion von Bakterien, Pilzen oder Parasiten, verdorbenes Futter, Trink- oder Badewasser, Erkältung (Durchfall), Fütterungsreiz und Überfressen sowie Kropfverstopfung als Ursache in Betracht. Ohne tierärztliche Hilfe besteht Lebensgefahr für den betroffenen Graupapageien.

Durch übermäßigen Verzehr von schwer verdaulichem Grünfutter kann es zu einer Kropfverstopfungen kommen.

Fremdkörper können den Kropf ebenso schädigen (z. B. vom Käfig oder Spielzeug abgenagte Plastikteile). Es kann zu Entzündungen, Verletzungen und Infektionen kommen. Als Symptome kommen Husten, Schnupfen, Niesen, Kopfschütteln mit Schleimabsonderung (durchsichtig bis weißlich), verklebte Nasenlöcher, verklebtes Gefieder am Kopf, schweres Atmen, Durchfall, Mattigkeit, ein angeschwollener Kropf, ein struppiges Gefieder sowie Gewichtsverlust vor.

WURMBEFALL

Spezifische Krankheitserscheinungen fehlen, jedoch sitzen betroffene Papageien oft aufgeplustert in der Voliere, magern langsam ab, haben einen geringen Appetit. Manchmal sondern erkrankte Papageien schleimigen Kot ab. Erkennen kann man Wurmbefall vor allem, wenn ein Stück des Parasiten aus der Kloake hängt oder man Bandwurmglieder im Kot entdecken kann. Ursache sind verschiedene Saug- und Rundwürmer. Bandwürmer benötigen zu ihrer Entwicklung einen Zwischenwirt (z. B. Insekten), in denen sich die sog. Finne entwickeln kann. Nimmt ein Papagei eine solche Finne mit der Nahrung auf, setzt der Parasit seine Entwicklung in ihm fort. Eine Direktübertragung von Vogel zu Vogel ist demnach nicht möglich. Haarwürmer benötigen teilweise ebenfalls einen Zwischenwirt, manche Arten haben allerdings einen direkten Lebenszyklus (ohne Zwischenwirt). Die Eier der Haarwürmer werden mit dem Kot des Wirtes ausgeschieden und können so auf andere Tiere übertragen werden, die mit diesem in näheren Kontakt kommen. Spulwürmer haben einen direkten Lebenszyklus und werden als Larve, die bereits im Ei außerhalb des Wirtes gebildet werden, durch die Vögel aufgenommen. Die Würmer beschädigen z. B. die Darmschleimhaut bzw. Darmwände, erschweren die Nahrungspassage im Darm, entziehen dem Vogel lebenswichtige Nährstoffe aus dem Darm und können bei Massenvermehrung zu einem Darmverschluss führen (Spulwürmer). Mehrmals jährlich durchgeführte Kotproben können ein rechtzeitiges Eingreifen ermöglichen. Die Unterkünfte sollten regelmäßig gereinigt und desinfiziert werden.

KOKZIDIOSE

Infizierte Vögel sitzen zusammengesunken und aufgeplustert auf den Sitzstangen oder am Volierenboden. Sie schlafen viel, fressen wenig und magern ab. Der Kot ist wässrig bis schleimig und manchmal blutdurchsetzt. Die Afterfedern sind häufig verschmutzt. Kokzidien sind einzellige Darmparasiten, die in der Darmschleimhaut der Vögel leben und dort schwere Entzündungen einhergehend mit Darmblutungen hervorrufen. Kokzidien sind vom Tierarzt aufgrund einer Kotuntersuchung nachzuweisen. Eine entsprechende Hygiene bei der Vogelhaltung hält solche Erkrankungen glücklicherweise in Grenzen.

LEGENOT

Das Weibchen ist nicht in der Lage, ein ausgebildetes, legereifes Ei selbständig abzusetzen. Damit verbunden ist eine hochgradige Beeinflussung des Wohlbefindens, ständiges Pressen der Bauchdecke und das Absetzen großer Kothaufen, nicht selten mit Blutanteil. Die Ursachen können verschiedenartig sein. Vor allem bei sehr jungen Weibchen kann es zur Legenot kommen, wenn das Becken noch sehr eng ist. Auch Fütterungs- und Haltungsfehler (z. B. Kälte, Nässe, Mangelernährung), übergroße und rauschalige Eier, hormonelle Störungen, sowie Entzündungen und Veränderungen des Eileiters und starke Verfettung der Weibchen können hierfür verantwortlich gemacht werden. In jedem Falle ist unverzüglich ein Fachtierarzt aufzusuchen.

PILZINFEKTIONEN

Pilzinfektionen gehen meist auf die allgegenwärtig vorkommenden *Aspergillus*-Gattungen (*Asp. fumigatus, Asp. flavus* u. *Asp. niger*; aber auch *Mucor* sp. und *Penicillium* sp.) zurück, so dass man oft von „Aspergillose" spricht. Besonders bei Graupapageien und Amazonen ist die Aspergillose eine der häufigsten Erkrankungen und Todesursachen. Die Pilzsporen gelangen auf dem Atemwege in die Atmungsorgane (obere Luftwege, Lunge, Luftsäcke) des Vogels und vermehren sich im dortigen Gewebe.

Wie sich die Krankheit deutlich macht, ist von der Lokalisation und dem Schweregrad der Veränderungen abhängig. Plötzliche Todesfälle ohne vorheriges Beobachten von Krankheitsanzeichen sind relativ selten. Teilnahmslosigkeit, Schwäche und Abmagerung, sowie glanzloses und gesträubtes Gefieder sollten immer die Aufmerksamkeit des Halters erregen. Durch den Pilzbefall entstehen sog. Mykotoxine, also Giftstoffe, die zentralnervöse Störungen hervorrufen können. Weiterhin kann es zu Störungen des Magen-Darm-Traktes (z. B. Durchfall, Fressunlust, Würgen, Erbrechen) kommen. Auch die Leber, die Niere und das Herz werden betroffen.

Erst im fortgeschrittenen Stadium kann man Atemsymptome feststellen, die sich durch Erhöhung der Atemfrequenz und der Atemtiefe, dem Auftreten von Atemgeräuschen oder von Niesen ausdrücken. Oft atmet der Vogelpatient dann bei geöffnetem Schnabel und ausgestrecktem Kopf und wippt dabei mit dem Schwanz. Der Tierarzt kann einen Pilzbefall durch eine Röntgenuntersuchung feststellen. Hier können die beschriebenen Veränderungen am lebenden Vogel sichtbar gemacht werden. Einen Teil dieser Veränderungen (Luftsäcke und hinterer Rand der Lunge) kann man auch per Endoskop (z. B. bei der endoskopischen Geschlechtsbestimmung) sehen. Durch Abstriche aus der Luftröhre und durch Blutuntersuchungen kann sich der Tierarzt das Bild über das Ausmaß der Erkrankung machen.

Auslöser der Aspergillose bei Papageien sind sowohl mangelhafte Haltungsbedingungen (Hygiene, Luftfeuchte), als auch Fehler bei der Fütterung (z. B. sind Erdnüsse in Schalen meist voll mit Pilzsporen!). Papageien sind als Tropenvögel eine relative Luftfeuchtigkeit von über 80 % gewöhnt, müssen bei uns aber oft mit 30 – 40% Luftfeuchtigkeit leben. Als Folge trocknen die Schleimhäute der Atemwege aus und es besteht dann die erhöhte Gefahr eines Pilzbefalls. Es empfiehlt sich daher, die Vögel täglich abzuduschen.

Weitere Faktoren, die die Apergillose begünstigen, sind Stress, Vitaminmangel (besonders Vitamin A), schlechte Raumluft und Lichtmangel und ungenügende Bewegung. Bei letzterer werden die Atmungsorgane weniger ventiliert, was den eingeatmeten Pilzsporen erst die Möglichkeit zur Entfaltung gibt. Auch eine Behandlung mit Antibiotika kann als Nebeneffekt einen Pilzbefall auslösen. Antibiotikagaben greifen nämlich die normale Keimflora an und entfernen somit die natürlichen Gegenspieler der Pilze. Ferner werden somit auch die für die Vitaminbildung zuständigen Mikroorganismen beseitigt. Antibiotika sollten bei Vögeln daher stets zielgerichtet eingesetzt werden. Über empfehlenswerte Hygienemaßnahmen wurde bereits ausführlich berichtet.

Es sei noch einmal darauf hingewiesen, dass Erdnüsse nicht nur fetthaltig, sondern auch stark mit Pilzsporen belastet sind und daher am besten nicht ins Vogelfutter gehören! Es gibt leider nur wenige Firmen, die ein entsprechendes Papageienfutter ohne Erdnüsse vertreiben. Die Behandlung der Aspergillose ist immer noch problematisch. Sie besteht je nach Schweregrad und Ausmaß der Erkrankung in der Verabreichung Pilze bekämpfender Medikamente per Injektionsnadel, Futtersonde oder Inhalation. Eine Heilung im Sinne der Wiederherstellung des ursprünglichen Zustandes ist in vielen Fällen nicht möglich.

NEUROPATHISCHE DRÜSENMAGENERWEITERUNG DER PAPAGEIEN (NMD) oder „ARA-KRANKHEIT"

Die so genannte „Neuropathische Drüsenmagendilatation" (NMD), welche zuerst bei Aras beobachtet wurde und deshalb noch oft als „Arakrankheit" bezeichnet wird, kann auch andere Papageien betreffen. Erkrankte Individuen zeigen als ein Symptom in der Endphase der Krankheit einen an Fresssucht grenzenden Appetit bei gleichzeitiger Abmagerung. Im Kot kann der Halter dann oft unverdaute Körner feststellen. Meist treten häufiges Erbrechen, Durchfall und Apathie auf. Die NMD ist zurzeit unheilbar.

Am lebenden Tier kann der Verdacht auf das Vorliegen dieser fatalen Erkrankung zurzeit nur durch eine Röntgenuntersuchung bestätigt werden. Als Erreger kommt ein Virus in Frage. Ein akuter Krankheitsverlauf zeigt nach einer Inkubationszeit von ein bis vier Wochen plötzlich die erwähnten Symptome. Der verzögerte Krankheitsausbruch mit überwiegend Veränderungen des Verdauungstraktes hat eine Inkubationszeit von ca. drei Monaten. Das Virus wird vor allem mit dem Kot ausgeschieden und es konnte bei klinisch unauffälligen Vögeln über einen Zeitraum von mindestens 20 Monaten im Kot nachgewiesen werden. Meist kommt es dann zur klinischen Erkrankung und zum Tod, so bald der Vogel bestimmten Stressfaktoren ausgesetzt ist.

Natürlich kann ein infizierter und äußerlich gesund erscheinender Papagei weitere Tiere anstecken. Umso wichtiger ist es, dass man immer eine Quarantäne mit Neuerwerbungen durchführt. Zur Erregerverdünnung sind regelmäßige Reinigung und Desinfektion der Voliere empfehlenswert. Im Verdachtsfall sind Tiere, die mit dem erkrankten Tier in Kontakt standen oder in direkter Nachbarschaft lebten (z. B. Volierennachbarn mit Kontakt am Gitter) für ca. zwei Jahre isoliert zu halten.

FEDER-VERLUSTSYNDROM, PBFD-VIRUS-INFEKTION

Diese Erkrankung ist heute bei sehr vielen Psittaziden bekannt und wird durch ein so genanntes Circovirus hervorgerufen. Die PBFD tritt am häufigsten bei zwei bis dreijährigen Vögeln auf. Vögel, die in den ersten beiden Lebensjahren keinen Kontakt mit dem Virus hatten, scheinen daran nicht mehr zu erkranken.

Man kann zwischen einer akuten Form (bevorzugt bei Jungtieren kurz vor dem Ausfliegen) und einer chronischen Form unterscheiden. Letztere äußert sich durch abnormales Federwachstum, welches alle Federn, auch die Kopffedern, betrifft. Es treten sanduhrförmigen Einziehungen im Bereich neugebildeter Federn auf, wo es später dann häufig zum Abbrechen der betroffenen Federn kommt. Gelegentlich können deformierte Federn sowie Blutungen in den Federschäften beobachtet werden. Als weiteres Symptom kommt es in manchen Fällen zu Veränderungen der Schnabelscheide einhergehend mit einem vermehrten Längenwachstum sowie Gelb- und Graufärbungen. Das Schnabelhorn wird dann zunehmend brüchiger. Es entstehen Risse und teilweise können Teile des Schnabels abbrechen. Bei manchen Vögeln können auch Krallenveränderungen auftreten. Auch das Immunsystem wird durch die PBFD geschwächt, wodurch es zu einem starken Befall mit Bakterien und Pilzen kommen kann.

In der Regel sterben die Tiere innerhalb von zwei Jahren. Eine Behandlung ist nicht bekannt. Durch Verabreichung von Vitaminen und das Immunsystem stärkende Mittel sowie einer optimierten Fütterung kann aber der Allgemeinzustand und das Federwachstum unterstützt werden. Die Krankheit kann bei entsprechendem Verdacht am lebenden Vogel durch die Untersuchung von Federproben auf das Vorhandensein der erregertypischen Virus-DNS festgestellt werden (siehe auch unter Geschlechtsbestimmung). Durch Untersuchung der Neuzugänge während der Quarantäne kann man sich gegen eine Einschleppung der PBFD schützen.

PACHECOS KRANKHEIT, HERPESVIRUSINFEKTION

Diese Infektionskrankheit wird von papageienspezifischen Herpesviren hervorgerufen. Die Infektion kann akut und tödlich verlaufen. Der Erreger kommt meist durch zugekaufte Papageienvögel in den Bestand (Quarantäne!) und wird über den Kot übertragen. Im Zusammenhang mit Stress oder anderen Krankheiten begünstigenden Faktoren kommt es dann zu einem Ausbruch der Krankheit mit meist tödlichen Folgen.

Die Inkubationszeit wird mit vier bis sechs Tagen angegeben. Der akute Verlauf endet meist innerhalb weniger Stunden bis zu sechs Tagen tödlich. Zu den Krankheitssymptomen zählen Lethargie, Appetitlosigkeit, vermehrter Durst, teilweise Erbrechen und dünnflüssiger, intensiv gelber bis gelbgrüner oder blutiger Kot. Bei Verdacht kann der Tierarzt durch einen Bluttest die Krankheit aufspüren. Es gibt inzwischen Behandlungen der Krankheit, die zumindest den Schaden minimieren.

Trotzdem kann immer nur wiederholt werden, dass Vorbeugen besser als Heilen ist! Vögel sollten unter Quarantäne gestellt werden, wenn sie neu dem Bestand zugeführt werden sollen oder Krankheitszeichen zeigen. Eine serologische Blutuntersuchung bei Neuzugängen und im Altbestand sind anzuraten. Ein Schutzimpfstoff ist in den USA im Handel und wird dort mit Erfolg eingesetzt.

VERHALTENSSTÖRUNGEN BEI PAPAGEIEN

Verhaltensstörungen bei Papageien gehen wesentlich auf inadäquate Haltungsbedingungen zurück, die vor allem durch eine falsche Einstellung der Halter zu ihren Tieren hervorgerufen werden. Hier ist insbesondere die Einzelhaltung von Papageien zu nennen, die dem Wunsch nach einem zahmen, möglichst „sprechenden" Stubenvogel entspringt. Da sich diese Haltungsform jedoch keineswegs mit der Biologie der intelligenten und sozial lebenden Papageien in Einklang bringen lässt, kommt es zu krankhaften Störungen des Verhaltens der Vögel.

Papageien sind äußerst sensible und intelligente Lebewesen, die die Gesellschaft von Artgenossen suchen. In Natur leben sie in großen Familienverbänden zusammen, von denen sich Paare nur in der Brutphase entfernen, um ungestört Nachkommen großzuziehen. In Menschenobhut verliert der Papagei zwangsläufig seinen natürlichen Lebensraum, besonders Wildfänge leiden an der Zwangsumstellung ihres Lebensraums, und diese Entbehrungen führen in vielen Fällen zu psychischen Störungen. Es gilt das Motto: „Ein Papagei ist kein Papagei!".

Unter Verhaltensstörungen versteht man ein „abnormales" oder „gestörtes" Verhalten. Ein solches liegt dann vor, wenn das Tier atypische Auffälligkeiten im Verhalten zeigt, die von der „Norm" abweichen und eine physische Erkrankung als Ursache für das „Fehlverhalten" ausgeschlossen werden kann. Um Verhaltensstörungen zu erkennen, sollte der Vogelhalter zumindest die grundsätzlichen Verhaltensweisen der gepflegten Art kennen. Zu den häufigsten Verhaltensstörungen bei Papageien gehören Bewegungsstereotypien (z. B. lang andauerndes Kopfnicken, „Käfigumwanderungen", Verdrehen des Kopfes, „Tanzen" am Gitter oder auf der Sitzstange), verstärkte Lautäußerungen (so genanntes Dauerschreien), übermäßige Aggressionen, Federrupfen, sonstige atypischen Verhaltensweisen. Ein wichtiges Merkmal ist, dass die Verhaltensweisen immer über eine längere Zeit und scheinbar ohne ersichtlichen Grund ausgeführt werden.

Das „Sprechen" der Papageien sehe ich nicht als Verhaltensstörung an. Zwar sieht dieses Verhalten auf dem ersten Blick sehr unnatürlich aus, doch vermuten einige Wissenschaftler, aufgrund von Einzelbeobachtungen und Vergleichen mit Vögeln, die eine ähnliche Fähigkeit zur Lautimitation besitzen, dass es sich z. B. bei den Lautäußerungen der Graupapageien um eine Form des Duettgesangs handeln könnte. Der Duettgesang dient u. a. der Arterkennung, der Stärkung des Paarzusammenhaltes etc. Wenn dieses Verhalten ohne Zwang erworben und vorgeführt wird, ist es wohl eher als Anpassung an die Mensch-Tier-Beziehung zu sehen. Allerdings werden viele Papageien zwecks Sprachtraining einzeln gehalten. Dies führt wiederum dazu, dass gerade „Sprecher" häufig zu Verhaltensstörungen neigen.

Als Ursachen für Verhaltensstörungen gelten Stress, Angst und Frustrationen, die in der Regel auf unzureichende Haltungsbedingungen zurückgehen. Eine beengte Unterbringung führt z. B. zu Bewegungsmangel, eine unzureichende Ausstattung zu Langweile, ein unnatürlicher Hell-Dunkel-Rhythmus zu Schlafstörungen, das Abdecken des Käfigs zu Angstzuständen etc. Bei der langfristigen Einzelhaltung von Papageien kann man ab einem bestimmten Zeitpunkt mit hoher Wahrscheinlichkeit mit Verhaltensstörungen rechnen. Hält man ein sozial lebendes Tier ohne Kontakt zu Artgenossen, leidet es unter dieser Einsamkeit und Langeweile, bei geschlechtsreifen Tieren kommt noch sexuelle Frustration hinzu. Häufige Folgen sind Dauerschreien und Federrupfen, manchmal auch eine überhöhte Aggressivität gegenüber Menschen und später hinzu geführte Artgenossen.

Können andere Ursachen ausgeschlossen werden, sollten alle Haltungsbedingungen genau überprüft werden. Bei Einzelhaltung hilft nur die Vergesellschaftung mit Artgenossen, am besten vom anderen Geschlecht. Bei verhaltensgestörten Papageien muss man aber sehr vorsichtig dabei vorgehen, um nicht zusätzlichen Schaden anzurichten. Einfach in den nächsten Laden zu rennen, und einen Partner zu kaufen, ist nicht das Richtige. In vielen Fällen verstehen sich die Tiere nämlich nicht ohne weiteres und dann entsteht für die Tiere zusätzlicher Stress.

Gut ist es, wenn man z. B. mit Hilfe befreundeter Papageienhalter Tiere behutsam zusammenführen kann. Viele Halter haben überschüssige Einzeltiere, die für eine Vergesellschaftung in Frage kommen. Man sollte allerdings von vorneherein klären, wer im Endeffekt die verpaarten Papageien behält. Manche Vereine bieten auch einen Vergesellschaftungsservice an, bei dem Einzeltiere in Gruppen zusammengeführt werden, so dass eine weitgehend „freie" Partnerwahl erfolgen kann, ganz ähnlich wie in der Natur. Dies ist die erfolgversprechendste Methode Einzeltiere zu vergesellschaften.

Beim Institut für Papageienforschung e.V. wird dieser Service seit Jahre betrieben und die Erfolgsquote liegt bei rund 85 %. Rupfe konnten so ebenfalls in der Mehrheit der Fälle durch optimierte Haltung und Vergesellschaftung von ihrem Leiden befreit werden. Ein deutlicher Hinweis, dass das Rupfen in den aller meisten Fällen auf eine Einzelhaltung zurückgeht.

Liegt keine Einzelhaltung vor, und kommt es trotzdem zu Verhaltensabweichungen, muss die Fehlersuche sich vor allem auf die Haltungsbedingungen beziehen. Kann ein Tier Gifte (z. B. durch Beknabbern von Giftpflanzen) aufnehmen, gibt es Faktoren die Angst und Stress verursachen (z. B. andere Haustiere, ein lauter und hektischer Haushalt mit Kindern, häufiges Weiterreichen, mangelhafte Beschäftigung etc.)? Diese Faktoren müssen entdeckt und entsprechend abgestellt werden. Auch „Erziehungsmaßnahmen" wie Käfigabdecken, mit Wasser bespritzen oder gar Schlagen richten nur Schaden an, den Papageien erziehen kann man damit allerdings nicht. Die Verwendung von Psychopharmaka oder mechanische Hilfsmittel (z. B. Halskrause für Rupfer) können nur die Symptome, nicht aber die Ursachen bekämpfen. Ein Einsatz käme nur dann in Frage, wenn körperliche Schädigungen kurzfristig verhindert werden müssen.

Ernährungsbedingte Krankheiten

Fehlernährung wird allgemein als hauptsächliche Ursache einer Fettleibigkeit, des generalisierten Mangelsyndroms, von Gicht, einer Verkalkung der Nieren sowie anderer Organe und Gewebe (durch exzessive Nährstoffgehalte im Futter) sowie von Störungen in der Befiederung und Gesundheit der Haut angesehen. Noch häufiger führt die Fehlernährung zu einer Schwächung der körpereigenen Abwehr, was dann mit Symptomen wie Federpicken,

Kloakenvorfall, Legenot, Dauerlegen, einer Fremdkörperaufnahme, Verhaltensstörungen, insbesondere aber mit einer erhöhten Anfälligkeit für Infektionen mit Parasiten, Pilzen, Hefen, Bakterien oder Viren einhergeht.

Wie man Papageien richtig ernährt wurde bereits beschrieben. Es kann nicht oft genug wiederholt werden, dass eine unzureichende Ernährung heute zu den häufigsten und schwerwiegendsten Haltungsfehlern bei Papageien gehört. Dabei ist meist ein Mangel bestimmter Nährstoffe (z. B. Mineralien, Vitamin A) mit dem Überschuss an bestimmten anderen Inhaltsstoffen (z. B. Fetten) verbunden. Bei einer Ankaufsuntersuchung kann neben dem allgemeinen Gesundheitszustand auch eine sog. Gram-Färbung des Kotes aussagekräftig sein.

Die Darmflora der Papageien reagiert nämlich sehr sensibel auf Änderungen von Fütterungs- und Haltungsbedingungen. Auch die Anzahl der gelegten Eier, der Prozentsatz der befruchteten Eier, die Anzahl der ausgebrüteten Eier und überlebenden Küken sowie das Auftreten von Wachstumsstörungen (Schnabelweiche, Krummbeinigkeit, Probleme der Kropfentleerung, Kümmern, langsame Gewichtszunahmen, falsches Körpergrößen-/Gewichtsverhältnis, gestörte Federentwicklung, Schreien, Infektionen durch gram-negative Keime und Hefen sowie Verlustraten) sind deutliche Hinweise auf Fehler bei der Ernährung.

GRÜNDE FÜR MANGELERSCHEINUNGEN

Trotz Verabreichung von Multivitaminen und Mineralstoffen entstehen bei vielen Papageien teilweise Mangelerscheinungen, besonders in Zeiten erhöhten Bedarfs (Wachstum-, Zucht-, Brut- und Mauserperioden). Diese treten auch auf, wenn angebotene Futterarten verweigert werden oder, wenn wegen anderweitiger Störungen (Erbrechen, Durchfall, Leber-, Pankreas- oder Nierenfunktionsstörungen) die Verstoffwechselung bestimmter Futterbestandteile nicht gesichert ist. Außerdem können sich Inhaltsstoffe des Futters gegenseitig negativ beeinflussen.

Leider sind die für das Wirtschaftsgeflügel erarbeiteten Angaben für andere Vögel nicht unbedingt relevant. Somit ist es insgesamt schwer Mangelsituationen einzuschätzen. Mangelzustände resultieren aus einem Totalmangel an Futter, aus einem partiellen Mangel oder einer Unausgewogenheit bestimmter Futterbestandteile.

Erste Hinweise für das Vorliegen eines Mangelzustandes kann man gewinnen, wenn man einen Vogel ausgiebig betrachtet. Insbesondere ein glanzloses, lockeres, depigmentiertes Federkleid mit so genannten Stresslinien deuten auf Mängel in der Ernährung hin. Ferner erscheinen Haut, Augenlid, Nasenloch und Ohren oft trocken und schuppig, Schnabel und Nägel sind lang und rau, die Schnabelhöhle auffallend schleimig oder trocken, die Ränder der Zunge schwielig. Tiere mit Mangelzuständen sind relativ inaktiv und wirken lustlos, die Reproduktion ruht beziehungsweise Eier oder Embryonen zeigen Entwicklungsstörungen. Auch Federfressen und Kannibalismus werden zu diesem Symptomkreis gezählt. Treten solche Anzeichen auf, ist grundsätzlich ein Tierarzt zu konsultieren, der dann den Umfang und die Art des vorliegenden Mangelzustandes feststellen kann. Nur er kann eine sinnvolle Therapie einleiten. Es sei ferner erwähnt, dass solche Symptome auch bei anderen Krankheitszuständen auftreten, so dass in jedem Fall ein Tierarztbesuch fällig wird.

Bei einem Missverhältnis zwischen Futterangebot und Energieverbrauch spricht man vom vollkommenen Mangel oder Hunger. Hungerzustände bedeuten erhöhte Anfälligkeit für Infektionen. Normalerweise dürfte es in der

Papageienhaltung nicht zu Hungerzuständen kommen. Trotzdem kann es passieren, dass Tiere bestimmte Futtermittel verweigern, und wenn diese einen Großteil des angebotenen Futters ausmachen, besteht ein Risiko. Daher ist bei Futterumstellungen immer sehr behutsam vorzugehen.

Weitere Ursachen der Verweigerung der Futteraufnahme können auch schmerzhafte Veränderungen im Schnabel oder an der Zunge oder Schluckbeschwerden durch Veränderungen im Pharynxraum sein.

Unter bestimmten Umständen kann es auch zu einer Unterversorgung mit einzelnen Futterbestandteilen kommen. So kommt es bei Jungtieren manchmal zu einem Proteinmangel, wenn die fütternden Paare zu wenig Eiweißfutter erhalten. Getreide und Pflanzen enthalten wenig biologisch verwertbares Protein. Mais erfordert Ergänzung mit Methionin, Getreidekörner mit Lysin und Methionin, Sonnenblumenkerne mit Lysin, Grünpflanzen mit Methionin. Zuviel Methionin wirkt allerdings giftig. Ein Mangel an einzelnen Aminosäuren bewirkt manchmal eine erhöhte Futteraufnahme, Wachstumsstillstand, gestörte Befiederung. Kannibalismus kann Zeichen einer Proteinunterversorgung sein. Multivitamine und Aminosäuren, sowie ein erhöhter Proteingehalt des Futters z. B. durch gekochte Eier können Abhilfe schaffen.

Kohlenhydrate werden bei allen Körnerfressern reichlich angeboten, so dass es kaum zu Mangelsituationen kommt. Auch besteht kaum die Chance einer Unterversorgung mit Fetten, die reichlich in den verschiedenen Saaten und Nüssen enthalten sind. Auf Vitamine und Mineralien wird noch später eingegangen.

ÜBERFÜTTERUNG

Sehr viel häufiger als Mangelzustände tritt bei Papageien Überfütterung auf. Zur Überfütterung kommt es oft, da gehaltene Papageien im Gegensatz zu Wildvögeln zu wenig Bewegung haben. Besonders bei zuviel Sonnenblumenkernen und Nüssen und anderen stark ölhaltigen Sämereien (siehe auch „Ölsaaten") ist Vorsicht geboten.

Kampf dem Übergewicht

Wenn Papageien übergewichtig sind, steht man vor dem Problem, wie man sie auf das gewünschte Normalgewicht zurückbekommt. Zunächst sollte die Ursache für das Übergewicht herausgefunden werden. Häufige Auslöser sind:

- Mangelhafte Bewegung

- übermäßige Fütterung

- falsche Futterzusammenstellung

- Krankheiten (z. B. Tumore oder Lipome).

Hier ist eine Reduzierung des Körnerfutters nicht angebracht. Lassen Sie den betroffenen Vogel daraufhin untersuchen, wenn eine Diät nach wenigen Tagen erfolglos bleibt. Der folgende „Diät-Plan" soll Anregungen für eine verbesserte und abwechslungsreiche gesunde Ernährung bieten. Ist aber auch kein Allheilmittel, da eine Diät immer auf den Einzelfall abgestimmt werden sollte.

Man gebe (grundsätzlich!) keine menschlichen Nahrungsmittel (Schokolade, Chips, etc.). Leckerbissen wie Kräcker, Kekse und ähnliche Dinge werden weggelassen. Es handelt sich um ungesunde „Kalorienbomben", die grundsätzlich nicht an Papageien verfüttert werden sollten. Beim Abspek-ken sollte man zunächst auf eine drastische Reduzierung der täglichen Körnerration verzichten, sofern letztere sich nicht als völlig übertrieben erweist!

Wie bereits erwähnt, sollten Großpapageien pro Vogel rund 30 g bzw. Kleinsittiche und –papageien rund 12 g pro Tier und Tag bekommen. Ein zu schnelles Abnehmen zu-dem durch Hungern ist ungesund, da der Vogelorganismus unnötig geschwächt würde. Auch dürfen keine Hungertage eingelegt werden, da dies nicht mit dem Stoffwechsel und Energiehaushalt eines Papageien in Einklang zu bringen ist. Auf der anderen Seite muss das Körnerfutter natürlich re-duziert werden, wenn die empfohlene Menge deutlich über-schritten wird. Manchmal empfiehlt es sich auch zweimal kleine Portionen am Tag zu verfüttern. Manche Groß-papageien neigen dazu sich regelrecht voll zu stopfen, so-bald ihr Napf gefüllt wird. Dieses Fressverhalten ist unge-sund für den Kropf. Bietet man einen Teil des Körnerfut-ters als Keimfutter an, wird es leichter verdaulich und ist zusätzlich mit Vitaminen angereichert. Was man den Tie-ren an Körnerfutter wegnimmt, sollte man in Form von fri-schen Früchten wieder zuführen. Somit sind die Tiere ge-sättigt, nehmen aber weniger Energie zu sich.

Ferner sorge man für etwas Beschäftigung bei der Futter-suche und animiert somit zur Bewegung. So kann man Früchte an einer etwas unzugänglichen Stelle in der Volie-re aufhängen, so dass der Vogel zu ihnen hinfliegen muss. Dies hilft bei der Verbrennung überschüssigen Fettes. Fer-ner sollte man den Stubenvögeln täglichen Zimmerfreiflug (unter Aufsicht) gewähren. Zweige zum Benagen sorgen auch für Beschäftigung und Bewegung. Zahme Papageien kann man auch auf die Hand nehmen und etwas vom Käfig entfernt wieder auf diesen fliegen lassen. Das Fliegen sollte aber nicht erzwungen werden, indem man die Tiere durch plötzliche Bewegungen erschreckt oder ähnliches, da man so den Vogel zu sehr beunruhigt. Diese Maßnahmen sollten beim Abspecken der betroffenen Tiere helfen!

Wasserversorgung

Obwohl einige Wüsten bewohnende Sittiche metabolisches Wasser verwerten können, ist für alle Papageien stets frisches Wasser bereitzustellen. Bei Wassermangel kommt es ansonsten zu Gewichtsverlust, sowie Zunahme des Hämatokrits und des Plasmaproteins.

Vitaminmangel

Vitamine sind organische Verbindungen, die für die Erhaltung von Gesundheit und Leistungsfähigkeit lebensnotwendig sind. Der Bedarf ist bei den einzelnen Tierarten unterschiedlich hoch und abhängig von besonderen Leistungsbeanspruchungen wie Brutzeit, Wachstum, Mauser und Überwindung von Erkrankungen.

Vitaminmangelerscheinungen mit ernsten Folgen treten bei einer ausgewogenen, vielseitigen Ernährung relativ selten auf. Wachsende Vögel und Jungvögel sind gegen Unterversorgung mit Vitaminen, insbesondere mit Vitaminen A, D und E, empfindlicher als erwachsene Vögel. Eine ungenügende Vitaminversorgung mit Folgeschäden wird als Hypovitaminose bezeichnet. Das völlig Fehlen eines bestimmten Vitamins im Futter führt zu einer so genannten Avitaminose.

Die Hauptform der Vitaminmangelschäden sind Hypovitaminosen. Sie entstehen bei dauernder antibiotischer Therapie, z. B. im Rahmen einer Psittakose-therapie. Durch Schädigung der bakteriellen Keimflora der Verdauungsorgane kommt es zur Veränderung der Zusammensetzung der Mikroorganismen im Darm. Dadurch ist die Eigensynthese von B Vitaminen im Dickdarm beeinträchtigt. Schäden durch Vitaminmangel sind bei Psittaziden für die Vitamine A, D und E häufig beschrieben. Durch extrem einseitige, vitaminarme Ernährung kann es auch zu Hypovitaminosen von anderen Vitaminen kommen. Bei Papageien können folgende Mangelerscheinungen regelmäßig festgestellt werden:

VITAMIN-A-MANGEL

Vitamin A ist in Pflanzen als Karotinoid enthalten, in Samen fehlt es. Es geht bei längerer Lagerung (ca. 3 Wochen) und bei Ranzigwerden des Futters zugrunde. Alle Körnerfresser sind besonders prädestiniert für Vitamin-A-Mangel. Während hochgradiger Mangel mit ausgeprägten Krankheitserscheinungen selten sind, kommen Hypo-A-Vitaminosen (Vitamin-A-Mangel) mit Konditionsminderung und Anfälligkeit für andere Krankheiten häufig vor. Je höher der Vitamin-A-Gehalt im Dottersack und Eidotter ist, desto lebensfähiger die Küken.

Alle Vitaminmangelzustände werden vorwiegend im Spätwinter und im Frühjahr beobachtet. Vitamin-A-Mangel gilt als eine der häufigsten Ursachen eines suboptimalen Gesundheitszustandes und Speicheldrüsenprozessen bei Papageien. Festgestellt wurden die letztgenannten Veränderungen bei den Unterfamilien Aratinginae, Amazoninae, Psittacinae, Cacatuinae, beim Nymphensittich und der Familie der Psittaculidae. Extrem hohen Bedarf haben Edelpapageien.

VITAMIN-A-ÜBERDOSIERUNG

Kann bei Vögeln Wachstumsstörungen des Knochens hervorrufen und wird teilweise als eine der Ursachen der „Französischen Mauser" gesehen. Bei wachsenden Vögeln soll Vitamin-A-Überdosierung einen Anti-Vitamin-D-Effekt haben.

VITAMIN-D3-MANGEL

D-Vitamine kommen in Futterpflanzen und Körnern nur in relativ niedriger Konzentration oder überhaupt nicht vor. Reichlich Vitamin D3 ist z. B. in Bierhefe vorhanden. Voraussetzung für die Wirksamkeit von Vitamin D3 ist die Umwandlung in die eigentlich aktiven Metaboliten in Leber und Niere. Fehlen von Vitamin D3 führt bei Jungtieren zu Rachitis und bei älteren zur Osteomalazie (Entmineralisierung des erwachsenen Knochens). Das Auftreten von Rachitis wird bei Jungvögeln fast aller in Gefangenschaft aufgezogenen Vogelarten beobachtet. Vitamin-D3-Mangel ist dabei ebenso häufig beteiligt wie Ca-Mangel. Rachitis und Osteomalazie sind häufig mit extremer Muskelschwäche verbunden.

HYPERVITAMINOSE D3

Ein Übermaß an Vitamin D3 führt zu einer Erhöhung des Calciumspiegels mit metabolischen Kalkablagerungen. Die Giftigkeit nimmt mit steigendem Ca- bzw. P-Gehalt des Futters zu. Bei künstlicher Aufzucht von Araraunas (Ara ararauna) verendeten Jungtiere bei einem Gehalt des Futters von 1000—4000 I.E. Vitamin D3/kg Futter. Klinische Symptome sind Gewichtsverlust, Verzögerung der Kropfentleerung, Erbrechen, Dehydration, wässerige bis blutige Fezes, Gelenkgicht.

VITAMIN-E-MANGEL

Vitamin E ist in Ölsamen, Getreidekörnern (besonders keimenden) und Blattgemüse vorhanden. Der Vitamin-E-Gehalt der Pflanzen schwankt je nach Erntezeit und Lagerung. Eine Mangelsituation wird verursacht durch Mangel im Futter, Zerstörung des Vitamins durch Oxydationsprozesse im Futter (z. B. durch ranzige Fette mit viel Peroxidasen) oder durch bestimmte Medikamente. Prozesse, die die intestinale Absorption beeinflussen (z. B. Parasiten), oder gleichzeitiger Mangel von Selen oder von schwefelhaltigen Aminosäuren erhöhen den Bedarf an Vitamin E.

VITAMIN-C-MANGEL

Vitamin C ist im Obst und in blattreichen Pflanzen vorhanden, wird aber bei Lagerung rasch zerstört und ist wärmeempfindlich. Vögel sind in der Lage, in den Nieren Vitamin C selbst zu bilden. Papageienarten, die hauptsächlich von Früchten und Nektar leben (z. B. Loris), sollten zusätzlich mit Vitamin C versorgt werden. Mangel führt zur Störung der Knochenmatrix und zur Neigung zu kapillaren Blutungen und soll die Infektionsresistenz herabsetzen. Als Symptome werden Müdigkeit, Muskelschwäche und herabgesetzte Futteraufnahme beschrieben. Im Allgemeinen ist aber Vitamin-C-Mangel selten.

VITAMIN-K- und VITAMIN-B12-MANGEL

Diese beiden Vitamine werden von darmeigenen Mikroben synthetisiert, müssen aber durch Koprophagie (Kotfressen) aufgenommen werden. Wird dies verhindert oder die Darmflora durch lang anhaltende Antibiotika- oder Chemotherapeutikagaben gestört, dann entstehen Mangelzustände, die zur Störung der Blutgerinnung führen. Vitamin-K-Mangel betrifft vor allem Feigen- und Fledermaus-papageien, die möglicherweise im Freiland hohe Mengen dieses Vitamins aufnehmen. Hier empfiehlt sich ein entsprechender Zusatz zur täglichen Nahrung.

VITAMIN-B2-MANGEL

B-Vitamine sind in Körnern reichlich vorhanden. Vitamin B2 kommt in grünen Pflanzen und in Milchprodukten vor, wird aber durch UV-Strahlen inaktiviert. Altvögel bilden es im Darmtrakt selbst. Bei einem männlichen Wellensittich wurde eine Zehenkrümmung beobachtet, die sich nach Vitamin-B2-Gaben besserte. Beim Nymphensittich soll ein Mangel an Riboflavin und Cholin Ursache eines Gefiederfarbstoffmangels sein. Mangel an Arginin und Riboflavin soll eine Lockerung der Federn bedingen.

Mineralstoffmangel

Um gesund zu bleiben, brauchen Vögel unter anderem auch Calcium und Phosphor. Übliches Vogelfutter ist reich an Phosphor. Aber Calcium ist nur unzureichend vorhanden. Man kann oft lesen, dass ein bestimmtes Verhältnis von Calcium zu Phosphor von 1,5-2:1 erforderlich ist. Da aber Phosphor meist ausreichend im Futter enthalten ist sollte man, um dieses Verhältnis zu erreichen, nur Calcium zum herkömmlichen Vogelfutter hinzufügen.

Ein Mangel an Calcium kommt öfter vor, als viele Leute glauben, und verursacht mehr Probleme bei den Vögeln als ein Mangel an Vitamin A. Solche Probleme zeigen sich beim Eierlegen, Jungenaufzucht, Knochenaufbau, Federverlust und Federbruch. Ca-Mangel im Futter führt zu ganz ähnlichen Erscheinungen wie Vitamin-D3-Mangel: Rachitis und

Osteomalazie. Man spricht von einem gestörten Ca-/P-Verhältnis, wenn zuviel Ca vorhanden ist und P-Ionen bindet. Das Produkt wird dann ausgeschieden. Da Phosphat für die Ablagerung von Ca im Knochen nötig ist, leidet die Mineralisierung des Knorpels. Ähnliche Veränderungen entstehen, wenn bei zu wenig P im Futter dem Knochen Phosphor entzogen wird. Die äußere Form des Knochens bleibt beim erwachsenen Vogel erhalten (Osteomalazie). Reiner P-Mangel bewirkt u. a. verzögertes Knochenwachstum und Knochenverbiegung. Durch P-Überschuss wird Ca gebunden und ebenfalls ausgeschieden. Wenn nicht genügend Ca aus dem Darm resorbiert werden kann, entsteht ein Ca-Defizit. Ca wird aus den Knochen gelöst und die gleichen Symptome wie bei Ca-Mangel treten auf.

HYPOCALCÄMIESYNDROM

Das Syndrom kommt vor allem bei Graupapageien, Keilschwanzsittichen und Amazonen im Alter von 2 bis 5 Jahren vor. Sie zeigen wiederholte Schwächeanfälle. Durch Aufregung können Krampfzustände ausgelöst werden. Aber die Knochen werden weder weich noch dünn, obwohl die Ca-Blutspiegel verringert sind.

JODMANGEL

Jodmangel kann zu einem übermäßigen Wachstum der Schilddrüse führen. Jod ist ein Bestandteil des Schilddrüsenhormons, so dass bei Jodmangel der Hormonspiegel herabgesetzt wird. Durch Gewebezubildung versucht der Organismus diesen Mangel auszugleichen, was jedoch ohne Jodzufuhr nicht gelingt. Dies sorgt für eine Verzögerung der Stoffwechselvorgänge, es kommt zu Lethargie. Ferner entsteht ein mechanischer Druck auf Trachea, Syrinx, Gefäße, Nerven und die Speiseröhre (Ösophagus). Bevorzugt entsteht der Mangelzustand bei Wellensittichen ohne Jodzufütterung. Betroffene Vögel sitzen in einer gedrückten, aufgeplusterten Haltung auf der Stange und geben klickende und keuchende Töne von sich, besonders bei Aufregung und Flug, außerdem eventuell Erbrechen. Die Schilddrüse ist oft um das 5- bis 10fache vergrößert. Jodmangel ist äußerst selten und kann durch Jodzufuhr über das Trinkwasser ausgeglichen werden.

Stoffwechselstörungen

GICHT

Alle Eiweißstoffe steigern ebenso wie niedere Stickstoffverbindungen bei Vögeln die Bildung von Harnsäure in der Leber, die zu 93 % über die Nieren ausgeschieden wird. Bei Gicht steigen die Werte der Harnsäure im Blut (= Urikämie), die dort in einer leicht löslichen und einer schwerlöslichen Form vorliegt. Wird die Löslichkeitsgrenze überschritten, erfolgt Ablagerung auf serösen Häuten, Gelenken und im Nierengewebe. Es ist nicht geklärt, ob es sich je nach Fällungsort um unterschiedliche Krankheitsprozesse handelt. Ursache der Urikämie: zu viel Harnsäurebildung (zu hohe Proteindiät, zu wenig Muskelarbeit), zu geringe Verdünnung im Blut (fehlende Wasseraufnahme), oder zu geringe Nierenausscheidung. Störungen vonseiten der Niere stehen im Vordergrund.

DIABETES MELLITUS

Die zugrundeliegenden Krankheiten sind unbekannt. Nach dem Tod betroffener Tiere wurden bis jetzt vorwiegend Leberveränderungen beschrieben. Von Pseudodiabetes wird gesprochen, wenn hohe Blutglukosespiegel

ohne Zusammenhang mit Nieren- und Pankreas-
veränderungen beobachtet werden.

Betroffene Vögel zeigen wochen- oder tagelange Perioden von stark vermehrtem Durst, vermehrter Futteraufnahme und vermehrter Flüssigkeitsausscheidung (kein
Durchfall!). Ferner zeigen sie Teilnahmslosigkeit und Gewichtsverlust. Der normal gut geformte Kot ist von einem
klaren, nur wenig mit Urat durchsetzten Harnsee umgeben,
erhöhte Blutzucker- und Harnglukosekonzentrationen sind
vom Tierarzt feststellbar.

Vergiftungen

Vergiftungen erfolgen zum Teil zufällig durch Unacht-
samkeit des Vogelhalters oder als unerwünschte Nebenef-
fekte z. B. beim Einsatz von Insektiziden, Pestiziden, Lö-
sungsmitteln und Arzneimitteln. Die Angaben des Besitzers
sind oft die einzige Möglichkeit, überhaupt einen Hinweis
auf die mögliche Vergiftungsursache zu erhalten.

Betroffene Vögel zeigen kaum Veränderungen, die nur
für ein bestimmtes Gift typisch wären. Noch schwieriger zu
ermitteln als akute Vergiftungen sind Dauerbelastungen
durch niedere Dosen. Das Giftspektrum umfasst u. a. folgende Stoffe:

- aus der Natur: z. B. Toxine in Viren, Bakterien, Pilzen
  und höheren Pflanzen,

- aus der chemischen Industrie: z. B. Akarizide, Fungizide,
  Herbizide, Insektizide, Rodentizide, Holz- und Rost-
  schutzmittel und vieles andere mehr,

- aus der Umwelt: organische und anorganische Schadstoffe, ein schließlich Verbrennungsrückstände.

Die Haltungsweise der Vögel ist für die Gefährdung durch Gifte von ausschlaggebender Bedeutung. Freiflug in der Wohnung erhöht in der Regel auch die Gefahr mit potentiell giftig wirkenden Substanzen in Kontakt zu kommen. In der Wohnung gehaltene Vögel kommen mit vielen Dingen in Kontakt, die bei langfristiger Aufnahme bzw. der Aufnahme größerer Mengen giftig wirken können. Dazu zählen u. a. z. B. Tabakrauch, Kochsalz, Kaffee, Alkohol und andere Dinge. Die Behandlung von Vergiftungen ist nur selten erfolgreich, da meist hochgradige Organschädigungen auftreten.

Kapitel V

Papageien erfolgreich züchten

Einführung

Traditionell bemühen sich nicht wenige deutsche Papageienliebhaber um die Nachzucht ihrer Tiere. Während vor Beginn des letzten Jahrhunderts die Zucht von Greifvögeln zur Jagd an Fürsten- und Königshöfen gepflegt wurde, entwickelte sich im Laufe der Industrialisierung die Haltung und Nachzucht kleiner Ziervögel wie Kanarienvögel und Wellensittiche zu einem beliebten Zeitvertreib aller Schichten.

Zahlreiche Liebhaber organisieren sich seither in Vogelzuchtvereinen und führen unter deren Schirmherrschaft wettkampfähnliche Vogelschauen durch, bei denen die Tiere nach bestimmten Kriterien beurteilt werden. Heute wird die Zucht einiger Papageien wie Wellensittiche, Nymphensittiche und weiterer australischer Sitticharten ähnlich betrieben wie die Zucht von Ziergeflügel, Hunden oder Kaninchen. Man setzt Standards fest, nach denen die Züchter ihre Zuchtbestrebungen ausrichten. Tiere, die dem zugegebenermaßen willkürlichen Standard am nächsten kommen, erreichen die meisten Punkte und der Besitzer erhält Pokale und Urkunden. Die meisten Papageienarten werden allerdings heutzutage nicht nach solchen Standards gezüchtet, sondern es geht um eine natürliche Nachzucht der Arten.

Erst seit den 60er Jahren bemüht man sich überhaupt auch Großpapageienarten wie Graupapageien, Amazonen und Kakadus in größerer Zahl zu züchten. Diese Bemühungen gewannen in den letzten 20 Jahren zunehmend an Bedeutung, seitdem Liebhabern klar wurde, dass es nicht vertretbar ist, für den Heimtiermarkt unbegrenzt Papageien in ihren Heimatländern zu fangen. Der internationale Wildvogelhandel war sehr schnell in die Kritik geraten, und zwar völlig zu Recht! Für Papageienzüchter war es naheliegend, den aufkommenden Artenschutzgedanken mit ihrem Hobby zu verknüpfen und es entstand schnell der Slogan „Artenschutz durch Zucht". Natürlich diente es manch einem Zeitgenossen zunächst nur als Alibi, doch heute kann man sagen, dass gerade Papageienhalter und -züchter zu den Personenkreisen gehören, die sich verstärkt auch für die Belange der wildlebenden Papageienarten einsetzen. Dies ist eine sehr erfreuliche Entwicklung, die es zu unterstützen gilt. Der Verzicht auf Importtiere ist sehr begrüßenswert und es spricht nichts dagegen, dass Papageienliebhaber ihren Eigenbedarf an Papageien durch Nachzuchten selbst decken, wie es für einige Arten bereits geschieht.

Die private Zucht von Papageien stellt in der Regel hohe Anforderungen an den Platzbedarf und den zeitlichen Aufwand. Zwar erzielen manche Arten auf dem Heimtiermarkt durchaus beachtliche Preise, aber insgesamt muss man davon ausgehen, dass die private Papageienzucht vorwiegend von Idealismus getragen wird. Anders sieht es bei den wenigen gewerbliche Züchtern auf dem deutschen Markt aus. Hierbei handelt es sich um kommerziell geführte Unternehmen mit Sitz im Inland, die hier oder zumindest innerhalb der EU Vögel züchten und diese nachgezogenen Papageien in erster Linie an den Zoofachhandel liefern. Neben der eigenen Zucht nehmen diese Zuchtbetriebe häufig private Züchter fest unter Vertrag und vereinbaren die Abnahme deren Jungtiere. Solche Zuchtbetriebe gehen häufig aus Großhandelsbetrieben des traditionellen Tierhandels mit Wildfängen hervor. Eine andere Strategie ist der Import von meist von Hand aufgezogenene Papageien aus Nicht-EU-Staaten wie z. B. den Philippinen. Auch wenn die Jungtiere gezüchtet sind, frage ich mich manchmal, woher wohl die Eltern der oft sehr seltenen und geschützten Arten stammen. Hat man als Liebhaber wirklich mehr Spaß mit einer seltenen Art oder liegen hier andere Motive vor?

Wie züchtet man Papageien?

Sofern man Papageien artgerecht unterbringt und ernährt, besteht eine gute Chance, eines Tages zum Züchter zu werden. Zuchtpaare sollten möglichst störungsfrei untergebracht werden. Es empfiehlt sich ferner eine paarweise Unterbringung, da die meisten Papageienarten zumindest während der Brutzeit auch in freier Wildbahn paarweise leben. Natürlich benötigen die Tiere einen geeigneten Nistkasten, der möglichst im oberen Volierendrittel anzubringen ist. Die meisten Papageien bauen keine Nester, sondern es reicht eine Baumhöhle oder ein gezimmerter Nistkasten, in den man etwas Rindenmulch oder Kleintierstreu füllt, damit eine weiche Unterlage zur Verfügung steht. Es gibt zahlreiche Firmen, die Nistkästen oder ausgehöhlte Baumstämme in allen denkbaren Größen anbieten.

Schwieriger als geeignete Haltungsbedingungen zu schaffen, ist es aber ein harmonierendes Paar zusammenzustellen. Die Paarfindung ist bei Papageien ein meist langwieriger Prozess, der vermutlich schon im Jugendalter stattfindet. Aber auch ältere Papageien lassen sich noch zusammenführen. Wenn irgend möglich, sollte man eine kleinere Gruppe Papageien der gleichen Art in einer geräumigen Volieren zusammen halten. Natürlich sollten in der Gruppe mehrere Männchen und Weibchen vorhanden sein. Bei Arten, bei denen sich die Geschlechter äußerlich nicht unterscheiden lassen empfiehlt sich eine Geschlechtsbestimmung mittels DNA-Test oder Endoskopie durch einen fachkundigen Tierarzt (s. nächster Abschnitt!). Es ist gut, wenn man jederzeit weiß, welcher Vogel welches Geschlecht aufweist, was man am besten durch eine Markierung mit Farbringen erreicht. Dies ist ratsam, da selbst sich scheinbar „freiwillig" zusammenschließende Paare aus gleichgeschlechtlichen Tieren bestehen können. Solche „Scheinpaare" sind eigentlich nur daran von wirklichen Paaren zu unterscheiden, dass bei ihnen naturgemäß nie ein Zuchterfolg eintritt. Ansonsten zeigen sie nahezu alle Verhaltensweisen wie ein gegengeschlechtliches Paar. Innerhalb einer gleichgeschlechtlichen Partnerschaft kann ein Vogel die spezifischen Verhaltensweisen des Gegengeschlechts übernehmen und somit äußerlich der Eindruck eines echten Paares entstehen.

Bei Gruppenhaltung werden sich bald harmonierende Paare heraus kristallisieren. Diese setzt man dann in geeignete Volieren um, und es kann mit etwas Glück zur Nachzucht kommen. Allerdings sollte man auch hierbei Geduld beweisen, denn es kann durchaus Wochen, wenn nicht Monate dauern bis sich Paare herausbilden. Dies gilt insbesondere für Tiere, die zuvor längere Zeit in Einzelhaltung verbracht haben.

Weniger erfolgversprechend ist eine so genannte „Zwangsverpaarung". Hierbei werden einfach zwei gegengeschlechtliche Tiere zusammen gehalten in der Hoffnung mehr oder minder zufällig ein potentielles Zuchtpaar zusammengestellt zu haben. Verständlicherweise sind die Erfolge entsprechend gering, wenngleich durchaus vorhanden. Das Resultat ist aber weitaus häufiger ein nicht harmonierendes Paar. Disharmonie wirkt sich in der Regel negativ auf die Vögel aus. So zeigen einige nicht harmonierende Tiere eine erhöhte Aggressivität gegenüber dem Artgenossen, fressen manchmal Gelege auf oder zerstören sie einfach, sind unzuverlässige Elterntiere oder neigen in Extremfällen sogar zum Kannibalismus. Selbst wenn diese schlimmem Folgen unterbleiben, bedeutet ein disharmonierendes Paar eine ständige Stress-Situation für die Tiere, was mitunter Krankheiten begünstigen und sich negativ auf das Verhalten der Vögel auswirken kann. Eine Zwangsverpaarung sollte immer mit großer Behutsamkeit durchgeführt werden, was ein langsames Gewöhnen der Artgenossen aneinander, ständiges Beobachten durch den Pfleger und mitunter eine gewisse Auswahl an potentiellen Partnertieren einschließt. Je jünger die Tiere für ein solches Vorhaben sind, desto größer sind der Erfahrung nach die Chancen dieser Methode.

Männchen oder Weibchen?

Der einfachste Weg zur Geschlechtsbestimmung ist ein DNA-Test, der auf dem Prinzip der Polymerase-Kettenreaktion (PCR) beruht. Dadurch kann bereits mit relativ geringen Mengen erbguthaltigen Probenmaterials das Geschlecht des Vogels schnell und sicher festgestellt werden.

Der Test beruht auf der Amplifikation (=außerchromosomale Vervielfachung eines Gens) zweier hochgradig konservierter Zielgene. In einem weiteren Verfahren wird das PCR-Produkt mit zwei verschiedenen Restriktionsenzymen verdaut, wodurch eine doppelte Sicherheit des Test gewährleistet wird. Das Verfahren ist auf zahlreiche verschiedene Vogelarten anwendbar. Viele Vogellaboratorien können heute zahlreiche Papageienarten sicher auf ihr Geschlecht untersuchen. Blutproben von Vögeln stammen in der Regel aus frisch gezupften Federn. Drei oder vier Brustfedern sind eine ideale Quelle für eine DNA-Probe. Im Prinzip kann man jede beliebige Feder eines Vogels nutzen, sofern diese frisch ausgezogen wurde. Die ausgezogenen Federn eines Vogels kann man dann in eine verschließbare, etikettierte Plastiktüte legen und diese einschikken.

Vorteile der DNA-Methode sind u. a. folgende: die Probengewinnung kann bei einer natürlichen Aufzuchten bereits im Nistkasten durchgeführt werden, die Proben-entnahme ist weitgehend risikofrei, auch bei verfetteten Exemplaren oder Tieren mit starker Luftsackentzündung ist eine Geschlechtsbestimmung noch durchführbar, man hat kein Narkose -und Operationsrisiko einzugehen, die Pro-benentnahme kann im Rahmen von Hausbesuchen des Tier-arztes direkt beim Züchter oder Halter durchgeführt wer-den, so dass ein Transport der Vögel zur Untersuchung nicht notwendig ist, mit Hilfe der DNA-Analyse („genetischer Fingerabdruck") kann die verwandtschaftliche Beziehung von Vögeln nachgewiesen werden (z. B. als Nachweis bei Diebstahl- oder Schmuggelverdacht), mittels Federanalyse kann ein PBFD-Virusnachweis erfolgen.

Nachteile gibt es allerdings auch: es gibt Fehlermöglich-keiten bei der Probenentnahme (z. B. Verunreinigung, Fehl-beschriftung u. ä.), es ist keine Auskunft über den Zustand der inneren Organe oder der Zuchtkondition möglich (Vor-teil der früher meist angewandten Endoskopie), Ergebnis-se werden erst nach rund ein bis zwei Wochen mitgeteilt,

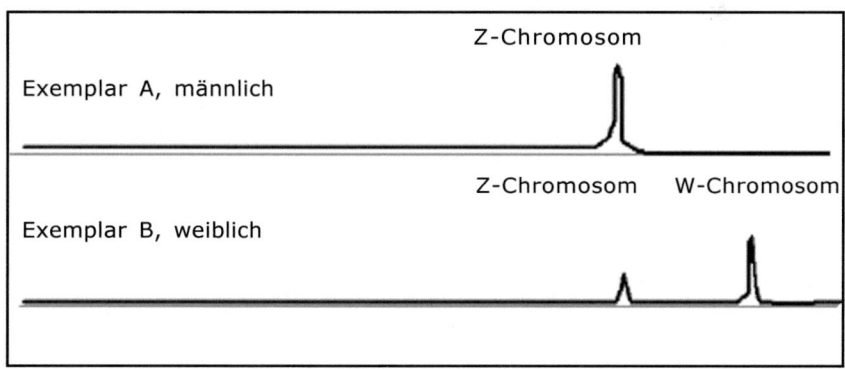

So kann man sich das Ergebnis einer chromosomalen Geschlechtsbestimmung vorstellen. Die Skizze zeigt das Ergebnis der Kapillarelektrophorese; bei männlichen Tieren ist nur ein Peak (Z-Chromosom) zu erkennen, während bei Weibchen noch das W-Chromosom hinzukommt.

die Methode ist ungeeignet als Ankaufsuntersuchung. Insgesamt lässt sich sagen, dass die DNA-Methode die Geschlechtsbestimmung von Papageien und damit die Zuchtaussichten stark verbessert hat.

Fortpflanzung und Jungenaufzucht

Das Fortpflanzungsverhalten der Papageien ist natürlich artabhängig. So gibt es Arten, die eine aufwendigere Balz ausführen als andere, es gibt Arten die in Gruppen brüten, andere ziehen wiederum einen abgeschiedenen Nistplatz vor. Zu Beginn der Fortpflanzungsperiode schließen sich in vielen Fällen Paare noch enger zusammen als im Rest des Jahres. Nun kann man häufiger das so genannte Balzverhalten beobachten. Bei der Balz wird vor allem eine Synchronisation der sexuellen Aktivität erreicht und Aggressions- bzw. Fluchttendenzen auf ein Minimum reduziert.

Die Balzelemente werden mit Näherrücken der Kopulation in immer kürzeren Zeitabständen gezeigt bis eine ausreichende Abstimmung des Verhaltens beider Tiere erreicht ist. Nun folgt die Kopulation, die in der Regel mehrmals durchgeführt werden muss bis es zu einer erfolgreichen Befruchtung kommt. Interessant sind vereinzelte Beobachtungen, nach denen auch weibliche Tiere versuchen, auf den Rücken des Männchens zu steigen. Diese Beobachtungen können als Beleg dafür gelten, dass beide Geschlechter über einen vergleichbaren Satz an Verhaltensweisen verfügen.

Beim Kopulationsvorgang nimmt das Weibchen bei vielen Arten eine Körperhaltung ein, die mit der von betteln-

Agaporniden gehören zu den wenigen Papageien, die ein echtes Nest innerhalb einer Höhlung bauen. Arten, wie das Rosenköpfchen (links) *Agapornis roseicollis*, tragen das Material in ihrem Gefieder. Andere Arten wiederum, wie das Schwarzköpfchen *A. personatus*, tragen es im Schnabel.

den Jungtieren vergleichbar ist. Das Männchen steigt dann auf den Rücken des Partnervogels und beide Tiere versuchen unter rhythmischen Bewegungen ihre Kloaken aneinander zu reiben und so eine Kopulation mit dem Ziel einer Befruchtung vorzunehmen. Als bevorzugter Ort für Kopulationen sind in Menschenobhut dicke Naturäste und flache Unterlagen, wie z. B. der Deckel des Nistkastens zu nennen, vermutlich weil es auf diesen Orten verhältnismäßig einfacher für die Tiere ist, beim Begattungsvorgang das Gleichgewicht zu halten.

Bereits Wochen vor der Eiablage beginnen die meisten Paare den Nistkasten zu begutachten und zu benagen. Akzeptiert ein Paar eine Nistgelegenheit, erhöht sich die Aufenthaltsdauer im Kasten je näher der Zeitpunkt der Eiablage rückt. In diesem Zeitraum ist häufig bereits ein deutlicher Anstieg der Aggressivität gegenüber

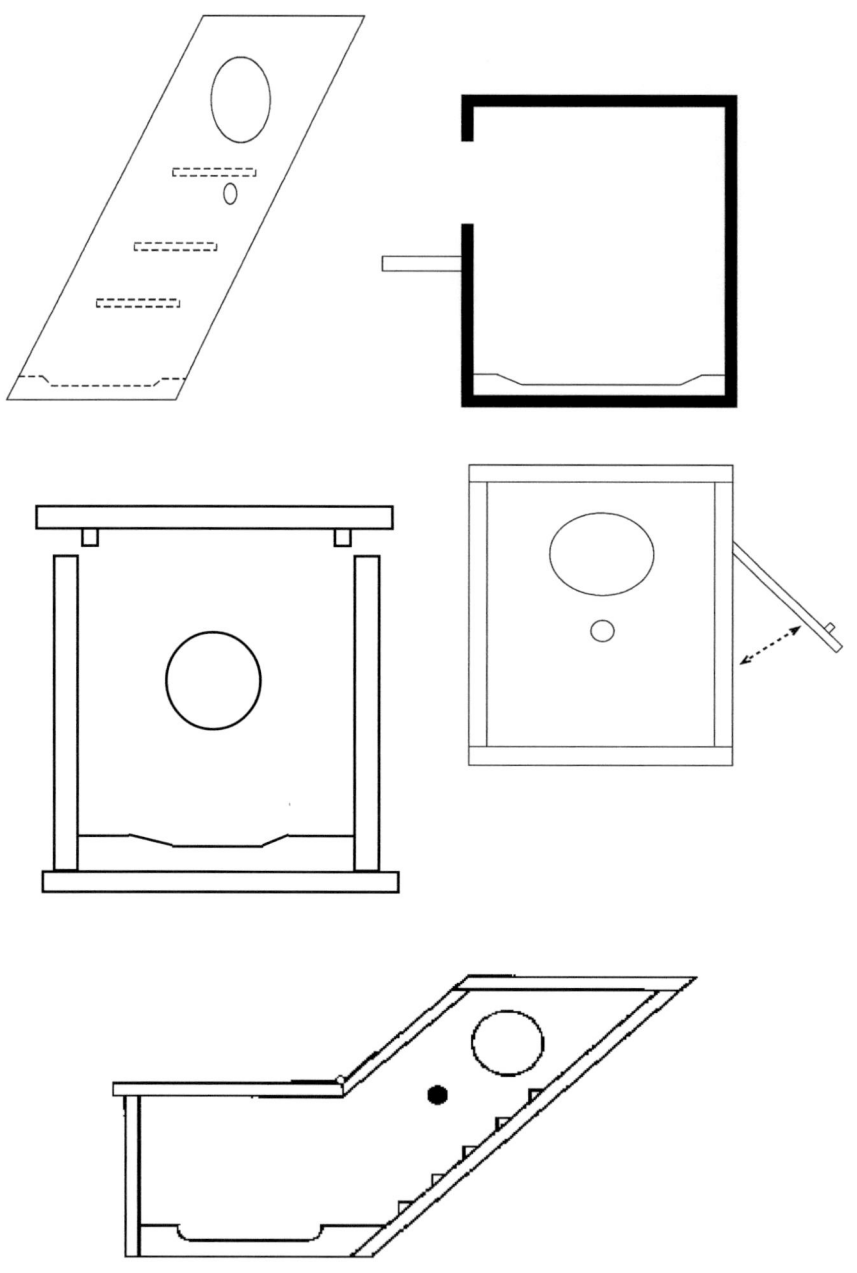

Geeignete Nistkastenmodelle für Papageien.

Volierennachbarn und dem menschlichen Pfleger zu verzeichnen. Hierbei treten vor allem einige Amazonenarten und Kakadus sehr aggressiv auf.

Das Weibchen hält sich jetzt immer häufiger und länger im Nistkasten auf, während das Männchen nur ab und zu hineinklettert. Manche Paare schlafen nachts gemeinsam im Kasten. Artbedingt schwankt die Anzahl der gelegten Eier. In vielen Fällen werden die Eier in einem Abstand von zwei bis drei Tagen zueinander gelegt. Spätestens nach dem zweiten Ei bleibt das Weibchen fest auf den Eiern sitzen und verlässt in den meisten Fällen den Nistkasten nur früh morgens und spät abends, vor allem um zu fressen. Auch kurze Rundflüge in der Voliere und stimmgewaltige Lautäußerungen treten dann auf. Während des Tages versorgt das Männchen seine Partnerin mit hoch gewürgtem Futter. Außerdem hält er sich stets in der Nähe der Bruthöhle auf und bewacht diese in den meisten Fällen aufmerksam.

Die Brutzeit schwankt je nach Art. Über den eigentlichen Schlupfvorgang bei Papageien weiß man noch sehr wenig. Zum Beispiel schlüpfen Graupapageien in der Regel nach 30 Tagen Brutzeit, der Schlupfabstand der Jungvögel beträgt entsprechend dem Zeitpunkt der Eiablagen etwa zwei Tage. In diesem Stadium sind die Jungtiere mit weißen bis gelblichen Dunen bedeckt. Die Haut wird direkt nach dem Schlüpfen als rosa beschrieben und verfärbt sich nach 14 bis 18 Tagen in hellgrau. In der ersten Woche ist der Kopf noch zu schwer für die Tiere, so dass er nicht gehoben werden kann.

Im Alter von 12 Tagen werden die Augen zunächst schlitzförmig, nach weiteren sechs bis sieben Tagen vollständig geöffnet. Das Anfangs gelbliche Dunenkleid wird jetzt grau. Im Alter von 23 Tagen schimmern erste Federkiele von Deck- und Schwungfedern durch die Haut. Mit etwa 33 Tagen ist der Kopf bereits befiedert, ab 37 Tagen schimmern die ersten roten Schwanzfedern durch die Haut. Mit etwa 40 Tagen vervollständigt sich das Deckgefieder an den Flügeln und mit etwa 50 Tagen sind die Schwungfedern schon etwa 3 - 5 cm und die Schwanzfedern 2 - 4 cm lang.

Als letztes befiedert sich der Hals, etwa nach zehn Wochen. In dieser Phase konnte man beobachten, dass Jungvögel bei Nistkontrollen nach der Hand des Pflegers suchten. In der Regel stellen die Elterntiere ihre nächtlichen Aufenthalte im Nistkasten etwa nach der neunten Woche ein, bereits in der sechsten Woche wird nachts nicht mehr gefüttert. Im Alter von zehn bis elf Wochen verlassen die jungen Graupapageien die Niststätte und begeben sich zunächst etwas unsicher in die Voliere, wo sie noch etwa vier bis fünf weitere Wochen von den Elterntieren gefüttert werden.

Bereits kurz nach dem Verlassen der Niststätte versuchen einige Jungtiere, Futterstellen aufzusuchen und den Inhalt zu untersuchen. Etwa zwei Tage nach dem Verlassen des Nestes können bereits Samen geknackt und enthülst werden. Die ersten Kletterversuche der Jungvögel in der Voliere werden als recht ungeübt und tollpatschig beschrieben. Es wurde berichtet, dass wiederholt auch die Flügel als Kletterhilfe beim Abstützen und Hochziehen benutzt wurden. Nach etwa einem Jahr verfärbt sich die anfangs hellgrau bis graue Iris ins gelblich-weiße.

Bei Amazonen schlüpfen die Nachkommen allgemein nach 25 bis 28 Tagen mit zweitägiger Schwankung in Abhängigkeit von Stör- und anderen Umweltfaktoren. Nur das Weibchen brütet. Das Männchen hält sich gelegentlich ebenfalls in der Höhle auf, manchmal auch längere Zeit. Frischgeschlüpfte Junge sind hell fleischfarben und haben wenige Dunen. Um den neunten Lebenstag werden die ersten grauen Dunen sichtbar, die nach 14 bis etwa 18 Lebenstagen das dichte zweite Dunenkleid bilden. Die geschlossenen Augen und Ohren öffnen sich nach durchschnittlich 21 Tagen. Die Jungen fliegen nach knapp acht bis neun Wochen aus, was von der jeweiligen Art abhängt. Ihre Iris ist stets dunkelbraun bis schwarz, das Gefieder matter und blasser als das von Altvögeln und die Beine haben eine kleinere Schuppung. Ihr Schnabel ist vollständig glatt. Bis auf wenige Ausnahmen fressen Jungvögel nach etwa drei Wochen selbständig. Sie werden aber nicht selten noch wochenlang gelegentlich von den Eltern gefüttert und sollten deshalb, wie in der Natur, lange im Familienverband bleiben.

Die Eiablage erfolgt auch bei Nymphensittichen in der Regel in einem Abstand von zwei Tagen. Gelegentlich wird aber auch bereits nach 36 Stunden das nächste Ei gelegt. Ein Gelege besteht im Durchschnitt aus vier bis fünf Eiern. Vom zweiten, manchmal aber auch erst vom dritten Ei an, wird das Gelege von beiden Partnern fest bebrütet. Das Männchen brütet in der Regel von 6 bis 14 Uhr, das Weibchen die übrige Zeit. Die Brutdauer beträgt beim Nymphensittich im Durchschnitt 18 Tage. Die Jungen schlüpfen in einem zeitlichen Abstand zueinander, doch ist dieser gegenüber dem Legeabstand nicht genau zwei Tage, da die Tiere erst mit der Brut beginnen, wenn das Gelege bereits halb vollständig ist.

Die ersten beiden Jungen schlüpfen meist innerhalb von 12 Stunden, die anderen während der nächsten zwei oder drei Tage. Dadurch ist der Entwicklungsunterschied zueinander nicht so groß, dass die älteren ihre jüngeren Geschwister beim Füttern zurückdrängen. Zum anderen sind auch alle Geschwister zur ungefähr gleichen Zeit flügge und verlassen im Alter von ca. 33 Tagen fast gemeinsam die Bruthöhle. Bereits wenige Minuten nach dem Schlüpfen werden die Jungen von den Eltern gefüttert. Sie werden dabei an angeborenen Merkmalen als arteigen erkannt. Beide Eltern füttern die frisch geschlüpften Jungen anfangs ca. alle 30 Minuten. Sie umfassen dabei den Schnabel des Jungvogels mit ihrem Schnabel, ziehen Kopf und Hals leicht nach oben und führen dann schnelle, ruckartige rüttelnde Kopfbewegungen aus. Kopf und Hals der Jungen werden dabei rhythmisch auf und ab bewegt, und diese stoßen dazu im gleichen Rhythmus piepsende Laute aus. Gleichzeitig stellen sie die Flügel ab, und zitterndes Flügelschlagen ist bereits während der ersten Lebenstage zu beobachten. Die Piepslaute sind genau wie das Flügelschlagen für den reibungslosen Ablauf der Aufzucht wichtig und für alle Kakadus typisch.

Nach dem Ausfliegen werden die Jungen noch ca. drei Wochen von den Eltern gefüttert. Sie betteln diese an, indem sie sich nieder ducken und mit eng angelegter Federhaube vor und zurück pendelnde Kopfbewegungen ausführen, wobei sie laute Schnarrlaute vorbringen. Genau wie in der Bruthöhle umfasst der erwachsene Nymphensittichelter den Schnabel des Jungen und führt mit dem Kopf die typischen Rüttelbewegungen aus, die Jungen schlagen auch jetzt noch heftig mit den Flügeln, und die charakteristischen rhythmischen Fütterungslaute sind ebenfalls zu hören.

Die Beispiele der Graupapageien, Amazonen und Nymphensittiche zeigen, dass trotz aller Unterschiede zwischen den Arten einige Übereinstimmungen im Brut- und Aufzuchtverlauf zwischen den Papageienarten bestehen. Um nähere Details zum Fortpflanzungs- und Brutverhalten einzelner Arten zu erfahren, empfiehlt sich der Austausch mit erfahrenen Züchtern und ein Studium der Literatur.

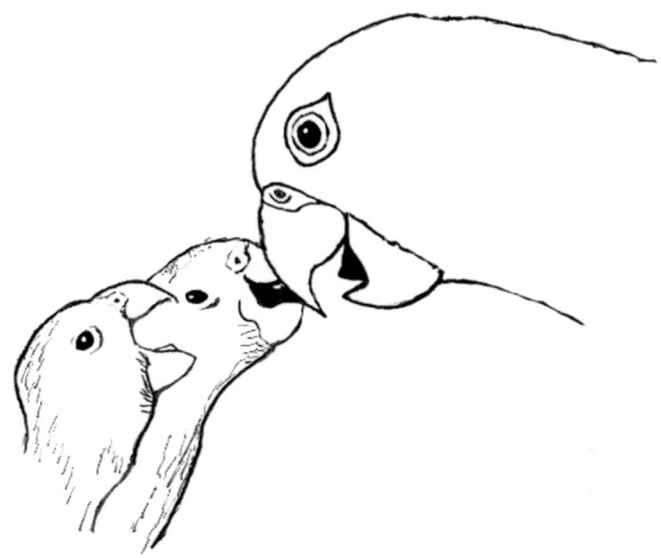

Die Elterntiere stellen nicht nur die richtige Ernährung der Jungvögel sicher, sondern sind auch wichtige Vorbilder, die das spätere Fortpflanzungsverhalten des Nachwuchses entscheidend beeinflussen.

Wie wichtig sind die Eltern?

Neben den naheliegenden Funktionen der Elterntiere als Nahrungslieferanten und Beschützer für die aufwachsenden Nachkommen, kommt ihnen eine entscheidende Rolle dabei zu, den Grundstein dafür zu legen, dass die Jungtiere sich ihrerseits einmal zu erfolgreichen Eltern entwickeln können. Wissenschaftliche Studien zum Aufzuchterfolg von Hand aufgezogener Nymphensittiche belegen dies auf eindrucksvolle Weise. Es wurden jeweils Paare, die aus einem vom Menschen von Hand aufgezogenen Männchen und einem natürlich aufgewachsenen Weibchen, einem Naturbrut-Männchen und einem Weibchen aus Handaufzucht oder ausschließlich aus mit der Hand aufgezogenen bzw. einer Naturbrut entstammenden Vögeln bestanden, zusammengestellt. Durch entsprechende Haltungsbedingungen und das Anbieten von Nistkästen konnten alle Paare gleichzeitig zur Brut stimuliert werden. Verglichen wurden jeweils das erste Inspizieren des Nistkastens durch die Männchen, die Eiablage (Anzahl und Ort) und der Aufzuchterfolg der Paare.

Die Handaufzucht wirkte sich auf die Geschlechter unterschiedlich aus. Handaufgezogene Weibchen legten durchschnittlich mehr Eier als Weibchen aus der Naturbrut, taten dies aber häufig auf dem Volierenboden anstatt im Nistkasten. Die hohe Eierzahl wurde damit begründet, dass auf den Boden gelegte Eier jeweils abgesammelt wurden. Das erste Inspizieren der Bruthöhle und die Gelegegröße - sofern im Nistkasten gelegt wurde - war zwischen den handaufgezogenen und naturbebrüteten Männchen kaum unterschiedlich. Paare mit Handaufzucht-Männchen zeigten eine erhöhte Anzahl unbefruchteter Eier.

Bemerkenswert ist ferner, dass nur Paare mit Naturbrut-Männchen in der Lage waren, ihre Jungen bis zur Selbständigkeit aufzuziehen. Dieses Ergebnis wird damit erklärt, dass frühe Aufzuchterfahrungen offensichtlich entscheidenden Einfluss auf den Bruterfolg nehmen. Ferner helfen sie den Tieren, geschlechtsspezifische Merkmale zu erkennen und die richtige Nistplatzwahl zu treffen.

Der Einfluss der Handaufzucht auf das Sexualverhalten der Vögel wurde ebenfalls bei Tauben, Stockenten und Zebrafinken festgestellt. Ein weiteres Beispiel, dass zur kritischen Überprüfung jeder Handaufzucht geradezu aufruft, ist die Auswilderung handaufgezogener Arasittiche (*Rhynchopsitta p. pachyrhyncha*) in Arizona. Im Gegensatz zu Nachzuchten die von ihren Eltern aufgezogen wurden, schlossen sich ausgewilderte Handaufzuchten nicht dem bestehenden Schwarm an und konnten nur durch erneutes Einfangen vor Beutegreifern geschützt werden. Die Naturbruten allerdings waren nach kurzer Zeit im Schwarm integriert und in ihrem Verhalten nicht mehr von ihren wildlebenden Artgenossen zu unterscheiden.

Die Eignung von Hand aufgezogener Tiere für Auswilderungsversuche ist demnach grundsätzlich in Frage zu stellen. Nun könnte man argumentieren, dass für in Europa nachgezogene Papageien in der Regel kaum eine Chance für eine Auswilderung besteht, so dass zumindest letzteres Beispiel nicht uneingeschränkt als Argument gegen die Handaufzucht zu werten ist. Allerdings bleiben dann noch die Ergebnisse der ersten Untersuchung, die ja eindeutig belegen, dass die Handaufzucht negative Folgen auf spätere Zuchterfolge haben kann. Diese sollten jedoch Ziel jedes ernsthaften Vogelhalters sein, nicht etwa aus Gründen des Artenschutzes, sondern vielmehr aufgrund der Kriterien, die uns die Tiergartenbiologie an die Hand gibt.

Ferner ist zu bedenken, dass auch das zweite Beispiel belegt, dass Handaufzuchten die ursprüngliche Art, vor allem bezüglich deren Verhaltensweisen durch eine oftmals starke Bindung zum Menschen verfälschen können. Dies steht ebenfalls im krassen Gegensatz zu den Forderungen der modernen Wildtierhaltung. Um bei den Argumenten der Tiergartenbiologie zu bleiben, sei an dieser Stelle nochmals wiederholt, dass nur eine selbständige Vermehrung der Tiere als Kriterium für ein gelungenes Haltungssystem angesehen wird. Schon allein deshalb ist eine grundsätzlich durchgeführte Handaufzucht zu verurteilen, da sie eine Überprüfung der Haltungsbedingungen in dieser Hinsicht verhindert. Ferner ist darüber nachzudenken, ob es wirklich Ziel der Vogelhaltung sein kann, Tiere nachzuzüchten, die ein extrem verfälschtes Verhalten aufweisen und oft nicht fähig sind, sich arteigenen Tieren anzuschließen.

Bei einer privat durchgeführten Untersuchung zu den

Auswirkungen der Handaufzucht wurden 43 Züchter verschiedener Papageienarten berücksichtigt. Die Ergebnisse belegen, dass Handaufzuchten mit Vorsicht zu genießen sind. So kamen Probleme bei der Verpaarung von Zuchttieren zwar bei allen Gruppen vor, jedoch traten diese Probleme vor allem bei handaufgezogenen Aras, Graupapageien und Kakadus auf. Bei 26 Züchtern zeigten die Zuchttiere Verhaltensabweichungen, d. h. in rund 60% aller Zuchten traten Fehlverhalten wie Rupfen oder Schreien auf. Die größte Zahl der Verhaltensstörungen trat bei den Kakadus auf. Am zweithäufigsten gab es solche Erscheinungen bei Graupapageien (5% der Paare sind Schreier, 27,3% Rupfer und 2% der Paare wiesen sonstige Fehlverhalten auf).

Nachdem die Fehlverhalten im Hinblick auf die Aufzuchtart (Handaufzucht oder Naturbrut) betrachtet wurden, zeigte sich allerdings, dass Handaufzuchten nicht signifikant häufiger zu allgemeinen Fehlverhalten neigen als Naturbruten. Anders sieht es aus, wenn es um die Zucht geht. Dieses Teilergebnis mag auf den ersten Hinblick verwundern. Es ist aber zu bedenken, dass Verhaltensabweichungen von Papageien meist haltungsbedingt sind, mit der Aufzuchtmethode zunächst also nichts zu tun haben. Dieser Stress durch fehlerhafte Haltungsbedingungen ist offenbar für Handaufzuchten und Naturbruten gleichermaßen vorhanden. Damit wird aber ebenfalls ein wesentliche Behauptung in der Papageienzüchterwelt widerlegt, die eine bessere Eignung der Handaufzuchten für die Haltung in Menschenobhut propagiert.

Zweifellos ist eine Handaufzucht dann berechtigt, wenn es gilt, von den Elterntieren vernachlässigte Jungtiere zu retten. Doch sollten wir uns davor hüten, dieses Argument zu einer Ausrede für oberflächliche Interessen werden zu lassen. Spätestens, wenn eine solche Handaufzucht nötig

wurde, ist das Haltungssystem in jeder Hinsicht zu überprüfen, um bei der nächsten Brut eine selbständige Aufzucht der Elterntiere erreichen zu können.

Rechtliche Aspekte

Wer Papageien züchten will oder per Zufall zum Züchter wird, muss die aktuellen Gesetze beachten. Die Bundes-
artenschutzverordnung fordert in Verbindung mit der eu-
ropäischen Gesetzgebung nachhaltig den Sachkundenach-
weis als Voraussetzung für eine Zuchtgenehmigung. Dies
ist sehr wünschenswert und kann das Wohlbefinden unserer Papageien nur fördern. Schließlich sollte jemand, der
Papageien vermehrt und an andere Tierfreunde verkaufen
oder anderweitig abgeben will, zumindest über die wesentlichen Aspekte der Papageienbiologie und ihrer Haltung
informiert sein.

In der Bundesrepublik Deutschland gilt ferner ein so
genanntes „Tierseuchengesetz" und eine „Verordnung zum
Schutz gegen Psittakose und Ornithose", die zur Vermei-
dung, Eindämmung und Bekämpfung von Tierkrankheiten
mit seuchenhaftem Charakter dienen. Vogelliebhaber, die
Papageien jeglicher Art zur Zucht halten, müssen daher
beim Ordnungsamt der jeweiligen Stadt oder des Kreises
eine Zuchtgenehmigung beantragen. Die Genehmigung
wird dann in der Regel - nach der Überprüfung der Anlage
und der Sachkenntnis des Antragstellers durch einen be-
amteten Veterinär - gegen eine geringe Gebühr erteilt.

Der Halter ist verpflichtet ein so genanntes „Amtliches
Nachweisbuch" zu führen, in dem ständig die aktuellen
Daten über den Papageienbestand einzutragen sind. Der
Halter ist ferner verpflichtet nur ordnungsgemäß gekenn-

zeichnete Tiere zu kaufen bzw. eigene Nachzuchten nur gekennzeichnet weiter zu verkaufen. Die Kennzeichnung erfolgt in der Regel durch einen amtlich zugelassenen Papageienring oder durch spezielle Mikrochips. Bestandsveränderungen jeglicher Art müssen der zuständigen Behörde regelmäßig angezeigt werden.

Kapitel VI
Papageien-
Bunt, beliebt, bedroht

Bedrohungsursachen

Die Situation der Papageien verschlechtert sich immer mehr , wie ein Blick in die Berichte und Datenbanken der weltweit tätigen Naturschutzorganisationen wie IUCN, BirdLife oder Word Parrot Trust beweist. Demnach ist derzeit mindestens ein Drittel der rund 350 Papageienarten so bedroht, dass sie bei Artenschutzmaßnahmen zu berücksichtigen sind.

Bedauerlicherweise sind darunter etliche Arten, die vorwiegend durch den Fang für den heute allerdings meist lokal stattfindenden Wildvogelhandel dezimiert werden. Allein zwischen 1990 und 1994 wurden weltweit rund zwei Millionen Papageien gehandelt und auch danach ging es noch viele Jahre weiter. Dies hat großen Schaden angerichtet. Erst Anfang 2007 hat die EU ein Importverbot für der Natur entnommene Papageien erlassen. Dies nicht etwa aus Arten- oder Tierschutzgründen, sondern allein, um sich vor der Vogelgrippe zu schützen.

Die meisten Arten leiden heute immer noch oder zunehmend unter der Verfälschung und Zerstörung ihrer Habitate. Folgende Faktoren sind verantwortlich für die bedauerliche Situation der Papageien:

A. Rückgang des tropischen Regenwaldes

1. Kommerzielle Nutzung von Edelhölzern

2. Brandrodung

3. Feuerholzeinschlag

4. Gewerbliche Tierzucht

B. Tierfang und -handel

C. Verfälschung heimischer Flora und Fauna

Beispiele:

1. zufällige Einfuhr von Beutegreifern (insbesondere in Neuseeland)

2. willentliche Einfuhr von Nutz- und Jagdtieren

3. Ansiedlung von Honigbienen in Südamerika

D. Jagd auf Papageienvögel

1. zu Nahrungszwecken

2. Dezimierung als Landwirtschaftsschädlinge

3. wegen des Gefieders

E. Naturgewalten

z. B. tropische Wirbelstürme

Papageien sind seit Jahrzehnten begehrte Heimtiere und wurden aufgrund ihrer Farbenpracht, möglichen Zahmheit und der häufig gepriesenen Begabung menschliche Worte und alle erdenklichen Umweltgeräusche nachzuahmen, weltweit zu Millionen in ihren ursprünglichen Lebensräumen gefangen und in die heimischen Stuben der Heimtierhalter gebracht.

Der Umfang des weltweiten Papageien- und Wildvogelhandels hatte solche Dimensionen erreicht, dass er nicht mehr zu rechtfertigen war. Gott sei dank, ist der Handel mit wilden Papageien in den vergangenen Jahren stark reduziert worden. Es gibt ausreichende Nachzuchten, um den Bedarf an Heimtieren zu decken.

Doch der Wildvogelhandel ist nicht der einzige Faktor, der die Papageienbestände immer kleiner werden lässt. Heute verschwinden immer mehr Papageienlebensräume, und zwar unwiederbringlich! Mit dem explosionsartigen Bevölkerungswachstum ist - neben unzähligen weiteren Problemen - eine fortschreitende Zerstörung ursprünglicher Lebensräume verbunden. Nach den bisherigen Schätzungen wird sich die derzeitige Bevölkerung bis zum Jahre 2036 vermutlich auf über 10 Milliarden Menschen erweitert haben.

Ein wichtiges Beispiel für die Verdrängung ursprünglicher Naturräume durch die Ausbreitung des Menschen sind die Waldgebiete unseres Planeten. Allerdings ist die Waldvernichtung in vielen Gebieten keine direkte Folge einer übermäßigen Bevölkerungsdichte, sondern nicht selten eine Konsequenz falscher Agrarpolitik und kurzsichtigen wirtschaftlichen Interessen. Ein Beispiel hierfür bieten die Wälder Brasiliens, die mehr als 50% der weltweit noch verbliebenen Tropenwälder darstellen. So weist das Land eine Bevölkerungsdichte von nur 16 Einwohnern pro km^2 auf. Die Umwandlung von wertvollen Anbaugebieten, die vor allem durch mittelständische Bauern bewirtschaftet wurden, in riesige Monokulturen, sorgte dafür, dass Zehntausende von Bauern landlos wurden. Gleichzeitig animierte die Regierung Brasiliens diese Bauern zur Erschließung der nördlichen Regenwaldgebiete. Die Folgen sind bekannt. Ebenso dramatisch sind die Abholzungen großer Waldgebiete in Kanada und Sibirien.

Die weitläufige Zerstörung der natürlichen Waldgebiete ist ein weltweites Problem, das nach ebenso globalen Gegenmaßnahmen verlangt. Gerade aber in diesem Punkt mangelt es offenkundig, da kurzfristigen wirtschaftlichen Erträgen durch die großflächigen Holzeinschläge nach wie vor eine größere Bedeutung zugesprochen wird als einem schonenden Umgang mit den Naturressourcen. So sind bis Anfang der 80er Jahre bereits die Hälfte aller tropischen Wälder, die die Heimat von 50 - 60 % aller Tier- und Pflanzenarten darstellen, vernichtet worden. Angesichts dieser erschreckenden Daten besteht kein Zweifel daran, dass die heutigen Regenwaldbestände als Vegetationsform und als Lebensraum für Menschen und Tiere in Bedrängnis geraten sind. Die Gefährdung der biologischen Vielfalt und des ökologischen Gleichgewichtes ist nicht mehr zu übersehen. Sämtliche Bewohner dieser Wälder sind bedroht, unter ihnen befindet sich ein Großteil der bekannten Papageienarten.

Das Einschleppen fremder Organismen in bestehende Ökosysteme hat diese in vielen Fällen nachhaltig gestört. Australien und Neuseeland bieten hier geradezu „klassische" Beispiele der Faunenverfälschung. So führten die Kaninchenplage in Australien und die zu deren Bekämpfung eingeführten Katzen, unter anderem zur nahezu vollständigen Ausrottung des Paradiessittichs. Eingeschleppte Ratten, Katzen, Hunde und andere Säugetiere (Nutztiere, Rotwild) dezimierten in Neuseeland u. a. den Kakapo (Strigops habroptilus), so dass er heute am Rande des Aussterbens steht. Wie die Beispiele zeigen, waren und sind stets auch Papageien durch solche Floren- und Faunenverfälschung bedroht. Dieses Problem ist jedoch nicht nur auf Ozeanien beschränkt. In Süd- und Mittelamerika stellen Honigbienen eine ernsthafte Bedrohung für verschiedene Großpapageienarten (Aras und Amazonen) dar. Sie besetzen die Baumhöhlen, die den Papageien als Nistplätze dienen könnten.

Papageien werden in ihren Heimatländern aus verschiedenen Gründen gejagt. Bei vielen Naturvölkern dienen sie zum Verzehr und ihre bunten Federn werden als traditioneller Schmuck getragen (so z. B. die roten Schwanzfedern der Graupapageien). Verschiedene Papageienarten werden auf diese Weise seit Jahrhunderten genutzt; an den Rand der Ausrottung wurden sie allerdings durch den massenhaften Fang für den Wildvogelhandel gebracht.

Wenige Papageien haben sich an die Nähe des Menschen gewöhnt und gelernt, Vorteile daraus zu ziehen. So werden z. B. in Australien verschiedene Kakaduarten und in Südamerika u. a. Mönchsittiche, Nandaysittiche oder Schwarzohrsittiche als Ernteschädlinge beim Getreide-, Obst- oder Maisanbau verfolgt. Im indisch-asiatischen Raum kommt es teilweise zu erheblichen Ernteschäden durch Halsbandsittiche.

Arten, die endemisch, d. h. ausschließlich auf kleinen Inseln leben, sind meist wesentlich stärker gefährdet als andere. Sehr viele der bereits ausgestorbenen Papageien waren Inselarten und die meisten der derzeit gefährdeten Arten sind ebenfalls auf Inseln verbreitet. Dies trifft vor allem auf die verschiedenen Amazonen der karibischen Inseln (Blaukopf- und Kaiseramazone auf Dominica, Königsamazone auf St. Lucia, Puerto-Rico-Amazone etc.) und Inseln bewohnende Papageienarten Asiens zu. Eine Insel bietet kaum Rückzugsmöglichkeiten in unzugängliche Gebiete, so dass sich hier Holzeinschlag, Landwirtschaft etc. in kürzester Zeit drastisch auswirken können. Oft weisen solche Inselbewohner ohnehin eine eher bescheidende Populationsdichte auf und sind entsprechend empfänglich für Störungen.

Hilfe für bedrohte Papageien-arten

Wie bereits angedeutet, sind die Bedrohungsfaktoren für wildlebende Papageienbestände vielfältig. Daher ist es unmöglich, eine Art Standardrezept für den Schutz von bedrohten Papageien zu formulieren. Dennoch kann man einige grundlegende Ansatzpunkte für den Papageienschutz zusammenfassen.

Der Mauritius- oder Echo-Sittich *(Psittacula echo)* ist heute einer der am stärksten bedrohten Papageien.

FREILANDSTUDIEN und BESTANDSERFASSUNGEN

Von vielen Papageienarten gibt es nur unzureichende Daten über ihr Freileben oder ihren Status. Diese Angaben sind aber Grundvoraussetzung für mögliche Schutzmaßnahmen im Lebensraum. Man kann eine Art nicht bei ihrem Überlebenskampf unterstützen, wenn man nicht weiß, welche Ansprüche sie an ihren Lebensraum stellt und wie groß ihr Bestand ist.

Da die finanziellen Mittel im Naturschutz begrenzt sind, bieten Freilandstudien eine wichtige Entscheidungshilfe bei der Auswahl möglicher Schutzgebiete und -projekte. Nur so kann effektiver Artenschutz geleistet werden. In vielen Fällen kann man mit relativ geringen finanziellen Mitteln entsprechende Studien betreiben. Umso trauriger ist es, dass wir immer noch so wenig über die meisten Papageienarten wissen. Wäre es nicht toll, wenn Ihr Papageienverein oder Stammtisch bald eine solche Studie fördert?

SCHUTZ VON LEBENSRÄUMEN

Das primäre Ziel für die meisten Arten ist der Schutz oder die Wiederherstellung von Lebensräumen. Dazu gehört eine effektive Kontrolle bzw. Unterbindung von Fang und Jagd sowie die Finanzierung und das Management geeigneter Schutzgebiete in Form von Nationalparks und Reservaten. Um auch die einheimische Bevölkerung vom Sinn solcher Projekte zu überzeugen, strebt man entsprechende Lehrangebote, Schaffung von Verdienstmöglichkeiten z. B. als Mitarbeiter im Nationalpark oder durch Tourismus etc. an.

Ferner müssen weitere Forschungsprojekte ermöglicht werden, die dabei helfen, die Schutzmaßnahmen zu verfeinern. Man weiß heute, dass die Mehrzahl der bedrohten

Vogelarten ein relativ stark begrenztes Verbreitungsgebiet haben. Daher ist es sinnvoll, diese Landstriche zu schützen, da sie neben den bedrohten Papageien auch gleichzeitig Heimat für viele andere Tier- und Pflanzenarten sind.

EINFUHRVERBOT FÜR PAPAGEIEN

Es war bislang vor allem der zunehmenden Erkenntnis und Vernunft der Tierhalter zu verdanken, dass immer weniger Wildvögel importiert wurden. Mittlerweile hat auch die EU ein Importverbot für Papageien erlassen, die in ihren Heimatländern gefangen wurden. Dieses Verbot war lange überfällig! Handel gibt es aber noch in den Heimatländern der Papageien, wenngleich in geringerem Ausmaß.

ZUCHTPROJEKTE FÜR BEDROHTE ARTEN

Bei der Erhaltungszucht versucht man, durch den gezielten Aufbau von „Unter-Draht-Populationen" bedrohte Tierarten vor dem Aussterben zu bewahren. Fernziel hierbei ist eine spätere Wiederansiedlung in einem geeigneten Lebensraum. Tatsächlich konnten in wenigen Fällen Tiere vor allem in zoologischen Gärten vermehrt und anschließend wiederangesiedelt werden. Allerdings muss vor einer übertriebenen Erwartungshaltung gegenüber der Wirksamkeit solcher Projekte gewarnt werden. Erhaltungszuchten können nur dann ein brauchbares Instrument zur Rettung bedrohter Arten sein, wenn sie unter äußerst sorgfältig kontrollierten Bedingungen durchgeführt werden - in sehr vielen Fällen sind sie allerdings eine reine Illusion.

Dennoch sollten Halter bedrohter Arten entsprechende Projekte unterstützen, und ihre Tiere bei den jeweiligen Zuchtbuchführern anmelden.

Was kann der Einzelne tun?

Die Bedrohungssituation der meisten Papageienarten verlangt das Engagement jedes einzelnen Papageienhalters. Grundsätzlich sollte jeder Papageienhalter sich dazu verpflichtet fühlen, sich über die Pflege der eigenen „Heimpapageien" hinaus auch für die Belange wildlebender Papageien zu interessieren. Dies kann man am besten dadurch tun, dass man sich einer entsprechenden Organisation anschließt, die Schutzprojekte für Papageienvögel oder entsprechende Lebensräume fördert.

Wie in vielen anderen Bereichen auch, ist auch beim Artenschutz oftmals das Geld der limitierende Faktor. Vielleicht sollte man vor der Anschaffung weiterer Papageien für einige Tausend Euro überlegen, ob es nicht ebenso befriedigend sein könnte, wenn man mit diesem Geld z. B. eine Freilandstudie unterstützt und somit zum Erhalt einer ganzen Art wesentlich beitragen kann. Ansprechpartner für Fragen des Papageienschutzes:

Institut für Papageienforschung e. V.
Postfach 30 00 59, 46530 Dinslaken
www.papageien-und-sittiche.de

Fonds für bedrohte Papageien
Goethestraße 21, 75050 Gemmingen

World Parrot Trust
Glanmour House, Hayle, Cornwall, TR27 4HY, UK

Kapitel VII
Papageien der Welt

Klasse: Aves
Ordnung: Psittaciformes

Familie: Cacatuidae

Unterfamilie: *Calyptorhynchinae*
   Probosciger (Palmkakadus)

   Monotypische Gattung, die ihre Heimat in Neuguinea, Australien und auf einigen kleinen Inseln hat. Ihr Status ist kritisch, so dass der Palmkakadu auf Anhang I des Washingtoner-Artenschutzabkommens steht. Teilweise sind lokale Populationen auf Neuguinea bereits erloschen. Schutzprojekte für diese attraktive Papageienart sollten unbedingt unterstützt werden. Der Lebensraum dieser monotypischen Gattung ist vor allem im Flach- und Hügelland zu suchen. Sie bewohnt Wälder und seltener mit Bäumen bestückte Savannen. In der Regel leben die Palmkakadus paarweise oder in kleinen Gruppen. Bevorzugter Aufenthaltsort sind die Baumkronen. Es wird nur ein Ei gelegt, welches 30 Tage bebrütet wird. Nach ca. 110 Tagen fliegt das Jungtier aus und wird etwa einen Monat später selbständig.

   Art: *Probosciger aterrimus.*

   Calyptorhynchus (Eigentliche Rabenkakadus)

   Diese Gattung enthält drei Arten mit acht Unterarten und bewohnt verschiedene Gebiete Australiens, Tasmaniens und einiger vorgelagerter Inseln. Als Habitate dienen verschiedene Waldformen. Ihr Status kann lokal häufiger sein. Allgemein sind sie aber nur selten anzutreffen. Rabenkakadus weisen eine starke Paarbindung auf und werden in der Regel paarweise beobachtet. Es können aber Gruppen aus bis zu 20 oder 200 Tieren gebildet werden. Rabenkakadus sind äußerst selten in Volieren zu finden und schreiten dort kaum zur Brut. Sie legen ein bis drei Eier, die sie 28 bis 30 Tage lang bebrüten. Nach ca. 90 Tagen fliegen die Jungtiere aus und sind nach weiteren drei bis vier Wochen selbständig.

Die Arten: *Calyptorhynchus banksii - Calyptorhynchus lathami - Calyptorhynchus funereus - Calyptorhynchus latirostris - Calyptorhynchus baudinii.*

Unterfamilie: *Cacatuinae*

Callocephalon (Helmkakadus)

Diese monotypische Gattung der Helmkakadus ist in Südost-Australien zu finden und dort selten bis sehr selten. Entsprechend ist ihr Status in Menschenobhut. Helmkakadus bewohnen vor allem Bergwälder und bewaldete Täler. Innerhalb der Brutzeit sind in der Regel nur Paare oder Kleingruppen zu beobachten. Ansonsten schließen sich kleinere Schwärme aus bis zu 60 Tieren zusammen. Es werden zwei bis drei Eier etwa 30 Tage lang bebrütet. Die Jungen verlassen mit 55 bis 60 Tagen das Nest und erreichen etwa einen Monat nach dem Ausfliegen ihre Selbständigkeit.

Art: *Callocephalon fimbriatum*

Eolophus (Rosakakadus)

Nicht gefährdet, aber trotzdem weniger in Europa zu finden als andere Kakaduarten, sind die etwa 33 cm großen Rosakakadus (Eolophus roseicapillus), da diese durchaus begehrten Vertreter aufgrund des Ausfuhrverbotes australischer Tier- und Pflanzenarten kaum in den Handel geraten. Es gibt allerdings immer wieder Nachzuchten in Menschenobhut. Rosakakadus bewohnen die weiten Savannen- und Graslandgebiete Australiens und gelten in ihrer

Heimat als landwirtschaftliche Schädlinge und werden entsprechend verfolgt. Sie bilden je nach Nahrungsangebot teilweise riesige Schwärme. Es werden drei bis sechs Eier gelegt, aus denen nach 22 bis 24 Tagen Jungvögel schlüpfen. Diese sind nach drei bis vier Wochen selbständig.

Art: *Eolophus roseicapilla*

Cacatua (Echte Kakadus)

Eine artenreiche Gruppe innerhalb der Papageienvögel bilden die eigentlichen Kakadus. Insgesamt kennt man elf Arten mit diversen Unterarten, von denen viele auch in Menschenobhut zu finden sind. Das Verbreitungsgebiet der Gattung umfasst die Philippinen, Sulawesi, Molukken, Sundainseln, Neuguinea und angrenzende Inseln, Salomonen und Australien sowie Tasmanien. Sie bewohnen Wald- und Savannengebiete. Die Bedrohung vieler Kakaduarten, besonders der ausschließlichen Inselbewohner, ist durch den massenhaften Fang für den internationalen Tierhandel und die fortschreitende Lebensraumzerstörung sehr akut geworden und sollte jeden Papageienhalter von dem Kauf eines Wildfanges abhalten. Besonders bedroht sind der Molukkenkakadu (*C. moluccensis*), der Rotsteißkakadu (*C. haematuropygia*) und der Goffin-Kakadu (*C. goffiniana*). Aber auch der Kleine Gelbhauben- oder Gelbwangenkakadu (*C. sulphuera*), Weißhaubenkakadu (*C. alba*) und Orangehaubenkakadu (*C. sulphurea citrinocristata*) sind zunehmend in ihrem Bestand bedroht. Für mehrere Arten gibt es Schutzprojekte, die unbedingt unterstützt werden sollten. Kakadus sind mittelgroße bis große Papageienvögel, die in der Regel über enorme Lautäußerungen und ein verhältnismäßig stark ausgeprägtes Nagebedürfnis verfügen, was besondere Anforderungen an das Haltungssystem stellt. So können Kakadus nur dort in Freivolieren leben, wo die morgendlichen und abendlichen Schreie der Tiere keine Nachbarn verärgern können. Gleiches ist zu beachten, wenn man Kakadus in Innenvolieren halten möchte, da auch dort Lärm und vor allem der ständig produzierte Gefiederstaub nicht immer auf Zustimmung trifft. Kakadus benötigen in den meisten Fällen sehr geräumige Volierenanlagen, die ihnen zum einen genügend Freiräume für kurze Flugstrecken und ihr ausgeprägtes Bewegungsbedürfnis bieten, zum anderen den teilweise recht aggressiven Partnervögeln ein Ausweichen ermöglicht. Ansonsten kann es mitunter zu bedauerlichen Zwischenfällen kommen, die nicht selten mit Verletzungen oder aber gar mit Todesfolge ausgehen. Nachzuchten gibt es von den meisten Kakadus. Häufig allerdings Handaufzuchten, die vielfach zu Problemfällen werden können. Grundsätzlich sind natürlich aufgewachsene Nachzuchten vorzuziehen. Kakadus legen in der Regel zwei bis vier Eier und bebrüten diese artbedingt zwischen 22 und 30 Tage lang. Nach dem Schlüpfen bleiben manche Arten rund 50 bis 60 Tage in der Bruthöhle (z. B. *C. sulphuera* und *C. leadbeateri*), andere Arten brauchen zwischen 80 und 90 Tage bis sie das Nest verlassen (z. B. *C. moluccensis, C. galerita, C. alba*). Der Brillenkakadu (*C. opthalmica*) fliegt sogar erst nach ca. 120 Tagen aus. Etwa drei bis vier Wochen nach dem Ausfliegen werden die Jungvögel selbständig.

Die Arten: *Cacatua tenuirostris - Cacatua pastinator - Cacatua sanguinea - Cacatua goffiniana - Cacatua ducorpsii - Cacatua haematuropygia - Cacatua leadbeateri - Cacatua sulphurea - Cacatua galerita - Cacatua ophthalmica - Cacatua alba - Cacatua moluccensis*

Unterfamilie: *Nymphicinae*

Nymphicus (Nymphensittiche)

Der systematische Status dieser monotypischen Gattung ist umstritten. Zum einen sieht man eine Verwandtschaft zu den Plattschweifsittichen, zum anderen zeigen die Nymphensittiche Merkmale der Kakadus. Nymphensittiche

(N. hollandicus) bewohnen vor allem offene Gebiete Australiens, wo sie relativ häufig sind. Nur geschlossene Wälder meiden sie. Die ständige Durchmischung der einzelnen Populationen als Folge der nomadischen Lebensweise dieser anpassungsfähigen Sittiche verhinderte die Ausbildung von Unterarten. Zur Nahrungssuche finden sich die Tiere auf den Boden ein, wo sie vorwiegend nach Grassamen suchen. Nymphensittiche zählen neben dem Wellensittich zu den beliebtesten Stubenvögeln und werden entsprechend häufig gezüchtet. Es werden vier bis sechs Eier etwa 18 Tage lang bebrütet. Nach 33 Tagen ist mit dem Ausfliegen des Nachwuchses zu rechnen. Selbständig werden Nymphensittiche zwei bis drei Wochen später. Es sind diverse Farbschläge bekannt.

Art: *Nymphicus hollandicus*.

Familie: Psittacidae

Unterfamilie: *Loriinae*

Chalcopsitta (Glanzloris)

Diese Gattung weist vier Arten und etwa zehn Unterarten auf. Ein typisches Merkmal der Gattung ist der nackte Hautstreifen um den Unterschnabel, den von den Loris nur noch der Weißbürzellori (*Pseudeos fuscata*) zeigt. Die Glanzloris bewohnen Neuguinea bis zum Ostrand des Bismarck-Archipels, die Salomonen, außerdem mehrere kleine Inseln. Die Vögel durchstreifen paarweise oder in Gruppen ihren Lebensraum. Vorwiegend halten sie sich in Wäldern auf, besuchen mancherorts aber auch Savannen mit losem Baumbewuchs. Leider sind kaum Details ihrer Lebensweise bekannt. Das Gelege besteht in der Regel aus zwei Eiern, die ca. 25 Tage lang bebrütet werden. Die Nestlingszeit beträgt zehn bis elf Wochen.

Arten: *Chalcopsitta atra - Chalcopsitta duivenbodei - Chalcopsitta sintillata - Chalcopsitta cardinalis* .

Eos (Rotloris)

Insgesamt gibt es sechs Rotlori-Arten mit elf Unterarten. Die 25 bis 31 cm langen Vögel haben ein überwiegend leuchtend rotes Gefieder mit etwas Schwarz, häufig auch blaue Abzeichen. Die Loris bewohnen Inseln von Indonesien und den Molukken. Ihr Flug ist gerade und schnell. Details aus dem Freileben sind nur wenige bekannt. Meist sieht man kleinere Gruppen, die sich vorzugsweise in Wäldern, aber auch in offenen Gebieten mit lockerem Baumbestand aufhalten. Die Nahrung besteht aus Pollen, Nektar, Früchten und Insekten. Es werden zwei Eier durchschnittlich 26 Tage lang bebrütet.

Arten: *Eos histrio - Eos squamata - Eos bornea - Eos reticulata - Eos cyanogenia - Eos semilarvata* .

Pseudeos (Weißbürzelloris)

Weißbürzelloris stellen eine monotypische Gattung ohne Unterarten dar. Diese Loris sind offenbar ein Bindeglied zwischen den Rotloris (Eos) und den Keilschwanzloris (*Trichoglossus*). Letzteren ähneln sie vor allem im Verhalten. Die Weißbürzelloris, die bis zu einer Höhe von 2000 m vorkommen, sind weniger an dichte Waldungen gebunden als andere Loris, vielmehr sieht man sie auch in offenen Savannen mit einzelnen Bäumen. Sie kommen in der Regel in Gruppen von 20 bis 100 Vögeln vor, schließen sich aber mitunter auch zu großen Schwärmen zusammen, die dann viele hundert Exemplare zählen können. Sie ernähren sich nach Loriart vorwiegend von Pollen, Nektar und Früchten, wobei besonders gerne auch Beeren genommen werden. Es werden zwei Eier gelegt und ca. 26 Tage lang bebrütet. Nach etwa 70 Tagen fliegen die Jungloris aus und erreichen drei Wochen später die Selbständigkeit.

Trichoglossus (Keilschwanzloris)

Man kennt von dieser großen Gattung acht Arten und etwa 28 Unterarten. Die Keilschwanzloris sind 20 bis 27 cm lange, bunte Vögel mit schlankem Körper, sichelförmigen Schwingen und langem, stufigem Schwanz, gebildet von zwölf Federn. Es besteht kein Sexualdimorphismus, d. h. die Geschlechter sehen gleich aus. Die Loris bewohnen Sulawesi und die umliegenden Inseln, die Kleinen Sundainseln, Mindanao, Neuguinea und die benachbarten Inseln, Nord-, Ost- und Südostaustralien einschließlich Tasmanien, die Molukken, den Bismarck-Archipel, die Salomonen, Neuen Hebriden und Loyaute-Inseln, Neukaledonien und die Insel Pohnpei (Ponape) in Mikronesien. Die Vögel leben in unterschiedlichen Landschaften, von Wäldern bis zum Kulturland und in Nähe zum Menschen. Der Flug der Loris ist schnell und reißend. Ihre Nahrung besteht aus Pollen, Nektar, Früchten, Samen und Insekten. In der Regel besteht ein Gelege aus zwei bis drei Eiern, die rund 26 Tage lang bebrütet werden. Nach 23 bis 27 Tagen fliegen die Jungen aus.

Arten: *Trichoglossus ornatus - Trichoglossus forsteni - Trichoglossus weberi - Trichoglossus capistratus - Trichoglossus haematodus - Trichoglossus rubritorquis - Trichoglossus euteles - Trichoglossus flavoviridis - Trichoglossus johnstoniae - Trichoglossus rubiginosus - Trichoglossus chlorolepidotus.*

Psitteuteles

Forshaw stellt in diese Gruppe auch die bei anderen Autoren existierende Gattung *Psitteuteles* (Grünloris). Die Grünloris sind kleine Vögel mit überwiegend grünem Gefieder. Diese Gattung hat drei Arten. In ihrer Lebensweise unterscheiden sie sich auffallend voneinander: Während die Buntloris im Flachland zu finden sind, suchen die Veilchenloris das Gebirge auf. In der Regel schließen sich Familienverbände und Kleingruppen zusammen. Nach der Brutzeit bilden Veilchenloris teilweise Schwärme und ziehen nomadisch umher. Die Nahrung der Grünloris besteht aus Blütennektar, Pollen, Insekten und Früchten, wogegen die Aufnahme von Körnern die große Ausnahme bleibt. Das Gelege aus zwei Eiern wird etwa 23 Tage bebrütet. Nach 50 Tagen fliegen die Jungtiere aus und erreichen zwei bis drei Wochen nach dem Ausfliegen ihre Selbständigkeit.

Arten: *Psitteuteles versicolor - Psitteuteles iris - Psitteuteles goldiei.*

Lorius (Breitschwanzloris)

Man kennt acht Arten und etwa 20 Unterarten der Breitschwanzloris. Einige Arten bzw. Unterarten sind umstritten. Die Breitschwanzloris bilden eine in sich recht geschlossene Gruppe. Die 26 bis 30 cm langen Vögel mit dem roten Körpergefieder und grünen Flügeln haben eine gedrungene Gestalt. Der Schnabel ist breiter als bei anderen Loris. Die Schwänze sind kurz und gerundet. Es besteht kein Sexualdimorphismus. Die Loris kommen auf Neuguinea, den vorgelagerten Inseln, auf Inseln des Bismarck-Archipels, den östlichen Salomonen und den Molukken vor. Ihr Flug wirkt recht schwerfällig. Bekannt ist vor allem der Frauenlori (*L. lory*), den man auf Neuguinea und einigen vorgelagerten Inseln finden kann. Dort streifen die Vögel paarweise oder in Gruppen von bis zu 10 Exemplaren umher. An blühenden Nahrungsbäumen bilden sich größere Ansammlungen. Die Nahrung besteht aus Pollen, Nektar, Blüten und Früchten. Der Erzlori (*L. domicella*) leidet unter starken

Bestandsrückgängen. Eine recht häufig gehaltene Art stellt auch der Gelbmantellori (*L. garrulus*) dar. Breitschwanzloris legen zwei Eier und bebrüten diese etwa 24 bis 26 Tage lang. Nach 56 bis 70 Tagen (Gelbmantel-, Frauenlori) bzw. 82 bis 86 Tagen (Erzlori) kommt es zum Ausfliegen der Jungtiere. Etwa drei Wochen später sind sie selbständig.

Arten: *Lorius garrulus - Lorius domicella - Lorius lory - Lorius hypoinochrous - Lorius albidinucha - Lorius chlorocercus*

Phigys (Einsiedlerloris)

Die Gattung *Phigys* ist monotypisch, d. h. sie hat nur eine Art ausgebildet. Der Einsiedlerlori bewohnt Wälder mit blühenden Bäumen, Palmenhaine, besucht auch blühende Baumgruppen in Ortschaften. Allgemein werden zwei Vögel angetroffen, auch Einzeltiere, gelegentlich Kleingruppen mit bis zu sechs Exemplaren. Selten kann man größere Gesellschaften bis maximal 50 Vögel in blühenden Bäumen oder an Schlafplätzen beobachten. Der Lori lebt außerhalb der Brutzeit wahrscheinlich nomadisch. Der Flug ist schnell und geradlinig, häufig ist der hohe, schrille Ruf zu hören. Die Nahrung besteht aus Pollen, Nektar, weichen Früchten, Insekten. Einsiedlerloris sind gegenüber anderen Vogelarten in blühenden Bäumen sehr aggressiv und greifen diese an. Der Brutplatz liegt in Höhlen oder Spalten von Bäumen. In seiner Nähe greifen die Paare selbst große Fruchttauben an. Einsiedlerloris legen zwei Eier, die sie 28 Tage lang bebrüten. Nach etwa 63 Tagen nach der Schlupf verlassen die Jungvögel ihr Nest. Etwa drei Tage später sind sie selbständig.

Art: *Phigys solitarius.*

Vini (Maidloris)

Diese Gattung der Loris umfasst fünf Arten, die keine Unterarten ausgebildet haben. Die Maidloris bewohnen abgelegene Inseln im Pazifik, ausgenommen V. australis auf den Inseln von West-Samoa. Die Vorfahren der heutigen Arten waren Vögel mit ausgeprägtem Ausbreitungspotential. Von der Neuguinea-Region, dem zoogeographischen Zentrum aller Loris sind sie über 600 km entfernt. Die Inseln wurden Richtung Osten Schritt für Schritt besiedelt, wobei nach jeder erfolgreichen Besiedlung und anschließender Isolierung Änderungen in den neuen Populationen entstanden. So entwickelten sich die heutigen Formen. Am weitesten nach Osten, bis auf die Insel Henderson, drang der Vorfahre des Henderson-Loris (*V. stepheni*) vor. Die Insel liegt etwa in der Mitte zwischen Australien und Südamerika. Einige Vini-Arten haben sehr kleine Verbreitungsgebiete, obendrein sind sie als Inselpopulationen besonders gefährdet. Die Loris leben in Wäldern, lockeren Baumbeständen, an Waldrändern, in Kokosplantagen und besuchen auch blühende Bäume im Kulturland. Ihre Nahrung besteht vor allem aus Pollen, Nektar, auch aus reifen Früchten. Die Brutbiologie ist weitgehend unbekannt. Drastische Bestandsrückgänge in diesem Jahrhundert, das Verschwinden der Loris von mehreren Inseln und drei vom Aussterben bedrohte Arten (*V. peruviuna, V. ultramarina* und *V. australis*) sind das gegenwärtige Fazit zum Status.

Arten: *Vini australis - Vini kuhlii - Vini stepheni - Vini peruviana - Vini ultramarina*.

Glossopsitta (Moschusloris)

Diese Gattung weist drei Arten auf, die keine Unterarten bilden. Sie sind auf den australischen Raum begrenzt, wo sie insbesondere den südlichen Teil und Tasmanien bewohnen. Maßgeblich für die Benennung der Moschusloris war der dem Moschuslori eigentümliche Geruch. Sie leben nomadisch, so dass sie vor Ort sind, wenn ihre Nahrungsbäume

Blüten tragen. Meist sind sie in ihrem Lebensraum paarweise oder in kleinen Gruppen unterwegs. An ergiebigen Futterquellen kann es zur vorübergehenden Schwarmbildung kommen. Ihre Gelege bestehen aus zwei bis vier Eiern, wobei der Blauscheitellori eine für Loris extrem kurze Brutzeit von 17 Tagen hat.

Arten: *Glossopsitta concinna* - *Glossopsitta pusilla* - *Glossopsitta porphyrocephala*.

Charmosyna (Zierloris)

Gattung mit 14 Arten und 18 Unterarten, die vermutlich recht nahe mit den Gattungen Phigys und Vini verwandt sind. Ch. margarethae bewohnt die Salomonen. Drei weitere Spezies leben auf Neuguinea. Sie alle sind Gebirgsvögel. Ch. pulchella bewohnt die unteren, Ch. josefinae die mittleren und Ch. papou die höher gelegenen Berglagen. Nur bei vier Arten besteht kein Geschlechtsdimorphismus, bei den anderen ist er auffällig. Die Arten leben auf den Molukken, auf Neuguinea, den Salomonen und einigen Inseln im Pazifik. Diese Loris sind ausgesprochene Pollenspezialisten. In der Regel durchstreifen sie Wälder in Gruppen oder Paaren. Es sind nur wenige Details aus dem Freileben bekannt. Zur Brutsaison werden zwei Eier gelegt, die etwa 25 bis 28 Tage lang bebrütet werden. Nach 56 bis 64 Tagen fliegen die Jungtiere aus und werden etwa drei Wochen später selbständig.

Arten: *Charmosyna palmarum* - *Charmosyna rubrigularis* - *Charmosyna meeki* - *Charmosyna toxopei* - *Charmosyna multistriata* - *Charmosyna wilhelminae* - *Charmosyna rubronotata* - *Charmosyna placentis* - *Charmosyna diadema†* - *Charmosyna aureicincta* - *Charmosyna margarethae* - *Charmosyna pulchella* - *Charmosyna josefinae* - *Charmosyna papou*.

Orcopsittacus (Bergzierloris)

Diese Gattung besteht aus nur einer Art mit drei Unterarten. Es handelt sich um kleine schlanke Vögel mit sehr langen keilförmigen Schwänzen, die die hochalpinen Regionen von Neuguinea bewohnen. Die Besonderheit dieser Gattung sind 14 Schwanzfedern, während alle anderen Loris nur 12 Schwanzfedern haben. Bergzierloris sind vorwiegend Nektar-, Frucht- und Insektenfresser, die sowohl gewandt fliegen als auch geschickt auf den Ästen umherlaufen und im Gezweig herumturnen. Beim Bergzierlori handelt es sich um einen kleinen, recht zierlichen Vogel, was auch daran zu erkennen ist, dass etwa die Hälfte des nur 15 cm langen Loris auf den Schwanz entfällt. Er bewohnt die Gebirgswälder zwischen 1000 und 3750 m, also hochalpine Regionen. Bei der Nahrungsaufnahme in blühenden Bäumen sieht man ihn in kleinen Gruppen gemeinsam mit Honigfressern, Blütenpickern oder anderen kleinen Loris. Neben Nektar und Pollen werden auch Beeren, Früchte und Insekten aufgenommen. Über das Brutverhalten liegen keine Angaben vor.

Art: *Oreopsittacus arfaki*.

Neopsittacus (Bergloris)

Bergloris bilden eine Gattung mit zwei Arten und sechs Unterarten, die im Gebirge Neuguineas zuhause ist. Sie sind ausgesprochene Bewohner der Bergwälder, wo sie in Höhen von 1000 bis 2000 m häufig auch in Gesellschaft anderer Loriarten angetroffen werden. Mehr als andere Loris scheinen die mittleren Regionen der Bäume Beachtung zu finden. Der Flug ist überaus schnell und direkt. Die bevorzugte Nahrung besteht, im Gegensatz zu den meisten anderen Loriarten, neben den bekannten Futterarten (Blütennektar, Pollen usw.) auch aus härteren Sämereien und Früchten. Auch Knospen und Zweige werden zerbissen. Außer dass zwei Eier ein Gelege bilden, ist über die Fortpflanzungsbiologie dieser Gattung nichts Näheres bekannt.

Art: *Neopsittacus musschenbroekii.*

Unterfamilie: *Psittacinae*

Nestorini

Nestor (Nestorpapageien)

Der Kea (Nestor notabilis) ist eine in Neuseeland endemische, d. h. nur dort lebende Papageienart. Genauer gesagt, kommt er nur auf der Südinsel und hier wiederum in der Gebirgsregion in Höhen von 600 bis 2000 m ü. NN vor. Er zählt zu den ursprünglichsten Arten unter den heute noch lebenden Papageien. Der Name Kea stammt aus dem Englischen und bezieht sich auf seinen Ruf, ein langgezogenes „Kiiiaaah". Bei Streitereien sind auch schrille Krächzer zu hören. Die Vögel leben gesellig und sogar polygam. Ein Hahn kann bis zu vier Weibchen begatten. Diese Haremsstruktur kommt auch darin zum Ausdruck, dass Weibchen, die sich später einem Hahn anschließen wollen, von den Haupthennen oft bedrängt und gejagt werden. Hier besteht eine klare Rangordnung. Da Keas die Hochgebirgsregion besiedelt haben, sind sie relativ kälteresistent. Sie wälzen sich im Schnee und laufen auf Gletschern herum. Sie sind sehr verspielt und neugierig und während der Sommermonate auch nachts aktiv. Ihr Futter ist sehr vielseitig. Obwohl sie Insekten, Früchte und Sämereien bevorzugen, fressen sie auch Abfälle und Aas. Letzteres hat sie sehr in Verruf gebracht. Die Folge: Tausende von ihnen wurden getötet. Neuseeländische Farmer sahen in den Keas eine Bedrohung für ihre Schafherden, was aber nicht der Fall ist. Die heutigen Kea-Bestände sind nur noch kleine Restpopulationen. Keas legen zwischen zwei und vier Eiern. Nach einer Brutdauer von etwa drei bis vier Wochen verbleiben die Jungtiere allerdings noch rund 13 Wochen im Nest. Die zweite Art aus der Gattung der Nestorpapageien ist der Kaka (N. meridionalis). Kakas sind Waldbewohner und ihre Bestände sind rückläufig, da immer mehr Wald zerstört wird. Zur Nahrungspalette gehören Samen, Früchte Beeren, Blüten, Blattknospen sowie Nektar und Insekten. Es werden in der Regel vier bis fünf Eier gelegt und etwa drei Wochen lang vom Weibchen bebrütet. Etwa neun bis zehn Wochen später verlassen die Jungtiere das Nest. Die Art N. productus ist bereits ausgestorben. Es entbehrt nicht einer gewissen Tragik, dass das letzte Exemplar 1851 in einem Käfig in London verstarb.

Arten: *Nestor notabilis - Nestor productus† - Nestor meridionalis*

Psittrichadini

Psittrichas (Borstenkopfpapageien)

Der Borstenkopf (*P. fulgidus*) kommt in Zentral-Neuguinea in Höhen zwischen 600 und 1200 m ü. NN vor. Lokal kommt er aber auch in tiefere Regionen oder bis zu einer Höhe von 2000 m ü. NN vor. Leider fallen die Borstenkopfpapageien häufiger der Jagd zum Opfer und sind nur noch dort regelmäßig anzutreffen, wo sie relativ ungestört in Primär- und Sekundärwäldern leben können. Ein bevorzugter Aufenthaltsort sind die Kronen größerer Bäume, in denen sie einzeln, paarweise oder in Kleingruppen zu beobachten sind. Als Nahrung dienen weiche Früchte, teilweise Feigen und Wildpflaumen sowie vermutlich auch Nektar. Allgemein weiß man auch von dieser Art nur wenig. Es werden durchschnittlich zwei Eier gelegt und rund 29 Tage allein vom Weibchen bebrütet. Die Nestlingszeit wird mit etwa 75 Tagen angegeben.

Art: *Psittrichas fulgidus*

Micropsittini

Micropsitta (Spechtpapageien)

Die Gattung der Spechtpapageien weist die kleinsten Vertreter aller *Psittaciformes* auf. Unter den Spechtpapageien ist wiederum M. pusio die kleinste Art. Ausgewachsene Tiere werden nur rund 8,4 cm groß und wiegen 10 bis 15 g. Auch die anderen fünf Arten werden nur zwischen 9 und 10 cm groß. Spechtpapageien sind auf Neuguinea und angrenzenden Inseln beheimatet und bewohnen dort vor allem Waldgebiete in unterschiedlichen Höhenlagen. Der relativ häufige Vertreter *M. bruijnii* ist vor allem in Höhenlagen zwischen 500 und 2500 m ü. NN zu finden, während M. keiensis vorwiegend im Tiefland vorkommt. Zur Nahrung gehören Früchte, Sämereien, Baumrinde und Insekten, aber auch Flechten und Pilze werden gefressen. Als Bruthöhlen werden Termitenbauten und abgestorbene Bäume genutzt. Es werden zwei bis drei Eier gelegt. Ansonsten weiß man kaum etwas über die Brutbiologie dieser interessanten Papageienvögel.

Die Arten: *Micropsitta keiensis - Micropsitta geelvinkiana - Micropsitta pusio - Micropsitta meeki - Micropsitta finschii - Micropsitta bruijnii.*

Cyclopsittacini

Cyclopsitta (Feigenpapageien)

Feigenpapageien (*Cyclopsitta*) weisen zwei Arten und 15 Unterarten auf. Vertreter dieser Gattung weisen sich durch eine nackte Wachshaut und geringere Größe aus. Ihr Vorkommen konzentriert sich auf Neuguinea mit seinen verschiedenen Lebensraumtypen (Küstengebiete, Regenwald und Savannen), den Aru-Inseln und Indonesien. Der Coxens-Feigenpapagei (*C. diophthalma coxeni*) ist durch die Zerstörung seines Lebensraumes Regenwald vom Aussterben bedroht und wird deshalb im Anhang I des Washingtoner Artenschutzabkommens geführt. In den Importstatistiken tauchen Feigenpapageien, deren Größe zwischen 13 und 19 cm liegt, nur sehr selten auf, so dass ein Bestandsrückgang bisher vor allem auf Eingriffe des Menschen in die Natur zurückzuführen ist. Aufgrund ihres bunten Gefieders und des ansprechenden Wesens, vielleicht auch gerade wegen ihres seltenen Auftretens im Handel, sind die Feigenpapageien relativ begehrte Tiere bei spezialisierten Papageienhaltern. Die Haltung dieser Vögel ist allerdings sehr schwierig und erfordert viele Kenntnisse. Die Zucht ist entsprechend selten gelungen. Es werden ein bis zwei Eier gelegt und rund 18 Tage vom Weibchen bebrütet. Etwa 50 Tage nach dem Schlüpfen verlassen die Jungvögel das Nest. Von den meisten Arten ist das Fortpflanzungsverhalten in weiten Teilen noch unbekannt.

Arten: *Cyclopsitta gulielmitertii - Cyclopsitta diophthalma.*

Psittaculirostris

Die zweite Gattung der Feigenpapageien bilden die Keilschwanzpapageien (*Psittaculirostris*) mit drei Arten und insgesamt sechs Unterarten. Sie sind in verschiedenen Teilen Neuguineas beheimatet und bewohnen dort vor allem verschiedene Waldgebiete. Aus dem Freileben sind nur wenige Details bekannt. Sie scheinen nur selten größere Gruppen zu bilden. Dies ist höchstens an guten Nahrungsquellen der Fall, wo sie auch mit anderen Fruchtfressern zusammen beobachtet werden.

Arten: *Psittaculirostris desmarestii - Psittaculirostris edwardsii - Psittaculirostris salvadorii.*

Psittaculini

Agapornis (Agaporniden, Unzertrennliche)

Die Gattung *Agapornis* besteht aus neun verschiedenen Arten, von denen acht auf dem afrikanischen Festland und eine (*A. canus*, Grauköpfchen) auf Madagaskar und vorgelagerten Inseln zu finden ist. Agaporniden sind allesamt Höhlenbrüter, die allerdings verschiedenartige Brutgewohnheiten zeigen. So brütet z. B. das Orangeköpfchen (*A. pullarius*) als Unter- bzw. Obermieter in großen Termitenbauten, in die sie selber Höhlen graben. Andere Arten bewohnen verlassene oder eigens angelegte Bruthöhlen in abgestorbenen Ästen, brüten in Felsnischen oder sogar an Häusern. Nahezu alle Agaporniden sind beliebte Papageienarten, die zum Teil sehr häufig in Menschenhand vermehrt werden. Eine Ausnahme bildet nur das Grünköpfchen (*A. swinderianus*), das sehr versteckt in Waldgebieten lebt und keine Handelsrelevanz besitzt. Auch das Grauköpfchen (*A. canus*) und der Taranta-Unzertrennliche (*A. taranta*) werden eher selten gehalten und vermehrt und sind entsprechend begehrt. Die wohl häufigste Art ist das Rosenköpfchen (*A. roseicolli*), das bereits über mehrere Generationen vermehrt wird und unzählige Farbschläge hervorgebracht hat. Dies geht sogar soweit, dass kaum noch reinerbig wildfarbene Exemplare zur Verfügung stehen. Weitere beliebte Arten sind das Schwarzköpfchen (*A. personatus*) und das Pfirsichköpfchen (*A. fischeri*), die ebenfalls immer als Nachzucht zu erwerben sind. Weitere weniger verbreitete Arten sind das Erdbeerköpfchen (*A. lilianae*) und das Rußköpfchen (*A. nigrigenis*). Durchschnittlich werden fünf Eier je nach Art zwischen 21 und 25 Tage lang bebrütet. Einige Arten bauen hierzu ein kunstvolles Nest. Die Jungtiere sind schließlich mit ca. sechs bis sieben Wochen selbständig.

Arten: *Agapornis canus - Agapornis pullarius - Agapornis*

taranta - Agapornis swindernianus - Agapornis roseicollis - Agapornis fischeri - Agapornis personatus - Agapornis lilianae - Agapornis nigrigenis.

Loricullus (Fledermauspapageien)

Die Fledermauspapageien sind in elf Arten über Südostasien verbreitet. Die Vögel bewohnen dort verschiedenste Biotope, z. B. im Regenwald, in Plantagen und Obstgärten, im Bambusdickicht, sogar in der Nähe menschlicher Siedlungen. Vorzugsweise kommen sie im Tiefland vor, in den Bergen sind sie nur in den unteren Regionen zu finden. Den Namen Fledermauspapageien verdanken diese nur 10 - 16 cm großen Papageien ihrer Eigenart, im Schlaf und in Ruhestellung Kopf unter zu hängen. In dieser Stellung kann man sie auch bei der Gefiederpflege und Futteraufnahme beobachten. Sieben Arten von Fledermauspapageien kommen endemisch vor. Die kleinen Papageien ernähren sich recht vielseitig überwiegend von Früchten, Beeren, Blüten und Nektar. Einige Arten nehmen regelmäßig kleine Samen auf. Auch Pflanzensäfte gehören zum Nahrungsspektrum. Fledermauspapageien brüten in Baumhöhlen, in die sie Blatt- und Rindenstücke als Nestunterlage eintragen. Das Gelege besteht aus drei bis fünf weißen Eiern, die 20 - 22 Tage bebrütet werden. Nach ca. 32 Tagen verlassen die Jungvögel das Nest und sind nach weiteren 14 Tagen selbständig.

Die Arten: *Loriculus vernalis - Loriculus beryllinus - Loriculus philippensis - Loriculus camiguinensis - Loriculus galgulus - Loriculus stigmatus - Loriculus sclateri - Loriculus amabilis - Loriculus catamene - Loriculus aurantiifrons - Loriculus exilis - Loriculus pusillus - Loriculus flosculus .*

Psittacula (Edelsittiche)

Die Gattung der Edelsittiche (*Psittacula*) umfasst elf Arten, die sich zum Teil noch in mehrere Unterarten aufspalten. Charakteristisch für alle Edelsittiche sind die relativ zur Körpergröße langen Schwanzfedern und ein relativ deutlich ausgeprägter Geschlechtsdimorphismus. Edelsittiche sind mit Ausnahme des afrikanischen Halsbandsittichs auf dem asiatischen Festland und einigen Inseln zu finden. Die Gesamtlänge der Vögel liegt je nach Art zwischen 33 - 55 cm. Es werden unterschiedliche Lebensräume besiedelt, teilweise in beachtlichen Höhenlagen. Von den 11 Arten haben etwa die Hälfte eine gewisse Bedeutung für die Vogelhaltung. Allen voran ist der bereits seit Generationen gehaltene und gezüchtete Halsbandsittich (*P. krameri*) zu nennen. Sein Verwandter der Große Alexandersittich (*P. eupatria*) und der schön gezeichnete und erheblich kleinere Pflaumenkopfsittich (*P. cyanocephala*) sind ebenfalls in Vogelhalterkreisen ein Begriff. Weniger gehalten werden die Chinasittiche (*P. derbyana*) und die Rosenbrust-Bartsittiche (*P. alexandri*). Die im Freiland seltenste und akut vom Aussterben bedrohte Art ist der Mauritiussittich (*P. echo*). Die Ursachen für seinen minimalen Bestand (kaum ein Dutzend freilebende Tiere!) sind vor allem in vom Menschen eingeschleppten Raubsäugern (Affen und Ratten) zu suchen, die seine Bruten zerstören und Nester plündern. Die drei bis vier Eier werden rund 22 Tage lang vorwiegend vom Weibchen bebrütet. Die Jungtiere verlassen nach sechs bis sieben Wochen ihr Nest.

Arten: *Psittacula eupatria - Psittacula wardi† - Psittacula krameri - Psittacula echo - Psittacula himalayana - Psittacula finschii - Psittacula cyanocephala - Psittacula roseata - Psittacula columboides - Psittacula calthropae - Psittacula derbiana - Psittacula alexandri - Psittacula caniceps - Psittacula exsul† - Psittacula longicauda.*

Bolbopsittacus (Stummelschwanzpapageien)

Der einzige Vertreter der monotypischen Gattung *Bolbopsittacus* ist der Stummelschwanzpapagei (*B. lunulatus*), der den Feigenpapageien ähnelt. Der Stummelschwanzpapagei kommt nur auf den Philippinen vor. Es werden vier Unterarten beschrieben. Guaiaberos, wie diese Art ebenfalls genannt wird, bevorzugen als Lebensraum offene Gebiete mit Baumbestand. Schwärme bis zu 50 Tiere konnten beobachtet werden. Ansonsten ist kaum etwas über sein Freileben bekannt. Sie fressen vor allem verschiedene Beeren und Früchte.

Art: *Bolbopsittacus lunulatus.*

Psittinus (Rotachselpapageien)

Bei den Rotachselpapageien handelt es sich um relativ kleine Vertreter der Papageien. So wird der Rotachselpapagei (*P. cyanurus*) nur rund 16,5 cm groß. Die Gattung *Psittinus* ist mit nur einer Art auf den indonesischen Inseln Sumatra, Borneo und der Halbinsel Malakka (Malaysia) vertreten. Als Lebensraum werden heiß-feuchte Gebiete bevorzugt. Dort suchen sie als Paare oder kleineren Gruppen vorzugsweise in Bäumen nach geeigneter Nahrung. Diese besteht vor allem aus verschiedenen Früchten und Sämereien. Teilweise, vor allem an ergiebigen Nahrungsquellen, schließen sich auch größere Schwärme zusammen. So kann es durchaus zu Schäden in Plantagen etc. kommen. In der Regel werden zwei bis drei (seltener bis zu fünf) Eier gelegt, die dann etwa 23 Tage lang bebrütet werden. Fünf Wochen später fliegen die Jungvögel aus und erreichen mit acht Wochen etwa die Größe ihrer Eltern.

Art: *Psittinus cyanurus*

Psittacella (Bindensittiche)

Die Gattung *Psittacella* umfasst vier Arten, die auf Neuguinea beheimatet sind. Sie halten sich bevorzugt in Bergwäldern und angrenzendem Grasland auf, wo sie ein wenig auffälliges Dasein führen. Die Bindensittich-Arten ernähren sich vorzugsweise von Früchten, Beeren und Sämereien. Über ihr Freileben sind kaum Details bekannt, was auf ihr verstecktes Leben in recht unzugänglichen Gebieten zurückzuführen ist. Auch über die Brutbiologie fehlen die Informationen nahezu vollständig.

Arten: *Psittacella brehmii* - *Psittacella picta* - *Psittacella modesta* - *Psittacella madaraszi.*

Geoffroyus (Rotkopfpapageien)

Diese Gattung umfasst drei Arten, über die nur wenig bekannt ist. Der Rotkopfpapagei (*Geoffroyus geoffroyi*) ist in 16 Unterarten auf verschiedenen Inseln Indonesiens, auf Neuguinea und einigen vorgelagerten Inseln sowie auf der australischen KapYork-Halbinsel vertreten. Nach den Allfarbloris (*Trichoglossus haematodus*) mit 21 haben die Rotkopfpapageien mit 16 Unterarten die zweitgrößte Formenvielfalt innerhalb einer Papageienart gebildet. Dies liegt daran, dass sich ihre Verbreitung über eine Länge von nicht weniger als 3.800 km erstreckt und zu einem großen Teil aus zahlreichen Inselpopulationen besteht. Zu letzteren zählen die kleinen Sunda-Inseln mit so bekannten Inseln wie Timor, Flores oder Sumba, die gesamten Molukken, die Aru-, Kai- und Tanimbar-lnseln sowie einige Inseln des Louisiade-Archipels. Ein Verbreitungsschwerpunkt der Art ist Neuguinea. Auf dieser großen Insel haben sich allein vier Unterarten herausgebildet. Rotkopfpapageien bewohnen eine Vielzahl von Habitaten, die aber von Insel zu Insel unterschiedlich sein können. Auf allen Inseln scheint der Rotkopfpapagei ein Bewohner der Tieflandgebiete zu sein, wo er neben den zuvor beschriebenen Habitaten auch in Mangrovenwäldern und Savannen mit Baumbestand vorkommt. Weitere Arten sind *G. simplex* aus den Bergregionen Neuguineas und *G. heteroclitus* vom Bismarck-Archipel und den Solomonen.

Arten: *Geoffroyus geoffroyi - Geoffroyus simplex - Geoffroyus heteroclitus.*

Prioniturus (Spatelschwanzpapageien)

Die Bezeichnung Spatelschwanzpapageien entstand aufgrund des für Papageien außerordentlich geformten Schwanzes dieser Gattung. So weisen die zentralen Schwanzfedern einen verlängerten Schaft auf, der in eine spatelförmige Federspitze mündet. Die Gattung *Prioniturus* soll eine gewisse verwandtschaftliche Nähe zu der Gattung *Geoffryus* aufweisen. Drei Arten sind auf verschiedenen Inseln der Philippinen beheimatet, während die anderen drei Arten auf indonesischem Gebiet anzutreffen sind. Das Wissen über das Freileben der einzelnen Arten ist äußerst bruchstückhaft, obwohl z. B. die Art *P. luconensis* relativ häufig vorkommt. Man weiß, dass die Spatelschwanzpapageien vornehmlich Früchte, Beeren, aber auch Samen und Nüsse zu sich nehmen. Normalerweise halten sich die Tiere in Waldgebieten auf. Die philippinische Art *P. montanus* bevorzugt als Aufenthaltsort Primärwaldgebiete oberhalb von 2000 m ü. NN. Die Art *P. flavicans* ist auf Sulawesi beheimatet und bevorzugt als Lebensraum Primärwälder in einer Höhe von etwa 1000 m ü. NN. Durch Lebensraumzerstörung kam es zu einem dramatischen Bestandsrückgang. Von den Brutgewohnheiten ist ebenfalls kaum etwas bekannt. Es werden vermutlich zwischen drei und fünf Eier in geeignete Nisthöhlen gelegt.

Arten: *Prioniturus montanus - Prioniturus platenae - Prioniturus luconensis - Prioniturus discurus - Prioniturus verticalis - Prioniturus flavicans - Prioniturus platurus - Prioniturus mada.*

Tanygnathus (Großschnabelpapageien)

Vier Arten Großschnabelpapageien werden unterschieden. Die Gattung *Tanygnathus* ist eventuell mit den Gattungen *Psittacula* (Edelsittiche) und *Eclectus* (Edelpapageien) näher verwandt. Es handelt sich um mittelgroße Papageien von ungefähr 31 cm Länge, nur der Schwarzschulter-Edelpapagei ist ca. 39 cm lang. Die Grundfarbe der Vögel ist grün, aber zwei Arten weisen komplizierte und äußerst schöne Flügelzeichnungen auf. Ihr Schwanz ist kurz und nicht so breit wie der der Edelpapageien. Die Vögel stammen aus Indonesien, den Inseln West-Papuas, den Molukken und den Philippinen. Über ihre Habitate ist sehr wenig bekannt. Interessanterweise wurden zwei Arten, der Müllers-Edelpapagei und der Schwarzstirn-Edelpapagei, als gelegentlich nachtaktiv beschrieben. Ihre Nahrung setzt sich vorwiegend aus Früchten und verschiedenen Nüssen zusammen. Sie dürfen als Waldbewohner angesehen werden. Etwa drei Eier werden gelegt und 22 bis 27 Tage bebrütet. Nach etwa acht Wochen ist der Nachwuchs selbständig. Von einigen Arten fehlen weitgehend Angaben über ihre Fortpflanzungsbiologie im Freiland. Auch Zuchterfolge sind selten.

Arten: *Tanygnathus megalorynchos - Tanygnathus lucionensis - Tanygnathus sumatranus - Tanygnathus gramineus.*

Eclectus (Edelpapageien)

Die Gattung der Edelpapageien (*Eclectus*) umfasst etwa acht bis zehn Unterarten, bei denen man in der Regel nur die Weibchen relativ sicher zuordnen kann. Verbreitet sind die Edelpapageien auf den Molukken, den kleinen Sundainseln, Australien, Neuguinea und verschiedenen

umliegenden Inseln. Sie bewohnen vor allem Tiefland-
wälder und gelten als Fruchtfresser. Charakteristisch für die
Edelpapageien ist ihr dichtes, fellartiges Gefieder und ihr
ausgeprägter Geschlechtsdimorphismus (Männchen überwiegend grünlich; Weibchen überwiegend rot). Die Länge
beträgt 35-38 cm bei einem Gewicht von 440 - 590 g (1,0)
bzw. 465 - 615 g (0,1). Edelpapageien sind zwar unter Züchtern sehr begehrte und daher kostspielige Tiere, werden aber
trotzdem relativ selten gehalten. Einige der Arten sind in
ihrem Bestand bedroht. So z. B. der auf der Insel Sumba
beheimatete Cornelia-Edelpapagei (*Eclectus roratus cornelia*).
Allerdings weiß man in diesem Fall noch nicht viel über
die Ursachen seines Rückganges. Man vermutet jedoch, dass
fehlende Nistgelegenheiten und eingeschleppte Javaner-
Affen mögliche Gründe sein könnten. Einige Edel-
papageienunterarten, wie z. B. Halmahera-Edelpapageien
(*E. r. vosmaeri*) und Neuguinea Edelpapageien (*E. r.
polychlorus*) werden bereits regelmäßig, allerdings in geringen Mengen und oft als Handaufzuchten vermehrt. Bei der
Haltung ist stets darauf zu achten, dass man nur artenreine
Paare zusammenstellt, um Mischlingszuchten zu vermeiden. Weibchen können unter Umständen recht aggressiv
gegenüber ihren Partnern sein, was bei der Volierengröße
bedacht werden sollte. Meist werden ein bis zwei Eier etwa
26 Tage lang vom Weibchen bebrütet. Nach etwa 12 Wochen verlassen die jungen Edelpapageien die Nisthöhle.

Art: *Eclectus roratus.*

Alisterus (Königssittiche)

Königssittiche bewohnen die bergigen Gegenden des östlichen Australiens sowie Neuguineas und sind auch auf einigen westlich von Neuguinea vorgelagerten Inseln zu finden. Es wurden drei Arten mit diversen Unterarten ausgebildet. Königssittiche bewohnen vor allem Waldgebiete.

Zumindest die australische Art besucht hin und wieder auch Savannenregionen. In der Regel sieht man *A. scapularis* paarweise oder in Gruppen von 20 bis 30 Tieren in ihrem Habitat. *A. amboinensis* und *A. chloropterus* kommen auf Neuguinea vornehmlich als Paar vor. Gruppen sind selten. In Australien konnte man Königssittiche bereits in Gesellschaft von Helmkakadus und Pennantsittichen beobachten, mit denen sie zusammen auf Nahrungssuche waren. Die Nahrung besteht aus Früchten, Nüssen und Sämereien. Zuchten gelingen in Menschenobhut häufiger bei der australischen Art. Im Vergleich hierzu sind die beiden anderen Arten anfällig und bedürfen besonderer Pflege. Es werden zwei bis vier Eier (bei *A. scapularis* auch bis zu sechs Eier) gelegt, aus denen nach etwa 21 Tagen Jungtiere schlüpfen. Nach sechs bis acht Wochen fliegen die Jungtiere aus.

Arten: *Alisterus amboinensis - Alisterus chloropterus - Alisterus scapularis.*

Apromictus (Rotflügelsittiche)

Die zwei Arten der Rotflügelsittiche bewohnen in mehreren Unterarten Australien im Norden und Nordosten. Ein weiteres Verbreitungsgebiet befindet sich im südlichen Neuguinea. Der Timor-Rotflügelsittich (*A. jonquillaceus*) ist auf Timor und umliegenden indonesischen Inseln zu finden. In Australien findet man sie in offenen Waldgebieten, entlang von Flussläufen mit einem gewissen Baumbestand und seltener in Mangroven und mit Bäumen besetzten Savannen. Normalerweise leben sie paarweise oder in kleinen Familienverbänden. Seltener sieht man Gruppen von 15 bis 20 Tieren. Es wird von unregelmäßigen Wanderbewegungen berichtet. Rotflügelsittiche ernähren sich von Früchten und Sämereien, nehmen aber auch Insekten und deren Larven zu sich. Australische Vertreter dieser Gattung gehören zu den beliebtesten Großsittichen und werden regelmäßig in Volieren vermehrt. Sie legen zwei bis vier Eier und bebrüten diese 19 bis 22 Tage lang. Nach sechs Wochen wird die Nisthöhle verlassen und nach weiteren vier Wochen sind die Jungtiere selbständig.

Arten: *Aprosmictus jonquillaceus - Aprosmictus erythropterus.*

Polytelis (Prachtsittiche)

Die Gattung *Polytelis* umfasst drei Arten, die in verschiedenen Gebieten Australiens beheimatet sind. Bergsittiche (*P. anthopeplus*) bewohnen vor allem dicht bewachsene Strauchsteppen und sind im westaustralischen Verbreitungsgebiet zu Kulturfolgern geworden. Schildsittiche (*P. swainsonii*) haben ein sehr kleines Verbreitungsgebiet, das sich auf ein Fluss-System im südlichen Neusüdwales beschränkt. Der Blaukappensittich (*P. alexandrae*) ist ein Bewohner der trockenen Steppen und Halbwüsten im Zentrum Australiens. Prachtsittiche schließen sich äußerst selten zu größeren Schwärmen zusammen, bilden aber durchaus Gruppen von etwa 10 Exemplaren. Die *Polytelis*-Arten werden recht häufig in Volieren gehalten, die entsprechend ihrer Flugbegabung sehr langgestreckt sein müssen. Es werden drei bis sechs Eier gelegt, die etwa 20 Tage bebrütet werden. Nach sechs bis sieben Wochen fliegen die jungen Prachtsittiche aus und erreichen mit ca. vier Wochen die Selbständigkeit.

Arten: *Polytelis swainsonii - Polytelis anthopeplus - Polytelis alexandrae.*

Platycercini

Purpureicephalus (Rotkappensittich)

Der Rotkappensittich (*P. spurius*) bewohnt geschlossene Eukalyptuswälder. In ihrem recht eng begrenzten Verbreitungsgebiet in Südwestaustralien sind diese Tiere recht häufig. Sie ernähren sich fast ausschließlich von den Eukalyptussamen. Mit ihrem schmalen, langen und stark gekrümmten Oberschnabel sind sie in der Lage, die sehr kleinen Samenkörner aus den harten, holzigen Hülsen herauszubrechen. Sie fressen sowohl am Boden als auch in den Bäumen. Grüne, am Boden liegende Kapseln werden bevorzugt mit einem Fuß festgehalten und mit dem Schnabel die Samen herausgeholt. Weiterhin dienen die Samen anderer Sträucher und Bäume dem Rotkappensittich als Nahrung. Regelmäßig sind sie auch in blühenden Bäumen anzutreffen. Sie holen mit ihrem langen Schnabel aus den Blüten Pollen und Nektar heraus. Auch Früchte aller Art werden gerne genommen. In den Apfelplantagen Südwestaustraliens richteten die Tiere große Schäden an. Das Gelege besteht aus vier bis sieben Eiern, die vom Weibchen allein innerhalb von 24 Tagen erbrütet werden. Nach etwa fünf Wochen verlassen die Jungen ihr Nest.

Art: *Purpureicephalus spurius*

Barnardius (Ringsittiche)

Die Gattung *Barnadius* umfasst zwei Arten mit diversen Unterarten. Die erste Art ist der Ring- oder Kragensittich (*B. zonarius*). Seine Verbreitung umfasst das Zentrum, den Westen sowie Südwesten des australischen Kontinents. Die zweite Art ist der Barnardsittich (*B. barnadi*), welcher im Inneren von Neusüdwales und Queensland zu finden ist. Ringsittiche bewohnen Küstenwälder so wie offene Waldgebiete. In der Nähe von Wasserstellen und Flussläufen bevölkern sie die Eukalyptusbäume, aber auch in den Gras- und Buschlandschaften halten sie sich auf. Der Kragensittich gehört zu den häufigsten Sittichen im Westen und Südwesten Australiens. Barnardsittiche halten sich bevorzugt in Savannengebieten und Eukalyptusbeständen auf. Der Ringsittich ist ein richtiger Kulturfolger geworden. So besiedeln die Tiere auch Parkanlagen in großen Städten sowie kleine Siedlungen. In Weizenanbaugebieten und Obstplantagen richten sie oft erhebliche Schäden an. Sie stehen unter keinem gesetzlichen Schutz und werden daher von Farmern und Obstbauern verfolgt. Zur Nahrungssuche kommen die Vögel auf den Boden. Ihre Nahrung besteht vorwiegend aus Sämereien und Früchten. Besonders gerne gehen sie in die Weizenfelder. Überwiegend besteht das Gelege aus drei bis sechs Eiern. Die Brutdauer beträgt 19 bis 21 Tage. Nach einer Nestlingszeit von etwa fünf Wochen verlassen die Jungen die Bruthöhle.

Art: *Barnardius zonarius - Barnardius barnadi.*

Platycercus (Plattschweifsittiche)

Vermutlich waren Plattschweifsittiche ursprünglich einmal Bewohner geschlossener Wälder (einige Arten sind es heute noch), die sich im Laufe ihrer Stammesgeschichte anderen Lebensräumen angepasst haben. Die Mehrzahl der sechs *Platycercus*-Arten bewohnt heute lichte Trockenwälder, Savannen und weite Grassteppen. Wenige Arten passten sich sogar extrem trockenen Gebieten, wie Strauchsteppen oder gar Halbwüsten an. Die Brutzeit in freier Wildbahn ist abhängig von den jeweiligen klimatischen Verhältnissen des entsprechenden Gebietes. So brüten die meisten Plattschweifsittiche nur einmal im Jahr. Einige Arten, die in Gebieten leben, wo ausreichend hohe Temperaturen bei gleichzeitig vorhandenen Regenfällen vorhanden sind, die für ausreichende Nahrungsgrundlagen sorgen, werden auch zwei bis drei Bruten im Jahr großgezogen. Daneben nimmt die Länge und jahreszeitliche Verteilung der Niederschläge noch Einfluss auf die Wanderungen der australischen Sittiche. So sind Arten der küstennahen Gebiete, die fast immer über ausreichend Nahrung und Wasser verfügen, in der Regel Standvögel, während trockene Gebiete im Landesinneren oft zu ausgedehnten Wanderungen zwingen. Die australischen Plattschweifsittiche erfreuen sich bei Vogelliebhabern vor allem in Europa einer besonderen Beliebtheit und werden häufig gezüchtet. Fast jeder Sittichhalter kennt wohl die wunderschön gefärbten Rosellasittiche (*P. eximius*) und Pennantsittiche (*P. elegans*). Weitere Arten sind der Gelbbauchsittich (*P. caledonicus*) und der Blasskopfrosella (*P. adscitus*). Maximal acht Eier können gelegt werden. Die Brutzeit beträgt rund 22 Tage. Ausfliegende Jungvögel sind nach weiteren vier bis fünf Wochen zu erwarten. Nach dem Ausfliegen versorgen die Eltern noch zwei bis drei Wochen den Nachwuchs, der danach selbständig ist.

Arten: *Platycercus caledonicus - Platycercus elegans - Platycercus venustus - Platycercus adscitus - Platycercus eximius - Platycercus icterotis.*

Psephotus (Singsittiche)

Neben dem eigentlichen Singsittich (*Psephotus haematonotus*) gibt es noch vier weitere Arten, die zu dieser Gattung gehören. Darunter befindet sich auch der Paradiessittich (*Psephotus pulcherrimus*), der vermutlich bereits vor 1930 ausstarb. Drei der Arten gliedern sich in Unterarten. Alle Vertreter der Gattung sind nur in Australien verbreitet und sind typische Vertreter subarider und arider Landschaftsformen. In vielen Regionen seines Verbreitungsgebietes ist der Singsittich (*P. haematonotus*) zum Kulturfolger geworden. Er nutzt im stärksten besiedelten Teil Australiens alle Landschaftsformen, die bis 1000 m hoch liegen. Bevorzugt werden Gebiete, die von Bach- und Flussläufen durchzogen sind. Der Vielfarbensittich (*P. varius*) geht nur paarweise oder im Familienverband der Nahrungssuche nach, während Singsittiche auch Schwärme bilden. Weitere Arten sind der Rotsteißsittich (*P. dissimilis*) und der gefährdete Goldschultersittich (*P. chrysopterygius*). Es werden durchschnittlich vier bis sechs Eier gelegt und 19 bis 21 Tage lang bebrütet. Es gab bereits Gelege von bis zu neun Eiern. Nach etwa vier Wochen verlassen die Jungvögel das Nest. Weitere zwei bis drei Wochen dauert es bis zur Selbständigkeit.

Arten: *Psephotus haematonotus - Psephotus varius - Psephotus dissimilis - Psephotus chrysopterygius - Psephotus pulcherrimus†.*

Cyanoramphus (Laufsittiche)

Laufsittiche sind kleine, vorwiegend am Boden lebende Sittiche mit grüner Gefiederfärbung, die ihnen eine gute Tarnung und Schutz vor Feinden bietet. Ihre Heimat ist Neuseeland und umliegende Inseln. Alle sechs Arten dieser Gruppe sind in ihren Lebensräumen sehr stark bedroht und stehen teilweise vor dem Aussterben. Als Inselbewohner fehlt ihnen unberührtes Hinterland zum Bestandserhalt. Die neuseeländischen Arten und Unterarten sind dagegen nicht ganz so bedroht wie die auf den kleinen Inseln vorkommenden Arten. Durch den Eingriff des Menschen sind bisher bereits mindestens zwei Arten und zwei Unterarten ausgerottet worden. Laufsittiche sind gesellig lebende Papageien, die außerhalb der Brutzeit in kleinen Gruppen umherziehen. Den Großteil des Tages verbringen sie bei der Nahrungssuche und mit Fressen. Ganz untypisch für Papageien ist, dass sie sehr geschickt und schnell auf dem Boden umherlaufen und hühnerähnlich mit den Füßen scharren, um so keimende Samen, Knollen und Wurzeln und eventuell am und im Boden lebende Insekten freizulegen. Häufig gehalten werden Ziegen- (*C. novaezilandae*) und Springsittiche (*C. auriceps*). Sie legen in der Regel fünf bis neun Eier, die rund 20 Tage bebrütet werden. Nach weiteren sechs Wochen fliegt der Nachwuchs aus und wird etwa zwei Wochen später selbständig.

Arten: *Cyanoramphus zealandicus†* - *Cyanoramphus ulietanus†* - *Cyanoramphus saisseti* - *Cyanoramphus forbesi* - *Cyanoramphus cookii* - *Cyanoramphus unicolor* - *Cyanoramphus auriceps* - *Cyanoramphus malherbi* - *Cyanoramphus novaezelandiae.*

Eunymphicus (Hornsittiche)

Es scheint eine gewisse verwandtschaftliche Nähe zwischen dem Hornsittich (*E. cornutus*) und den Laufsittichen der Gattung Cyanoramphus zu bestehen. Der Hornsittich hat sein Verbreitungsgebiet auf der Insel Neukaledonien. Da die ursprünglichen Wälder dezimiert wurden, gab es entsprechende Bestandsrückgänge bei diesen Papageienvögeln. Besonders stark gefährdet ist der Uvea-Hornsittich (*E. c. uvaeensis*), eine Unterart. Man beobachtet meist Paare oder Kleingruppen, die über die Baumwipfel fliegen. Sie fressen vorwiegend Früchte und verschiedene Sämereien. Ansonsten ist kaum etwas über ihr Freileben bekannt. Auch über die Brutbiologie gibt es nur wenige Informationen. Meistens werden zwei bis vier Eier gelegt. Als Nisthöhle dienen hohle Äste oder geeignete Höhlungen in Baumstämmen.

Art: *Eunymphicus cornutus*

Prosopeia (Pompadoursittiche)

Nach neueren Untersuchungen gehören die Sittiche der Gattung Prosopeia wohl zu den Plattschweifsittichen. Offensichtlich sind sie wie die Hornsittiche Neukaledoniens (Gattung *Eunymphicus*) aus früheren Besiedlungswellen von Laufsittichen (Gattung *Cyanoramphus*) in den pazifischen Raum hervorgegangen. Die Gattung umfasst vermutlich drei Arten: Kadavu-Sittich (*Prosopeia splendens*), Maskensittich (*P. personata*) und Pompadoursittich (*P. tabuensis*). Letzterer lässt sich in zwei deutlich unterscheidbare Unterarten trennen, von denen *P. t. tabuensis* auf den Fidschi-Inseln Vanua Levu, Koro, Gau und Kioa vorkommt, der kleinere *P. t. taviunensis* auf Taveuni, Qamea und Laucala. *P. t. tabuensis* ist schon vor dem Auftauchen der Europäer wegen seiner roten Federn oft nach Tonga gebracht worden. Einige sind sicherlich entkommen, wie das auch heute noch gelegentlich geschieht, und fanden ideale Bedingungen auf Tonga. So konnten sie diese Insel erfolgreich besiedeln. Ihre Bestände auf wenigen Inseln des tropischen Pazifiks gehen infolge zunehmender Rodung der Wälder ständig zurück. Pompadoursittiche leben in unterschiedlichsten Waldgebieten von großflächigen Mangrovenbeständen bis hin zu Nebelwäldern der hohen Fidschi-Inseln. Mit Waldresten durchsetzte Plantagenlandschaften bieten ihnen besonders reichlich Nahrung, und in solchen kann man oft größere Ansammlungen finden. Zur Fortpflanzung benötigen die Pompadoursittiche allerdings ursprüngliche Wälder mit großen, alten Bäumen, denn nur solche bieten geeignete Nistgelegenheiten in Form geräumiger Höhlen. Die Brutsaison fällt in die kühleren, trockeneren Monate, nämlich von Juli bis Oktober. Zwei oder drei Eier werden in einer Baumhöhle abgelegt, wobei die Sittiche nicht sehr anspruchsvoll sind. Nur das Weibchen sitzt auf den Eiern, aus denen nach etwa 23 Tagen die Küken schlüpfen. Diese bekommen nach etwa zwei Wochen einen dichten grauen Flaum. Von diesem Zeitpunkt an werden sie nicht mehr gehudert. Im Alter von acht bis zehn Wochen verlassen die Jungvögel ihre Höhle.

Arten: *Prosopeia splendens - Prosopeia personata - Prosopeia tabuensis.*

Neophema (Grassittiche)

Es gibt sechs in Australien und auf Tasmanien vorkommende Arten der Gattung *Neophema*. Sie sind gute Flieger und können dadurch notfalls weite Strecken überwinden. Sie sind somit den wechselhaften Witterungsverhältnissen Australiens bestens angepasst. Ihre Nahrung besteht vorwiegend aus verschiedenen Grassamen, die sie bevorzugt am Boden aufnehmen. Außerhalb der Brutsaison fliegen Grassittiche in Familienverbänden durch das Land und bilden manchmal auch größere Schwärme, in denen verschiedene Arten vertreten sein können. Der Wasserbedarf der Grassittiche ist gering. Meist genügt es ihnen, einmal am Tag eine Wasserstelle aufzusuchen. Notfalls begnügen sie sich mit Tautropfen, obwohl sie bei reichlich vorhandenem Wasser auch baden. Nahrungsflüge werden schon vor Sonnenaufgang, dann wieder erst am späten Nachmittag unternommen, während sie in den heißen Mittagsstunden versteckt in der Vegetation ruhen, wo sie meist von möglichen Beutefeinden übersehen werden. Während die meisten Neophemen recht häufig sind, ist *N. chrysogaster* der am meisten gefährdete australische Sittich. Es werden zwischen vier und sieben Eier gelegt. Die ersten Jungen schlüpfen nach 18-20 Tagen. Im Alter von vier bis fünf Wochen fliegen sie voll befiedert aus. Das Weibchen brütet dann meist schon wieder auf einem neuen Gelege.

Arten: *Neophema chrysostoma - Neophema elegans - Neophema petrophila - Neophema chrysogaster - Neophema pulchella - Neophema splendida.*

Lathamus (Schwalbensittiche)

Die Stellung des Schwalbensittichs im zoologischen System ist heute noch umstritten. Einige Autoren sind der Meinung, er gehöre zu den Plattschweifsittichen (*Platycercini*), nach anderen bildet er eine Übergangsform von den Loris (*Loriinae*) zu den Plattschweifsittichen. Einige Merkmale, wie z. B. die verlängerte, Papillen besetzte Zunge, deuten darauf hin. Es handelt sich um eine monotypische Gattung *Lathamus* mit nur einer Art *Lathamus discolor*, ohne Unterarten. Zur Brutzeit lebt der Schwalbensittich auf Tasmanien und anderen Inseln der Bass-Straße. Nach der Brutzeit zieht er zur Überwinterung in Richtung Norden und ist auf dem australischen Festland (Victoria, Südqueensland, Neusüdwales und südliches Südaustralien) anzutreffen. Er kann also als Zugvogel angesehen werden. Zur Hauptnahrung dienen Blütennektar, Blütenpollen und verschiedene Insekten. Gerne werden auch Grassamen, verschiedene Beeren und Obst verzehrt. Der Futterverbrauch ist dementsprechend hoch. Der Flug ist schnell und reißend und erinnert sehr an den Flug unserer Schwalben. Bei Futtersuche ist der Schwalbensittich meist in Gesellschaft verschiedener Lori-Arten zu beobachten. Seine Rufe und andauerndes Zwitschern verraten seine Anwesenheit. Schwalbensittiche legen zwei bis vier Eier, die 20 Tage bebrütet werden. Nach gut fünf Wochen wird das Nest verlassen und nach weiteren zwei bis drei Wochen sind die Jungtiere selbständig.

Art: *Lathamus discolor*

Melopsittacus (Wellensittiche)

Der Wellensittich (*Melopsittacus undulatus*) ist weiträumig in den Inlandgebieten von Australien verbreitet. Er ist gleichzeitig die häufigste australische Sittichart und eine der zahlenmäßig häufigsten Vogelarten dieses Erdteils überhaupt. Wie die meisten Vogelarten, die das gesamte Zentrum des Kontinents bewohnen, zeigt der Wellensittich keinerlei Unterartenbildung, wofür die nomadische Lebensweise ausschlaggebend sein dürfte. Der wilde Wellensittich ist grün mit gelbem Kopf und dunkel quer gewelltem

Rücken. Der Wellensittich kann als der typische Inlandvogel Australiens bezeichnet werden. An seinem Beispiel lassen sich nahezu alle besonderen Probleme erörtern, denen die Bewohner der extrem trockenen Halbwüsten im Innern des Erdteils gegenüberstehen, und alle Anpassungen aufzeigen, mit denen sie ihnen begegnen. Er ist über den ganzen Kontinent verbreitet und meidet als ausgesprochener Bewohner offener Landschaften lediglich die Waldgebiete im äußersten Nordosten und Südwesten des Landes. Durch die nomadische Lebensweise werden die Tiere in die Lage versetzt, jeweils die Gebiete mit den besten Lebensbedingungen aufzusuchen, und ein günstiges Nahrungsangebot rasch und so vollständig wie möglich auszunutzen. Eine zweite Anpassung an den Lebensraum ist der Zeitpunkt der Brutzeit. Der Wellensittich ist für die Jungenaufzucht auf halbreife Sämereien angewiesen, die nur dann vorhanden sind, wenn Regenfälle eine neue Vegetationsperiode ausgelöst haben. Wie die meisten Inlandvögel Australiens reagieren die Wellensittiche erstaunlich schnell auf einsetzende Regenfälle, beginnen sofort zu baden und zu kopulieren und gehen auf Nistplatzsuche. Schon nach wenigen Tagen werden die ersten Eier gelegt. Zu den Anpassungen des Wellensittichs an die Trockenheit gehören auch Besonderheiten im Wasserhaushalt. Nach Experimenten geht man davon aus, dass Wellensittichen bis zu 38 Tage lang ohne Wasser auskommen können. Trotz dieser Fähigkeit halten sich Wellensittiche nach Möglichkeit in der Nähe von Wasser auf (periodische oder permanente Wasserläufe, Felslöcher, neuerdings auch Viehtränken). In großen Dürrezeiten, wenn Wasserstellen austrocknen, unternehmen die Tiere große Wanderungen. An den verbliebenen Wasserstellen kommt es zu Massenansammlungen von Hunderttausenden und Millionen von Wellensittichen. Bei einigermaßen normalen Lebensbedingungen bilden die Wellensittiche kleine Gruppen von etwa 10-50 Tieren. Zum Trinken und zur Nahrungssuche kommen die Wellensittiche auf den Boden. Die Nahrung besteht fast ausschließlich aus Grassamen, gelegentlich auch aus Samen verschiedener Kräuter. Das Gelege besteht aus drei bis fünf (gelegentlich bis zu acht) Eiern. Das Gelege wird 18 Tage lang bebrütet. Mit fünf Wochen verlassen die jungen Wellensittiche das Nest. Wellensittiche gelten als domestiziert und sind die am häufigsten gehaltenen Papageienvögel überhaupt.

Art: *Melopsittacus undulatus.*

Pezoporus (Erdsittich)

Der 30 cm lange Erdsittich (*Pezoporus wallicus*) ist lokal im Küstengebiet von Südwest- und Südost-Australien sowie in Tasmanien verbreitet. Die recht gute Tarnfarbe des Erdsittichs macht es schwer, den sehr scheuen, meist auf dem Boden lebenden Vogel zu beobachten. Dennoch liegen einige Kenntnisse über ihn vor. So bewohnt er bevorzugt Sumpf, Heide, Gras- und Weideland. Da der Erdsittich relativ lange Beine besitzt, fehlt ihm der für Papageien meist charakteristische „Watschelgang" - er soll sogar im Gegenteil ein recht schneller Läufer sein. Es wurde oft angenommen, dass der Sittich ein schwacher Flieger und demzufolge sesshaft sei. Neuere Beobachtungen haben jedoch gegenteilig seine gute Flugfähigkeit belegt. Der Nachtvogel verhält sich tagsüber ruhig - erst nach Einbruch der Dämmerung wird er aktiv und beginnt, laute Rufe von sich zu geben. Er ernährt sich vorwiegend von Sämereien. Heutzutage ist die Art in vielen Teilen ihres ehemaligen Verbreitungsgebietes sehr selten geworden oder sogar ausgestorben. Die Brutzeit liegt in den Monaten September bis Dezember. Das Nest befindet sich stets in der Nähe eines Grasbüschels oder eines kleinen Strauches, so dass es gut von der Vegetation verborgen wird. Dort gräbt der Erdsittich als Brutmulde ein kleines Loch in den Boden, welches er mit zerkauten Halmen und Blättern auslegt. Die Jungtiere, meist drei oder vier an der Zahl, verlassen nach etwa drei Wochen ihr Nest. Dann suchen sie jedoch noch so lange Schutz in der angrenzenden Vegetation, bis sie flugfähig sind.

Arten: *Pezoporus wallicus* - *Pezoporus occidentalis*

Geopsittacus (Nachtsittich)

Der Nacht- oder Höhlensittich (Geopsittacus occidentalis) ist lokal in Inneraustralien verbreitet, wurde in den vergangenen Jahren jedoch nur einmal gesichtet. Als Lebensraum bevorzugt der Nachtsittich tagsüber Felshöhlungen, Hohlräume im Inneren gefällter Baumstämme oder sandigen Erdboden, in den er sich eingräbt. Zudem formt er sich unter großen Grasbüscheln mit Hilfe von Grasstengeln Höhlen, in denen er sich ebenfalls häufig aufhält. Als Nahrung bevorzugt er Sämereien, besonders die des Stachelschweingrases. Der tagsüber recht inaktive Vogel erweist sich in der Nacht als ausdauernder Flieger. Dann sind sechs bis acht Kilometer lange Flüge zu den Wasserstellen für den Nachtvogel keine Seltenheit. Der Nachtsittich lebt meist allein oder in Paaren. Lediglich bei Einbruch der Nacht bilden sich Gruppen von bis zu acht Vögeln, die dann gemeinsam zu den Wasserstellen fliegen. Das Nest des Nachtsittichs besteht in der Regel aus einer Plattform aus kleinen Stöckchen, die sich in der Nähe oder sogar im Inneren eines Stachelschweingrasbüschels befindet. Der Nachtsittich ist aller Wahrscheinlichkeit nach eine nomadische Art. In den vergangenen Jahren wurde nur ein einziger Nachtsittich beobachtet. Sogar die Ureinwohner Australiens bekamen die Art in letzter Zeit nicht öfter zu Gesicht. Da der Nachtsittich einer der wenigen Boden bewohnenden Papageien ist, wird er von Dingos, eingeführten Füchsen, und verwilderten Katzen bedroht. Zudem wurde sein Lebensraum durch mehrere großflächige Buschfeuer verkleinert.

Strigopini

Strigops (Eulenpapageien)

Der Eulenpapagei (*Strigops habroptila*), der auch Kakapo genannt wird, erreicht eine Gesamtlänge von 64 cm. Er ist der einzige Vertreter in der Familie der Eulenpapageien (*Strigopidae*). Sein Verbreitungsgebiet befindet sich in Neuseeland; dort bewohnt er heutzutage nur noch in wenigen Exemplaren die Südinsel, während er früher auch auf der Nordinsel und auf Stewart Island heimisch war. Der Eulenpapagei ist in der Regel unterhalb einer Höhe von 1250m über NN anzutreffen. Hier bewohnt er vorwiegend bemooste Buchenwälder, aber auch Gebiete, die schon oberhalb der Waldgrenze liegen. Er ernährt sich hauptsächlich von Früchten, Beeren, Nüssen, Sämereien sowie von Insekten bzw. deren Larven. Der Eulenpapagei, der zu den nachtaktiven Vögeln gehört, sucht tagsüber Schutz unter dem Laub kleinerer Bäume, in Felsspalten, unter Sträuchern oder in Höhlen unter Baumwurzeln. Erst bei Eintritt der Nacht wird der fast flugunfähige, aber sehr klettergewandte Eulenpapagei aktiv. Der Kakapo ist hauptsächlich einzeln, im Winter aber auch in Gruppen zu beobachten. Eine Eiablage der Eulenpapageiweibchen findet nur alle zwei bis vier Jahre statt. Die Nester, die in Felshöhlen oder unter Baumwurzeln angelegt werden, haben einen Durchmesser von 30 bis 60 cm und sind mit Federn und kleinen Holzstückchen ausgelegt. Das Gelege umfasst ein oder zwei, selten auch drei Eier, die vermutlich in recht großen Abständen gelegt werden. Die Brut und Aufzucht der Jungen wird ausschließlich vom Weibchen übernommen. Bis Januar 1977 nahm man an, dass nur noch zwölf Kakapos, darunter keine Weibchen, existierten. Dann wurde jedoch auf Stewart Island eine bis dahin noch unbekannte Eulenpapageienpopulation entdeckt, die 30 Vögel umfasste. Auf Neuseeland ist ein umfangreiches Programm zur Rettung der Art initiiert worden. Art: *Strigops habroptila*

Lophopsittacini
Lophopsittacus

Diese monotypische Gattung ist 1638 das letzte Mal gesehen worden. Es liegen keine Hinweise über Lebensweise etc. dieser Art vor. Das ursprüngliche Verbreitungsgebiet war die Insel Mauritius, was zu dem Namen *Lophopsittacus mauritianus* führte.

Necropsittacus

Wann der Rodriguez-Papagei (*N. rodericanus*) ausstarb, ist unbekannt. Er wurde lediglich aufgrund eines fossilen Knochens wissenschaftlich bestimmt. Seine Heimat war die Insel Rodriguez.

Psittacini
Coracopsis (Vasapapageien)

Zur Gattung *Coracopsis* werden zwei Arten (mit insgesamt diversen Unterarten gerechnet, die lediglich in der Größe (35 und 50 cm) und einigen Gefiederdetails differieren. Beide Arten sind endemisch auf Madagaskar, den Inseln Groß-Komoro und Anjouan (Komoren) und der Insel Praslin (Seychellen) verbreitet. Vasapapageien sind vorwiegend Wald- und Savannenbewohner unterhalb von 1000 m über NN. Der Kleine Vasapapagei (*Coracopsis nigra*) bevorzugt insgesamt dichtere Vegetation als die große Art (*Coracopsis vasa*). Gewöhnlich leben Vasapapageien in Gruppen von 10 - 15 Tieren zusammen, an den Übernachtungsplätzen können sich aber durchaus auch 150 bis 200 Tiere einfinden.

Der Status der meisten Unterarten ist kaum bekannt. Die umstrittene Unterart *C. n. barklyi* des Kleinen Vasapapageien ist allerdings stark bedroht und im Anhang I des Washingtoner Artenschutzübereinkommens aufgeführt. Neuere Untersuchungen auf der Insel Praslin haben ergeben, dass die Population noch etwa 40 bis 50 Tiere umfasst. Vasapapageien werden heute bevorzugt in verschiedenen Zoos und Vogelparks, weniger dagegen bei privaten Liebhabern gehalten. Die Zucht ist bei beiden Arten bereits geglückt. Das Gelege der Vasapapageien umfasst zwei bis drei Eier, die genaue Brutzeit ist wesentlich kürzer als bei vergleichbaren Papageienarten und liegt zwischen 15 und 18 Tagen. Auch die Nestlingszeit ist verhältnismäßig kurz. Große Vasapapageien verlassen mit rund 50, Kleine Vasapapageien mit rund 40 Tagen die Nisthöhle. Bis zur Selbständigkeit der Jungvögel vergehen etwa zwei bis drei Wochen.

Arten: *Coracopsis vasa, Coracopsis nigra.*

Psittacus (Graupapageien)

Graupapageien bilden eine eigenständige Gattung mit einer Art, die sich wiederum in zwei Unterarten aufspaltet. Die Nominatform, der so genannte Kongo-Graupapagei (*Psittacus erithacus erithacus*) bewohnt verschiedene zentral- und westafrikanische Staaten und einige vorgelagerte Inseln. Die Unterart, den so genannten Timneh-Graupapageien (*P. eritthacus timneh*), findet man im südlichen Guinea, Sierra Leone, Liberia und an der westlichen Elfenbeinküste. Graupapageien bevorzugen als Lebensraum ausgedehnte Primärwaldgebiete, sind aber zunehmend auch in kultivierten Gebieten zu finden. Ferner halten sie sich häufig zur Nahrungsaufnahme in Feuchtsavannen und Mangrovenwäldern auf. Der zunehmende Handel und die weitflächige Abholzung der west- und zentralafrikanischen Regenwälder haben die Populationen stellenweise stark dezimiert, dennoch besteht für die Art im Ganzen noch keine Gefahr. Graupapageien zählen mit Abstand zu den häufigsten Großpapageien, die in Käfigen und Volieren gehalten werden. Leider häufig als Einzelvogel, was grundsätzlich für Papageien abzulehnen ist. Graupapageien legen zwischen drei und vier Eier, die etwa 28 bis 30 Tage lang bebrütet werden. Nach zehn bis elf Wochen fliegen die Jungtiere aus.

Art: *Psittacus erithacus.*

Poicephalus (Langflügelpapageien)

Langflügelpapageien sind in zehn Arten über weite Teile Afrikas südlich der nordafrikanischen Wüstenzonen verbreitet. Es sind kleine bis mittelgroße Tiere. Sechs Arten (*P. senegalus, P. meyeri, P. rufiventris, P. cryptoxanthus, P. crassus* und *P. rueppelli*) sind sehr nahe miteinander verwandt und wurden in der Vergangenheit zu einem „Faunenkreis" zusammengefasst. Als zweite Untergruppe wurden Kappapageien (*P. robustus, P. fuscicollis*), als dritte Kongo- (*P. gulielmi*) und Gelbgesichtpapagei (*P. flavifrons*) angesehen. Heute werden aber alle Arten zu einer Gattung gerechnet. Langflügelpapageien bewohnen die unterschiedlichsten Lebensräume, die meisten bevorzugen trockene Savannen und offene Waldgebiete. Der Status der meisten Arten ist unbekannt. Die Zerstörung der natürlichen Lebensräume sowie der Tierfang und -handel haben sicherlich gebietsweise zu einer Beeinträchtigung bzw. Verminderung der Populationen beigetragen. Einen deutlichen Bestandsrückgang weisen die Kappapageien auf. Der Mohrenkopfpapagei (*P. senegalus*) stellt die häufigste gehaltene Poicephalus-Art. Daneben werden gelegentlich noch der Goldbug- (*P. meyeri*) und der Kongopapagei (*P. gulielmi*) gehalten. Andere Arten kommen nur selten in Menschenobhut vor. Langflügelpapageien sollten grundsätzlich in

Volieren gehalten werden, da sie meist recht scheu bleiben. Die Zucht ist bei allen importierten Arten bereits gelungen, allerdings jeweils nur in kleinen Stückzahlen. Die meisten Arten weisen keine Geschlechtsunterschiede auf. Die Gelege der Langflügelpapageien umfassen in der Regel drei Eier. Sie werden allein vom Weibchen etwa 24 - 28 Tage bebrütet. Die Jungvögel tragen beim Schlupf meist feine gelbe, graue, weiße oder rosa gefärbte Dunen. Die Entwicklung der Jungvögel bis zur Selbständigkeit kann bis zu zehn Wochen in Anspruch nehmen.

Arten: *Poicephalus robustus - Poicephalus fuscicollis - Poicephalus gulielmi - Poicephalus meyeri - Poicephalus rueppellii - Poicephalus cryptoxanthus - Poicephalus crassus - Poicephalus rufiventris - Poicephalus senegalus - Poicephalus flavifrons.*

Arini

Anodorhynchus (Blauaras)

Es gibt drei Arten der Gattung Anodorhynchus und eine ausgestorbene, allerdings sehr fragliche Spezies. Der relativ bekannte Hyazinthara bewohnt vorwiegend Galeriewälder in halboffenen Gebieten, kommt häufig im Pantanal vor und hält sich auch in ausgedehnten Laub abwerfenden Waldlandschaften und, zumindest örtlich begrenzt, in Sümpfen mit Buriti-Palmen (*Mauritia flexuosa*) auf, die wesentlich seine Anwesenheit bestimmen. Feuchtwälder scheint er zu meiden. Der Lebensraum dieser Art findet sich im Wesentlichen in Brasilien, südlich des Amazonas. Weiterhin findet man ihn in östlichen Randgebieten Boliviens sowie saisonal im Nordosten Paraguays. Hyazintharas kommen in der Regel nur selten, in einigen Gegenden auch häufiger vor. Große Rückgänge bzw. Erlöschen von Beständen werden aus nahezu allen besiedelten Landschaften gemeldet. Der Rückgang der Art ist im Wesentlichen auf die Jagd und den Fang zurückzuführen. Allgemein leben die Aras paarweise oder in kleinen Gruppen, dann meistens in Familienverbänden. Schwärme werden nicht gebildet und Gruppenbildung mit artfremden Papageien kommen ebenfalls nicht vor. Als Bewohner des trockenen, heißen Buschlandes und des weitflächigen Pantanals sucht er verschiedenste Palmenfrüchte, die seine hauptsächliche Nahrung sind, außerdem Beeren, Früchte und Knospen und vor allem auch Nüsse. Auch auf den Boden kommt er, z. B. um heruntergefallene Palmnüsse zu fressen. Es wurde beobachtet, dass sie vereinzelt Wasserschnecken aus Tümpeln holen und anschließend verzehren. Die Nacht verbringen die Vögel wahrscheinlich auf bestimmten Schlafbäumen, von denen sie am Morgen zu den früchte- und samentragenden Bäumen aufbrechen. Die Paarbindung ist sehr eng. Zur Brutzeit sondern sich die Paare ab. Vom Balzbeginn bis zum Flüggesein der Jungvögel vergeht etwa ein halbes Jahr. Nur das Weibchen brütet auf maximal drei Eiern. Die Brutdauer beträgt etwa 29 Tage und nach ca. 100 Tagen fliegen die Jungen aus. Etwa vier bis sechs Wochen nach dem Ausfliegen sind sie selbständig.

Arten: *Anodorhynchus hyacinthinus - Anodorhynchus leari - Anodorhynchus glaucus†.*

Cyanopsitta (Spix-Ara)

Der Spix-Ara (*Cyanopsitta spixii*) erreicht eine Gesamtlänge von 56 cm und ist der einzige Vertreter dieser Gattung. Der Spix-Ara ist in Ost-Brasilien beheimatet. Als Lebensraum bevorzugt der Spix-Ara Haine der Buritipalme sowie angrenzende Laubwälder. Er hält stets sehr große Fluchtdistanzen ein, so dass er nur durch Zufall zu beobachten ist. Aufzeichnungen über die Brut des Spix-Aras liegen nicht vor. Die Brutzeit beginnt aber wahrscheinlich im Dezember, und die Jungen fliegen nach etwa vier Monaten aus. In den zwanziger Jahren brachte man einige Spix-Aras wahrscheinlich zum ersten Mal aus Brasilien heraus, um sie nach Europa bzw. in die USA zu importieren. Aber erst in den sechziger und siebziger Jahren setzte der unaufhaltbare Rückgang der Population ein, die seinerzeit nur noch etwa 30 Paare umfasste. Zwischen 1977 und 1987 wurden so viele Spix-Aras eingefangen bzw. erlegt, dass im Dezember 1987 wahrscheinlich nur noch ein einziger Vogel im Freiland lebte. Dieser wurde im Januar 1988 eingefangen, womit die Gesamtpopulation des Spix-Aras vermutlich erlosch. Im Wesentlichen sind drei Ursachen verantwortlich für die Auslöschung der Population. Zum einen sind sicherlich mehrere Spix-Aras durch direkte Jagd getötet worden. Da dies aber wahrscheinlich stets aus reiner Freude an der Jagd geschah und die bekannten Abschüsse vermutlich alle mehr oder weniger zufällig waren, dürfte die Jagd kein bestimmender Faktor für das Aussterben der Art sein. Die afrikanischen Bienen, die Baum- und Felshöhlen besetzen, dürften hier wohl eine tragende Rolle gespielt haben. Sie konkurrieren mit den Aras um die Höhlen, und nicht selten kommt es vor, dass die Spix-Aras dabei vertrieben werden. Die aggressiven Bienen sollen brütende Vögel angegriffen und sogar umgebracht haben. Ihnen wird u. a. die Schuld für den niedrigen Bruterfolg der Art gegeben. Der dritte Dezimierungsfaktor ist der Fang für die Gefangenschaftshaltung. Seit den sechziger Jahren gibt es spezialisierte Fänger im gesamten Verbreitungsgebiet des Aras. Wegen der starken Nachfrage nach den immer seltener werdenden Vögeln ging man sogar dazu über, die Altvögel einzufangen und zu verkaufen. Die einzige Chance für diese Art besteht in der Vermehrung der Volierenpopulationen, die allerdings auf Schwierigkeiten stößt, da sich einige Halter dieser Art leider nicht bereit erklären, an solchen Bemühungen teilzunehmen.

Art: *Cyanopsitta spixii.*

Ara (Aras) und *Diopsittaca nobilis*

Diese Gattung weist unter ihren 9 Arten, von denen eine ausgestorben ist, einige der größten Vertreter der Papageienvögel auf. Sie leben in Mittel- und Südamerika. Die Heimat der ausgestorbenen Formen war die Karibik. Aras bewohnen unterschiedliche Lebensräume der Tropen und Subtropen und leben bevorzugt in den von Flüssen durchzogenen Hügellandschaften. In weitflächigen Urwäldern des Tieflandes fehlen sie gänzlich oder sind selten. Ihre Nahrung besteht vorwiegend aus Nüssen verschiedenster Palmenarten, allerdings können nur Aras der größeren Spezies die sehr harten Schalen öffnen. Außerdem verzehren die Vögel reichlich Baumfrüchte, Beeren, Knospen und grüne Pflanzenteile. Aras sind sehr gute und schnelle Flieger. Zum Schlafen werden regelmäßig hohe Bäumen aufgesucht, die ihnen Sicherheit vor Gefahren bieten. Leider sind viele der größeren Arten heute stark bis sehr stark gefährdet. Dazu gehören z. B. der Blaulatzara (*A. glaucogularis*), der große Soldatenara (*A. ambigua*), der Hellrote Ara (*A. macao*) sowie der Rotohr- (*A. rubrogenys*) und der Rotrückenara (*A. maracana*). Aras sind begehrte Volierenvögel, die vor allem in der Vergangenheit immer wieder als einzelne Stubenvögel gehalten wurden. Darunter leiden diese sozialen Tiere sehr stark. Eine Haltung ist nur in Volieren bei mindestens paarweiser Unterbringung und entsprechendem Pflegemanagement zu rechtfertigen. Die Zucht ist mehrfach gelungen. Es werden zwei bis vier Eier gelegt und etwa 25 bis 28 Tage bebrütet. Mit dem Ausfliegen ist nach rund 70 bis 90 Tagen zu rechnen. Einige der kleineren Arten wie z. B. der Rotbugara (*A. severa*) fliegen bereits mit etwa 56 bis 65 Tagen aus. Während man früher den Hahn´s Zwergara (Ara nobilis) zur Gattung *Ara* zählte, ordnet man ihn heute in die Gattung *Diopsittaca* (Zwergaras) ein. Die monotypische Gattung *Diopsittaca* wird als Bindeglied zwischen den Aras und den Keilschwanzsittichen angesehen. Die überwiegend grünen Vögel ähneln sehr denen der Gattung *Ara*, aber das Gesicht ist nur um das Auge und im Bereich des Zügels nackt, außerdem sind sie deutlich kleiner. Männchen und Weibchen sehen gleich aus. Die einzige Art der Gattung wird Hahn's oder Blaustirn-Zwergara (*D. nobilis*) genannt. Das Verbreitungsgebiet umfasst im Wesentlichen das östliche Südamerika. Kürzlich wurde diese Spezies westlich ihres Verbreitungsgebietes gesehen, im äußersten Südosten Perus. Der Zwergara lebt in einer Vielzahl von halboffenen Lebensräumen mit Buriti-Palmen (*Mauritia* ssp.), Galeriewald und lichtem Dornenwald. Solche Landschaftsformen fehlen nördlich des Amazonas, so dass dadurch seine Verbreitung eingeschränkt wird. Hier bevorzugt er sumpfiges Gebiet, natürliche Savannen und Flachland. In ihrem Lebensraum treten Zwergaras lokal recht häufig auf. Man kann die Zwergaras meist in kleineren Gruppen antreffen. Nach der Brutzeit bilden die Vögel große Gruppen bis Schwärme, die teils standorttreu sind, aber je nach Futterangebot auch weit umherstreifen. Zu Beginn der Brutzeit verlassen die brutwilligen Paare die Verbände und beziehen Höhlen in Bäumen. Nach einer Brutdauer von rund 25 Tage schlüpfen aus den zwei bis vier Eiern die ersten Jungtiere. Das Ausfliegen der Jungen erfolgt nach ca. 60 Tagen. Die Selbständigkeit wird drei bis vier Wochen nach dem Ausfliegen erreicht.

Arten: *Ara ararauna - Ara glaucogularis - Ara militaris - Ara ambiguus - Ara macao - Ara chloropterus - Ara tricolor† - Ara rubrogenys - Ara severus. Diopsittaca nobilis.*

Aratinga (Keilschwanzsittiche) und *Guaruba guarouba*

Diese südamerikanische Gattung umfasst je nach systematischer Gliederung 15 bis 21 Arten. Keilschwanzsittiche sind Bewohner weiter Gebiete Mittel- und Südamerikas. Die Vertreter der einzelnen Arten werden 24 bis 42 cm groß, was Ausdruck ihrer Formenvielfalt ist. Männchen und Weibchen sind gleich gefärbt. Die Nahrung besteht aus Samen, auch Nüssen, Baumfrüchten, Beeren, Blüten, Knospen und Insekten. Zur Nahrungssuche fliegen die Sittiche auf den Boden oder bewegen sich in Büschen und Bäumen. Während der Brutzeit leben sie paarweise, später in Gruppen bis zu großen Schwärmen zusammen. Sie brüten in Baumhöhlen, auch in Felsspalten, Erdhöhlen in Böschungen, Termitenbauten und Kakteen. Einige Arten sind häufiger in ihren Gebieten anzutreffen, wie z. B. der Guayaquilsittich (*A. erythrogenys*), während andere Vertreter der Gattung lokale Bestandsrückgänge aufzeigen oder gar gefährdet sind (*A. euops, A. chloroptera*). Aratinga-Sittiche werden im Vergleich zu australischen Sittichen nur selten und in wenigen Arten gehalten. Die Zucht einiger Arten ist bereits gelungen. Es werden durchschnittlich drei bis vier Eier gelegt, die rund drei Wochen lang bebrütet werden. Nach 50 bis 56 Tagen kommt es zum Ausfliegen der Jungvögel, die ca. drei bis vier Wochen später selbständig sind.

Goldsittiche bilde die monotypische Gattung *Guaruba*. Es sind recht kompakt wirkende Sittiche, die vom Habitus einem kleinen Ara ähneln. Teilweise werden die Sittiche der Gattung Aratinga zugeordnet und werden daher hier besprochen. Das Verbreitungsgebiet verläuft südlich des Unterlaufes vom Amazonas im Nordosten Brasiliens, am häufigsten im östlichen Para, auch im angrenzenden westlichen und nördlichen Maranhao. Die Südgrenze geht wahrscheinlich nicht über das südliche Para hinaus. Dieser seltene Sittich lebt im feuchten Tierra-firma-Wald und ist nicht in der unmittelbaren Nähe des Amazonas oder seiner großen Nebenflüsse zu finden. Seltener hält er sich an Waldrändern oder in der Nähe von Rodungen auf. Goldsittiche sind allgemein stärker an den Wald gebunden als die Aratinga-Arten, leben paarweise und in kleinen Gruppen im Blätterdach der Kronen, suchen vorwiegend hier nach Baum-

früchten, Beeren, Nüssen und anderen Samen. Der Gold-
sittich zählt heute in seinem Lebensraum zu den Raritäten.
Dies vor allem aufgrund weitflächiger Habitatzerstörungen.
Weiterhin wirkten sich die hohen Fangquoten für die Hal-
tung in Gefangenschaft negativ auf die Population aus. Es
werden drei bis vier Eier gelegt und rund 23 Tage bebrütet.
Der Termin für das Ausfliegen der Jungtiere liegt etwa 50
Tage nach der Schlupf. Weitere drei Wochen später ist die
Selbständigkeit erreicht.

Arten: *Aratinga acuticaudata - Aratinga holochlora - Aratinga
strenua - Aratinga wagleri - Aratinga mitrata - Aratinga hockingi
- Aratinga erythrogenys - Aratinga finschi - Aratinga
leucophthalma - Aratinga euops - Aratinga chloroptera - Aratinga
solstitialis - Aratinga pintoi - Aratinga jandaya - Aratinga
auricapillus - Aratinga weddellii - Aratinga nana - Aratinga
canicularis - Aratinga aurea - Aratinga pertinax - Aratinga
cactorum. Guaruba guarouba* .

Nandayus (Nandaysittiche)

Diese monotypische Gattung (*N. nenday*) findet man im
südlichen Südamerika in SO-Brasilien, SO-Bolivien, Paraguay und NO-Argentinien. Der Nandaysittich ist in allen
Teilen seines Verbreitungsgebietes relativ häufig anzutreffen. Palmenwälder und Galeriewälder entlang der
Flussläufe sind sein Lebensraum. In Gruppen aus vielen
hundert Exemplaren zieht er umher, um seine Nahrungsquellen abzuernten. Manchmal befindet er sich in Gesellschaft anderer Papageienarten. Obwohl der Nandaysittich
recht häufig vorkommt, gibt es nur wenige Berichte über
seine natürlichen Lebensgewohnheiten. In der Brutzeit sondern sich Paare von den Schwärmen ab. Es werden drei bis
vier Eier gelegt und 23 bis 24 Tage lang bebrütet. Nach sieben Wochen kommt es zum Ausfliegen der Jungen, die ca.
drei Wochen später selbständig sind.

Art: *Nandayus nenday.*

Leptopsittaca (Hochlandsittich)

Der Hochlandsittich (*L. branickii*) bildet mit einer Art die monotypische Gattung *Leptopsittaca*. Man findet diese kaum bekannte Papageienart in den nördlichen Anden Südamerikas (Kolumbien, Ekuador und Peru), überwiegend zwischen 2500 und 3200 m ü. NN. Es handelt sich um Waldbewohner der gemäßigten Zone, die nur lokal anzutreffen sind. Er soll nomadisch leben und den Standort je nach Futterangebot wechseln. Allgemein muss man mit Bestandsrückgängen aufgrund zunehmender Entwaldung in seinem Verbreitungsgebiet rechnen. Über die Lebensweise oder Fortpflanzungsbiologie dieser Art ist so gut wie nichts bekannt.

Art: *Leptosittaca branickii.*

Ognorhynchus (Gelbohrsittiche)

Gelbohrsittich haben ihr kleines Verbreitungsgebiet in den Anden Kolumbiens und Nord-Ekuadors. Diese monotypische Gattung lebt in subtropischen und gemäßigten Zonen in Höhen zwischen 2500-3200 m in Primärwäldern mit ausreichendem Wachspalmenbestand (*Ceroxylon* spec.). Noch vor wenigen Jahren waren die Berghänge und Nebentäler an den Flüssen Magdalena und Cauca intakte Lebensräume für die Gelbohrsittiche. Mittlerweile sind diese Gebiete durch Entwaldung weitgehend zerstört worden und der Bestand der Gattung ist auf einen Minimum zusammengeschmolzen. Als Kulturflüchter und abhängig von Wäldern mit Wachspalmenbestand waren sie den Kultivierungsfolgen nicht mehr gewachsen, und so blieb es nicht aus, dass die noch vor 50 Jahren häufig vorkommenden Sittiche in erschreckendem Maße reduziert wurden. Über die Brutbiologie ist wenig bekannt. Sie sollen Koloniebrüter sein, die u. a. Wachspalmen mit entsprechenden Nisthöhlen nutzen.

Art: *Ognorhynchus icterotis.*

Rhynchopsitta (Arasittich)

Die Gattung der Arasittiche umfasst zwei Arten. Der Arasittich ist in der Sierra Madre Occidental in Nordwest-Mexiko, in Chihuahua und Ost-Sonora südwärts über das Zentralplateau bis Michoacan beheimatet. Früher bewohnte er auch Teile Süd-Arizonas und Südwest-Mexikos. Die zweite Unterart, der Maronenstirnsittich (*R. terrisi*), lebt in der Sierra Madre Occidental von Nordost-Mexiko in den Staaten Nuevo Leon, Coahuila und Tamaulipas. Beide Unterarten sind bislang sehr selten und in kleinen Zahlen gesichtet worden. Zudem nahm die Anzahl der Sichtungen ständig ab, so dass die Gattung der Arasittiche in den Anhang I des Washingtoner Artenschutzübereinkommens aufgenommen wurde. Während der Arasittich vornehmlich in Hochlandkiefernwäldern lebt, hält sich der Maronenstirnsittich in Koniferenwäldern oder in Kiefern-Espen-Waldland auf. Beide Arten ernähren sich meist von Kiefernsamen. Ihre Nächte verbringen sie in Schwärmen auf Bäumen, bei Tagesanbruch brechen sie zu ihren Futterplätzen auf. Sowohl die Nominatform als auch die zweite Unterart leben stets in Schwärmen zusammen. Eine Beobachtung von Arasittichen hat ergeben, dass diese Schwärme nachts relativ groß sind, während sie sich tagsüber in mehrere kleine Gruppen aufteilen. Der Arasittich brütet stets in Baumhöhlungen, in denen er in der Regel zwischen zwei bis vier Eier zwischen Mitte Juni und Ende Juli ablegt. Die Jungvögel, die nach rund vierwöchiger Brutzeit schlüpfen, fliegen im Alter von etwa zwei Monaten aus. Der Maronenstirnsittich soll im Spätsommer bis Herbst im Allgemeinen in der Nähe von Mischkiefernwaldgebieten mit der Brut beginnen.

Arten: *Rhynchopsitta pachyrhyncha - Rhynchopsitta terrisi.*

Conuropsis (Karolinasittich)

Diese monotypische Gattung ist bereits ausgestorben. Das ursprüngliche Verbreitungsgebiet umfasste Gebiete im Inneren sowie im Südosten der USA. Vor allem die Zerstörung ihrer Lebensräume sowie Abschuss als Ernteschädling und Fang als Ziervogel führten zum traurigen Schicksal des Karolinasittichs.

Art: *Conuropsis† carolinensis†.*

Cyanoliseus (Felsensittiche)

Der Lebensraum des Felsensittichs erstreckt sich vom zentralen und südlichen Chile, über große Teile Argentiniens bis nach Süd-Uruguay. Im Winter scheint er bei zu großer Kälte dem Süden auszuweichen und nach Norden zu ziehen. Vornehmlich lebt er in offenen, auch öden Landschaften, obwohl er auch in Wäldern beobachtet wurde. In der Nähe von landwirtschaftlichen Anbauflächen kann er sehr häufig werden und Schäden anrichten. Daher wird er mancherorts als Schädling verfolgt. Er sucht die Nähe von Flussläufen. Hier gräbt er sich in unzugänglichen steilen Hängen aus Sandstein, Lehm und Ton tiefe Höhlen. Die Öffnungen haben einen Durchmesser von 8 bis 18 cm. Die Gänge können drei m tief sein, bis sie in einer Nestlingskammer enden. Sie legen bis zu drei Eier, die etwa 25 Tage bebrütet werden. Nach einer Nestlingszeit von bis zu 60 Tagen verlassen die Jungvögel die Höhle.

Art: *Cyanoliseus patagonus.*

Pyrrhura (Rotschwanzsittiche)

Mit 24 Arten handelt es sich bei den Rotschwanzsittichen um eine relativ formenreiche Gattung. Das Verbreitungsgebiet reicht von Costa Rica bis nach Argentinien und Uruguay. Es handelt sich vorwiegend um Wald- und Savannenbewohner der Tropen und Subtropen, die aber selbst im kalten Hochgebirge vorkommen können. Die Nahrung besteht vorwiegend aus Baumfrüchten, Beeren und Samen, auch aus Nüssen, Blüten, Insekten und Larven. Selbst Algen aus Flachwasser werden von manchen Exemplaren gefressen. Sie nehmen regelmäßig mineralstoffhaltige Erde an den so genannten „Barreiros" (unbewachsene Steilufer und -hänge) auf. Brutbiologische Einzelheiten liegen kaum vor. Nach der Brutzeit leben die allgemein recht standorttreuen Sittiche in Familienverbänden. Trotz ihrer Artenvielfalt sind sie in Menschenobhut nur wenig verbreitet. Einige Arten (z. B. der El-Oro-Sittich, *P. orcesi*) kommen in sehr begrenzten Arealen vor, so dass Waldeinschlag oder Fang schnell zu einer ernsthaften Bedrohung werden können. Der Blaulatzsittich (*P. cruentata*) ist gefährdet und steht auf Anhang I des Washingtoner-Artenschutzabkommens. Je nach Art kommt es zur Ablage von vier bis neun Eiern. Nach einer Brutzeit von etwa 22 bis 26 Tagen verbleiben die Jungsittiche noch etwa 45 bis 50 Tage im Nest. Weitere drei bis vier Wochen später sind sie von ihren Eltern weitgehend unabhängig.

Arten: *Pyrrhura cruentata - Pyrrhura devillei - Pyrrhura frontalis - Pyrrhura perlata - Pyrrhura lepida - Pyrrhura molinae - Pyrrhura eisenmanni - Pyrrhura caeruleiceps - Pyrrhura subandina - Pyrrhura picta - Pyrrhura snethlageae - Pyrrhura peruviana - Pyrrhura leucotis - Pyrrhura pfrimeri - Pyrrhura viridicata - Pyrrhura egregia - Pyrrhura melanura - Pyrrhura orcesi - Pyrrhura rupicola - Pyrrhura albipectus - Pyrrhura calliptera - Pyrrhura hoematotis - Pyrrhura rhodocephala - Pyrrhura hoffmanni.*

Enicognathus (Smaragdsittiche)

Zu der Gattung *Enicognathus* gehören insgesamt zwei Arten. Zum einen ist der Smaragdsittich (*E. ferrugineus*), der das südlichste Verbreitungsgebiet (vom Südzipfel Feuerlands nordwärts bis nach Chile und südlichen Argentinien) aller neotropischen Papageien aufweist, zum anderen der Langschnabelsittich (*E. leptorhynchus*) aus Zentral- und Süd-Chile der Gattung zuzuordnen. Beide Arten bevorzugen als Aufenthaltsort Wälder, kommen aber zur Nahrungssuche auch in offenere Landstriche. Während Smaragdsittiche in maximalen Ansammlungen von etwa 100 Exemplaren beobachtet werden können, schließen sich Langschnabelsittiche mitunter zu Schwärmen zusammen, die bis zu 2000 Exemplare enthalten können. Trotzdem muss man bei der letzten Art Bestandrückgänge verzeichnen, wenngleich beide Arten insgesamt als häufige Vertreter der Papageienvögel bezeichnet werden dürfen. Die Nahrung besteht vor allem aus Samen, Früchten, Beeren und Knospen. Teilweise richten die Smaragdsittiche auch Schäden in Getreidefelder an. Es werden zwei bis sechs Eier etwa 24 bis 26 Tage lang bebrütet. Nach dem Schlüpfen verbringt der Nachwuchs rund 50 bis 56 Tage in der Nisthöhle und wird zwei bis drei Wochen nach dem Ausfliegen selbständig.

Arten: *Enicognathus ferrugineus - Enicognathus leptorhynchus.*

Myiopsitta (Mönchsittich)

Diese Art (*M. monachus*) findet man im südöstliches Südamerika vom mittleren Bolivien und SW-Brasilien südwärts bis Zentral-Argentinien. Der Mönchsittich ist der einzige Vertreter seiner Gattung. Mönchsittiche leben ständig in sozialen Großverbänden. Eine unter Papageien einmalige Eigenart zeichnet sie besonders aus: Sie bauen aus Ästen und Reisig in den Baumkronen und in Palmen riesige

Gemeinschaftsnester, wobei jedes Paar in dem kugelförmigen Gebilde seinen eigenen Nestkobel mit Eingangsröhre und Schlaf- bzw. Brutkammer anlegt. Da das Gemeinschaftsnest von allen Benutzern ständig erweitert wird, nimmt es im Laufe der Zeit in seiner Größe zu. Manchmal brechen die Bäume unter der Last riesiger Nester zusammen. Mönchsittiche sind die am häufigsten vorkommende Papageienart im südlichen Südamerika. Sie sind sehr anpassungsfähig und nutzen alle Biotopformen in ihrem Verbreitungsgebiet. So verwundert es kaum, dass auch kleine Kolonien entflogener Tiere sich z. B. in Deutschland (Wiesbaden) angesiedelt haben. Mönchsittiche sind Futtergeneralisten. In Getreidekulturen und Obstplantagen verursachen sie oftmals erhebliche Ernteschäden. Daher zünden die Landwirte oft die großen Reisignester der Mönchsittiche an. Mönchsittiche legen vier bis sechs Eier und bebrüten diese rund 22 Tage lang. Nach 42 bis 45 Tagen fliegen die Jungen aus und werden etwa zwei bis drei Wochen später selbständig.

Art: *Myiopsitta monachus.*

Bolborhynchus (Dickschnabelsittiche)

Die Gattung Bolborhynchus beinhaltet drei Arten. Es sind kleine, zierliche Sittiche mit einem breiten, seitlich aufgetrieben wirkenden Schnabel. Beim Katharinasittich (B. lineola) ist der Schwanz kurz und leicht stufig und beim Anden- (*B. orbygnesius*) und Rotstirnsittich (*B. ferrugineifrons*) kurz und gerundet. Die Sittiche bewohnen Mittel- und Südamerika. Bekannter als andere Gattungsvertreter ist der Katharinasittich. Die Vögel der Nominatform leben in Höhen über 2000 m. Im Winter suchen sie niedrigere Gebiete auf, so dass sie in manchen Gegenden nur im Winter zu sehen sind, in anderen nur im Sommer. Während des Fluges kann man ihr dauerndes Gezwitscher ausmachen, welches mehr nach einem Singvogel klingt. Über die Brut in freier Natur weiß man nichts. Eigenartig ist ihr Verhalten bei Gefahr. Sie nehmen ihren Kopf nach unten und vertrauen ihrer Tarnfarbe, egal, ob sie sich unten im Gras oder in den Zweigen befinden. Die Sittiche ernähren sich von Unkrautsämereien, Beeren, Früchten und Grünzeug. Die Nester können nur in Sandhöhlungen oder Steinhöhlen angelegt werden. Es werden in der Regel drei bis sechs Eier gelegt. Der Aymarasittich zeigte schon Gelege von bis zu zwölf Eiern. Diese werden 20 bis 23 Tage lang bebrütet. Nach ca. 40 bis 50 Tagen fliegen die Jungvögel aus, um etwa drei Wochen später die Selbständigkeit zu erreichen.

Arten: *Bolborhynchus lineola - Bolborhynchus orbygnesius - Bolborhynchus ferrugineifrons.*

Forpus (Sperlingspapageien)

Sperlingspapageien gehören zweifellos zu den kleinsten Papageienarten, die in unseren Breiten gehalten und vermehrt werden. Die Sperlingspapageien sind in sieben Arten über ganz Mittel- und Südamerika verbreitet und haben dort eine beträchtliche Anzahl von Unterarten entwickelt. Die meisten davon findet man in Ost-Brasilien und Kolumbien in den ausgedehnten Küstenwäldern, im Pampas oder an den verschiedenen Flüssen. Dort fliegen sie in relativ großen Schwärmen umher und besuchen auch kultivierte Landschaften zur Nahrungssuche. In der Brutzeit trennen sich die fortpflanzungswilligen Paare von der Gemeinschaft und suchen nach geeigneten Höhlungen in Ast- und Baumlöchern. Dort hinein werden etwa vier Eier gelegt, die ausschließlich vom Weibchen bebrütet werden. In dieser Zeit sind die Tiere besonders scheu und entsprechend schwierig zu beobachten. Das überwiegend grün gefärbte Gefieder bietet den kleinen Papageien eine ausgezeichnete Tarnung in den Baumwipfeln. Ihre natürliche Nahrung besteht vor allem aus Sämereien, Knospen, kleinen Beeren und auch Feigen. In Menschenobhut erfreuen sich Sperlingspapageien zunehmender Beliebtheit, da sie eine ansprechende Alternative für Liebhaber mit beschränktem Platz sind. Es werden drei bis acht Eier gelegt und etwa 17 bis 21 Tage bebrütet. Nach knapp fünf Wochen fliegen die Jungtiere aus.

Arten: *Forpus cyanopygius - Forpus passerinus - Forpus xanthopterygius - Forpus conspicillatus - Forpus modestus - Forpus coelestis - Forpus xanthops.*

Brotogeris (Schmalschnabelsittiche)

Der Lebensraum der acht *Brotogeris*-Arten erstreckt sich auf große Gebiete Südamerikas und dehnt sich teilweise bis nach Mittelamerika aus. Ihre Nahrung besteht überwiegend aus Samen, Früchten, Knospen sowie Blüten und Nektar. Sie scheinen bei der Nahrungssuche bestimmte Pflanzen zu bevorzugen, weswegen sie zu den Teilspezialisten zu zählen sind. Das Freileben ist nur lückenhaft bekannt. Bei einigen Arten sind Bestandsrückgänge zu verzeichnen. Sie werden vergleichsweise selten in Volieren gehalten. Es werden etwa zwei bis sechs Eier rund drei bis vier Wochen lang bebrütet. Nach 40 bis 50 Tagen kommt es zum Ausfliegen der Jungtiere. Etwa zwei bis drei Wochen später ist mit der Selbständigkeit zu rechnen.

Arten: *Brotogeris tirica - Brotogeris versicolurus - Brotogeris chiriri - Brotogeris pyrrhoptera - Brotogeris jugularis - Brotogeris cyanoptera - Brotogeris chrysoptera - Brotogeris sanctithomae.*

Nannopsittaca (Tepuisittiche)

Auch die Tepuisittiche bilden eine kleine Gattung kaum bekannter Papageien. Die beiden Arten kommen in Venezuela, im westlichen Guayana und im nördlichsten Teil Brasiliens vor. Über die Spezies ist kaum etwas bekannt. Die

Art lebt in Wäldern der oberen tropischen und subtropischen Zone. Details aus dem Freileben sowie über den Status fehlen. Die erste Art dieser Gattung wurde erst 1985 entdeckt.

Arten: *Nannopsittaca panychlora* - *Nannopsittaca dachilleae*.

Touit (Buntschwanzpapageien)

Die Gattung der Buntschwanzpapageien ist mit acht Arten vertreten. Verbreitet sind die Arten in verschiedenen Teilen Mittel- und Südamerikas, wo sie stabile bis leicht rückläufige Bestände aufweisen. Es sind Waldbewohner, über die nur sehr geringe Kenntnisse vorliegen. Außerhalb ihrer Heimat wurde wahrscheinlich nur der Siebenfarben- oder Trinidad-Papagei (*Touit batavicus*) gehalten. Diese Art kommt im nordöstlichen Südamerika von Surinam, Guayana und dem größten Teil von Ost- und Nord-Venezuela vor. Der Trinidad-Papagei lebt in den Baumkronen von Wäldern und im höheren Sekundärwuchs. Gelegentlich tauchen sie auch auf Lichtungen und an Waldsäumen auf. Die Papageien sind gesellige Vögel, die außerhalb der Brutzeit meistens in Gruppen von 10 bis 30 Vögeln zusammenleben. Sie sind ausgesprochene Waldbewohner, deren Leben fast ausschließlich in den Kronen hoher Waldbäume verläuft. Ihre Nahrung besteht aus Blüten, Nektar, Blattknospen, Früchten, auch Beeren und Samen. Eine seltenere Art ist der Schwarzstirnpapagei (*T. huetii*), der in mehreren Gebieten des Amazonasgebietes zu finden ist. Gleiches gilt für den Braunrückenpapagei (*T. melanonotus*) aus Südost-Brasilien oder den Tüpfelpapagei (*T. stictopterus*), der in den nördlichen Anden Südwest-Kolumbiens und in Gebieten Ost-Ekuadors und Nord-Perus beheimatet ist. Über Lebensweise und Brutbiologie der Buntschwanzpapageien liegen kaum Informationen vor.

Arten: *Touit batavicus* - *Touit huetii* - *Touit costaricensis* -

Touit dilectissimus - Touit purpuratus - Touit melanonotus - Touit surdus - Touit stictopterus.

Pionites (Weißbauchpapageien)

Die Gattung der Weißbauchpapageien besteht aus zwei Arten: Dem Grünzügelpapagei (*P. melanocephalus*) und dem Rostkappenpapagei (*P. leucogaster*). Weißbauchpapageien sind attraktive, mittelgroße Vögel (ca. 23 cm) mit gedrungenem Körperbau und einem kurzen rechteckigen Schwanz. Ihr Aussehen erinnert an kleine Amazonenarten. Während der Grünzügelpapagei nördlich des Amazonas zu Hause ist (in den drei Guayanastaaten, Süd-Venezuela, Süd-Kolumbien, Ost-Ecuador und Ost-Peru sowie in Nord-Brasilien), kommt der Rostkappenpapagei südlich des Amazonas vor (im brasilianischen Raum, in Nord-Bolivien und Ost-Peru). Eine Hybridisierung ist immer wieder in den Überschneidungsgebieten beider Arten beobachtet worden. Sie bewohnen die tropischen Regenwälder sowie die Waldrandgebiete und führen dort in kleinen Gruppen bzw. auch in größeren Verbänden (bis zu 30 Vögel) ein munteres Dasein. Die Fortpflanzungszeit liegt je nach Region in den Monaten Januar bis April. In möglichst hochgelegenen Baumhöhlen werden bis zu vier Eier bebrütet. Insbesondere der Grünzügelpapagei wurde in den vergangenen Jahren immer wieder, glücklicherweise aber nur in kleiner Stückzahl, in die Bundesrepublik importiert. Die Importe stammen überwiegend aus Surinam. Bedauerlicherweise ist die Zahl derjenigen Vögel, welche auf dem Transportweg verenden, unverhältnismäßig groß. Schon aus diesem Grund ist die Einfuhr von Grünzügelpapageien auf gar keinen Fall zu rechtfertigen. Obwohl diese in ihrer Heimat noch recht häufig anzutreffen sind, ist ein Rückgang der Population insbesondere in den Küstenregionen der Guayanastaaten nicht mehr zu übersehen. Ein ähnliches Schicksal ist bisher dem Rostkappenpapagei, welcher überwiegend dem brasilianischen Raum zuzuordnen ist, erspart geblieben. Weißbauchpapageien zählen wohl zu den reizvollsten Papageien überhaupt. Grundsätzlich kann man sagen, dass beide Arten äußerst liebenswürdige, verspielte, temperamentvolle Papageien sind. Weißbauchpapageien sind in erster Linie Fruchtfresser. Sie erhalten ein Grundfutter wie es für Amazonen beschrieben wird, welches man mit Früchten ergänzt. Wiederholt sind in den vergangenen Jahren im deutschsprachigen Raum Nachzuchten beider Weißbauchpapageienarten gelungen. Nach wie vor erweist sich aber eine wirkliche Paarzusammenstellung als äußerst schwierig. Zwangsverpaarungen haben häufig nicht den gewünschten Erfolg. Es werden zwei bis vier Eier gelegt, die zwischen 25 und 28 Tage bebrütet werden. Nach 60 bis 75 Tagen fliegen die Jungvögel aus und erreichen nach etwa drei bis vier Wochen ihre Selbständigkeit.

Arten: *Pionites melanocephalus - Pionites leucogaster.*

Pionopsitta (Zierpapageien)

Die Gattung der Zierpapageien bewohnt mit acht Arten Gebiete Mittel- und Südamerikas. Die bekannteste Art ist der Scharlachkopfpapagei (*P. pileata*), der in Südost-Brasilien, Ost-Paraguay und Nordost-Argentinien verbreitet ist. Er bewohnt ursprüngliche Wälder, sucht zur Obstreife auch Gärten auf. In Nordost-Argentinien wurde er auch häufiger in Wäldern der Subtropen gesichtet. Paarweise und in kleinen Trupps halten sich diese unauffälligen Papageien fast nur in den Baumwipfeln auf und suchen hier nach Früchten und Samen. Außer in Ost-Paraguay trat durch umfangreiche Abholzungen in weiten Gebieten seiner Heimat ein erheblicher Populationsschwund auf. Weitere Arten sind der Blutohrpapagei (*P. haematotis*), der Rosenwangenpapagei (*P. pulchra*) sowie der Goldwangenpapagei (*P.*

barrabandi) und das Feuerauge (*P. pyrilia*). Die Lebensweise dieser Arten ist kaum bekannt. Alle Arten halten sich vorwiegend in Wäldern auf. Brutbiologische Einzelheiten liegen nur vom Scharlachkopfpapagei vor. Dieser legt drei bis fünf Eier, die etwa 25 Tage bebrütet werden. Nach 47 Tagen kommt es zum Ausfliegen des Nachwuchses, der ca. drei Wochen nach dem Schlüpfen selbständig wird.

Arten: *Pionopsitta vulturina - Pionopsitta aurantiocephala - Pionopsitta haematotis - Pionopsitta pulchra - Pionopsitta barrabandi - Pionopsitta pyrilia - Pionopsitta caica - Pionopsitta pileata.*

Gypopsitta (Kahlkopfpapageien)

Das natürliche Verbreitungsgebiet erstreckt sich südlich des Amazonas in Brasilien, vom östlichen Para westwärts bis zum Unterlauf des Madeira und südwärts bis zur Mato Grosso-Grenze, im Nordwesten von Maranhao. Die Art lebt sowohl im Tierra-firma- als auch im Varzea-Wald. Von der Lebensweise dieser monotypischen Gattung ist lediglich bekannt, dass die Vögel sich meistens im Blätterdach der Wälder aufhalten und kleinere Gruppen bilden. Brutbiologische Informationen fehlen vollständig. Diese Art ist selten und läuft Gefahr durch Rodungen ihren Lebensraum zu verlieren.

Hapalopsittaca (Braunohrpapageien)

Es handelt sich hierbei um Papageien mittlerer Größe, die eine Gattung mit vier Arten bilden. Die verwandtschaftlich am nächsten stehende Gattung sind die Zierpapageien (*Pionopsitta*). Ihre Heimat ist Südamerika, wo sie verschiedene Gebiete in den nördlichen Anden bewohnen. Sie leben in Gebirgswäldern und ernähren sich vorwiegend von Früchten und Samen. Braunohrpapageien bewohnen vorwiegend Wälder der gemäßigten Zone in Höhenlagen zwischen 2300 und 3500 m ü. NN. Es handelt sich um Waldbewohner. Durch Abholzungen sind die Bestände aller Spezies vermutlich stark reduziert worden. Über Lebensweise und Fortpflanzungsbiologie sind keine Details bekannt.

Arten: *Hapalopsittaca melanotis* - *Hapalopsittaca amazonina* - *Hapalopsittaca fuertes* - *Hapalopsittaca pyrrhops*.

Graydidascalus (Kurzschwanzpapageien)

Kurzschwanzpapageien sind kleine, überwiegend grüne Papageien mit einem extrem kurzen, gestutzt wirkenden Schwanz. Der Schnabel ist groß und die Wachshaut nackt. Ihre Heimat reicht von Südost-Kolumbien südwärts durch Ost-Ekuador bis Ost-Peru und ostwärts durch das Amazonasbecken bis zur Amazonasmündung und zur Küste im nördlichsten Brasilien. Die Wildpopulation ist stabil, obwohl kaum etwas über diese Papageien in ihrem Lebensraum bekannt ist. Als Habitat dient dem Kurzschwanzpapagei der so genannte Varzea-Wald und Sekundärwald in sumpfigen oder jahreszeitlich überfluteten Gebieten entlang der großen Flüsse der tropischen Zone. Er wird vorwiegend in Gruppen angetroffen, die sich in den Bäumen entlang von Flussläufen aufhalten. Über die Brutbiologie sind keine Einzelheiten bekannt.

Art: *Graydidascalus brachyurus*.

Pionus (Rotsteißpapageien)

Die *Pionus*-Papageien stehen den Arten der Amazonen (*Amazona*) nahe. Ihr Verhalten ähnelt entsprechend dem der Amazonen. Rotsteißpapageien sind mittelgroße Papageien mit einem kräftigen Schnabel. Ein sichtbarer Geschlechtsunterschied ist nicht gegeben. Die *Pionus*-Arten sind Bewohner tropischer, subtropischer und gemäßigter Regionen. Hier besiedeln sie die unterschiedlich gestalteten Wälder und Waldrandgebiete und kommen auf ihren Nahrungszügen zeitweise in offene Landschaften. Ihre Verbreitung reicht vom mittleren Mexiko in Zentralamerika südwärts bis Süd-Brasilien, Paraguay und Nord-Argentinien. Rotsteiß-papageien leben außerhalb der Brutzeit in kleinen bis mit-telgroßen Verbänden (10-50 Exemplare) und bestreiten ge-meinsam die Nahrungssuche. Sie decken bei ihren Flügen großflächige Areale ab. In den Gebieten mit einem großen Nahrungsangebot verweilen sie längere Zeit. Die Übernachtungsplätze werden von vielen Gruppen ge-meinsam genutzt, so dass sich an solchen Versammlungs-stellen oft über 1000 Exemplare einfinden. Die größte Ge-fahr geht für die Bestände von den direkten oder indirek-ten Eingriffen in den zentral- und südamerikanischen Natur-haushalt aus. Die rücksichtslose Ausbeutung aller natürli-chen Ressourcen führt zur radikalen Änderung der Lebens-räume und verursacht das rapide Aussterben von Popula-tionen, oft auch von Arten. Als Bewohner von Wäldern und Waldrandgebieten sind die Rotsteißpapageien besonders betroffen. Von dieser Gattung werden Schwarzohrpapagei (*P. menstruus*), Maximilianpapagei (*P. maximiliani*) und Glanzflügelpapagei (*P. chalcopterus*) gelegentlich gehalten. Die Tiere sind wärmebedürftig. Nachzuchten sind selten. Rotsteißpapageien sind mit zwei oder drei Lebensjahren geschlechtsreif. Im Abstand von jeweils zwei Tagen legt das Weibchen bis zu fünf Eier. Bereits mit Ablage des er-sten Eies wird fest gebrütet. Das Männchen beteiligt sich nicht am Brüten. Nach einer Brutzeit von 26 bis 28 Tagen schlüpfen die Jungtiere. Nach etwa 60 Tagen verlassen sie die Nisthöhle und drei bis vier Wochen nach dem Ausflie-gen sind sie selbständig.

Arten: *Pionus menstruus - Pionus sordidus - Pionus maximiliani - Pionus tumultuosus - Pionus senilis - Pionus chalcopterus - Pionus fuscus.*

Amazona (Amazonen)

Entsprechend ihres riesigen Verbreitungsgebietes bewohnen diese Papageien die unterschiedlichsten Biotope mit ihren jeweiligen klimatischen Bedingungen. Sie leben in den Laub abwerfenden Wäldern der gemäßigten Zonen ebenso wie in den tropischen Regenwäldern der Amazonasregion. Savannen- und Wüstengebiete sowie die Sumpfgebiete des Mato Grosso wurden genauso erobert wie die Gebirgstäler und Hochebenen der Kordilleren. Ihr ursprünglicher Lebensraum war vermutlich der tropische Regenwald.

Auch die Verbreitungsgebiete der einzelnen Vertreter der Gattung *Amazona* sind unterschiedlich groß. Naturgegeben bewohnen die Inselamazonen der Karibik nur kleine, in sich meist einheitliche Biotope, aber auch viele Festlandamazonen sind heute auf räumlich sehr eng begrenzte Gebiete zurückgedrängt. So bewohnt die Gelbschulteramazone (*A. barbadensis*) nur noch ein schmales Küstengebiet in Venezuela sowie einige der Küste vorgelagerte Inseln. Aber auch die Bodinusamazone (*A. bodini*) oder die Dufresnes-Amazone (*A. dufresniana*) findet man nur in räumlich sehr eng begrenzten Biotopen dieses südamerikanischen Staates. Andere Arten, wie beispielsweise die Formen der Mülleramazone (*A. farinosa*) oder die Gelbscheitelamazone (*A. ochrocephala*) haben riesige Verbreitungsgebiete erobert. Teilweise überschneiden sich die Verbreitungsgebiete.

Regenwald bewohnende Arten besitzen kein sehr stark ausgeprägtes Gruppenverhalten. Man trifft sie meist in kleinen Trupps, die sich scheinbar zufällig zusammenfinden oder Familienverbände darstellen. So gehen diese Amazonen auch meistens paarweise zur Nahrungssuche. Obwohl sie ausgezeichnete und ausdauernde Flieger sind, sind diese Arten doch verhältnismäßig standorttreu und führen nur eng begrenzte Wanderungen durch. Ganz anders verhalten sich die Amazonen, die offenes Buschland oder Savannen besiedeln. Sie schließen sich oft zu großen Schwärmen zusammen und zeigen dabei als Anpassung an die unregelmäßigen Niederschläge eine eher nomadische Lebensweise. Bei ihnen ist das Gruppenverhalten viel ausgeprägter und nicht selten finden sich mehr als 100 Tiere an den Schlafplätzen ein. Am frühen Morgen verlassen sie diese dann laut schreien, um in kleineren Verbänden nach Nahrung zu suchen. Amazonen gehören zu den am häufigsten gepflegten Großpapageienarten.

Von den 31 Arten werden vor allem Blaustirn-, Venezuela- und verschiedene Unterarten der Gelbstirnamazone gepflegt. Auch die Gelbwangenamazonen sind recht beliebt. Durch massenhaften Fang sind allerdings die Naturbestände stark angeschlagen worden, so dass sich grundsätzlich der Kauf von Importtieren verbietet. Leider finden sich unter den Amazonen einige der am stärksten gefährdeten Papageienarten der Welt wie z. B. Prachtamazonen (*A. pretrei*), Puerto Rico-Amazonen (*A. vittata*), Blaukopfamazonen (*A. arausiaca*) oder Kaiseramazonen (*A. imperialis*). Hier sollte jeder Amazonenfreund bestehende Schutzprojekte energisch durch Spenden etc. unterstützen. Von mehreren Amazonenarten kann man heute Nachzuchten kaufen.

Das Gelege besteht aus zwei bis sechs Eiern. Nach 26 bis 28 Tagen schlüpfen die Jungen. Sie verlassen die Eier im Abstand der Eiablage und weisen somit Altersunterschiede von zwei, manchmal auch drei oder vier Tagen auf. Je größer der Altersunterschied zwischen erst- und letztgeschlüpftem Jungvogel ist, umso größer ist die Gefahr, dass der jüngste Nestling von den Elternvögeln vernachlässigt oder von den älteren Nestgeschwistern abgedrängt wird und schließlich verhungert oder gar getötet wird. Die

Jungvögel machen sich meist vom zweiten oder dritten Lebenstag an durch Bettellaute bemerkbar. Sie sind während der gesamten Nestlingszeit - insbesondere bei den Fütterungen - deutlich zu hören, wenn mehrere Jungvögel gemeinsam heranwachsen. Wird nur ein einziger Jungvogel betreut, verstummen die Bettellaute schon nach wenigen Tagen und das Tier verhält sich während der gesamten Folgezeit ruhig. Nach etwa 50- 55 Tagen sind die Jungvögel körperlich vollständig entwickelt und weitgehend befiedert. Die Nestlingszeit endet in der Regel mit etwa 70 Tagen, allein aufgewachsene Vögel verbleiben gelegentlich auch länger (um 75 Tage) im Nistkasten. Sie werden mit etwa 90 bis 100 Tagen selbständig, betteln aber weiterhin bei den Eltern nach Futter.

Arten: *Amazona leucocephala - Amazona collaria - Amazona ventralis - Amazona albifrons - Amazona xantholora - Amazona agilis - Amazona vittata - Amazona tucumana - Amazona pretrei - Amazona viridigenalis - Amazona finschi - Amazona autumnalis - Amazona dufresniana - Amazona rhodocorytha - Amazona brasiliensis - Amazona festiva - Amazona xanthops - Amazona barbadensis - Amazona aestiva - Amazona oratrix - Amazona auropalliata - Amazona ochrocephala - Amazona amazonica - Amazona mercenaria - Amazona kawalli - Amazona farinosa - Amazona vinacea - Amazona versicolor - Amazona arausiaca - Amazona guildingii - Amazona imperialis.*

Deroptyrus (Fächerpapageien)

Die einzige Art der Gattung besteht aus zwei Unterarten. Die Nominatform kommt in Brasilien, nördlich des Amazonas, über Guayana, südliches Venezuela, südöstliches Kolumbien und Nordost-Peru vor. Die Unterart *D. a. fuscifrons* ist südlich des Amazonas in einem vergleichsweise kleinen Gebiet beheimatet. Die Fächerpapageien halten sich bevorzugt in Flussnähe auf und sind Waldbewohner.

Waldränder und Rodungen meiden sie in der Regel. Die Papageien leben paarweise und in kleinen Gruppen zusammen. Sie fliegen nicht wie viele andere Papageienvögel über den Baumkronen im Dach des Waldes, sondern zwischen den Stämmen hindurch. Ihre Rufe sind sehr laut. Die Nahrung besteht aus Früchten, auch Beeren, Samen und Nüssen. Sie brüten hoch in Baumhöhlen. Das Gelege liegt auf Zweigstücken. Es werden drei bis vier Eier gelegt und werden 25 bis 26 Tage bebrütet. Nach 56 bis 63 Tagen kommt es zum Ausfliegen der Jungen, die dann weitere vier bis sechs Wochen später selbständig sind.

Art: *Deroptyus accipitrinus.*

Triclaria (Blaubauchpapageien)

Die Blaubauchpapageien (*Triclaria malachitacea*) sind eine monotypische Gattung, die in Südost-Brasilien zu finden ist. Ihr Verbreitungsgebiet liegt in der Küstenregion vom südlichen Bahia südwärts bis zum nördlichen Rio Grande do Sul. Der 28 cm große Blaubauchpapagei bewohnt vorwiegend die feuchten, tiefer gelegenen Bergwälder, besonders zwischen 500 und 1000 m ü. NN, taucht aber auch in tieferen Lagen und gelegentlich außerhalb der Brutzeit selbst an der Küste auf. Dabei kommt er mitunter auch in besiedeltes Landwirtschaftsgebiet oder gar in städtische Vorortbezirke. Über die Lebensweise dieses Papageien liegen fast keine Einzelheiten vor. Nach der Brutzeit streift er in Gruppen umher. Sein Flug ist elegant und der Ruf klingt melodisch und ist untypisch für Papageienvögel. Die Nahrung besteht aus Früchten, auch Beeren, Samen, Nüssen, Nektar, Knospen, möglicherweise auch aus Insekten und ihren Larven. Die Vorliebe gilt saftigen Zitrusfrüchten. Er verzehrt alles in den Baumkronen. Insgesamt wird ein leichter Rückgang der Gesamtpopulation festgestellt, aber gegenwärtig ist die Art nicht gefährdet. Über die Brut ist so gut wie nichts bekannt. In Menschenobhut wurde jeweils ein Ei gelegt, das etwa drei Wochen bebrütet wurde.

Art: *Triclaria malachitacea*.

Literatur

Aeckerlein W.(1987): Die Ernährung des Vogels, Stuttgart

Albrecht E. (1989): Käfig- und Volierenbau, Hamburg

Beichle, U. (1982): Untersuchungen zur Biologie und Systematik der Zahntaube (Didunculus strigirostris), Diss. Uni Kiel

Beynon, P.H. (1996): Manual of Psittascine Birds, Gloucestershire

Burton, P.J.K. (1974): Jaw and tongue features in Psittaciformes and other orders with special reference to the anatomy of the Tooth billed Pigeon (Didunculus strigirostris), J. Zool. 174

Carter, N. & D. Currey (1987): The Trade in Live Wildlife - Mortality and Transport Conditions, Report by the Environment Investigation Agency, London

Collar, NJ. (1997): Family *Psittacidae*. In: Del Hoyo J, Elliott A and Sargatal J (eds) Handbook of Birds of the World. Vol. 4. Soundgrouse to Cuckoos. pp 280–477. Lynx Edicions, Barcelona.

Coles, B.H. (1988): Innere Medizin und Chirugie bei Vögeln, Stuttgart

Delpy, K.H. (1984): Volieren, Minden

Diefenbach, K. H. (1979): Verhaltensbeobachtungen bei Kakadus, Die Voliere 4: 147-152

Diefenbach, K. H. (1982): Kakadus, Bomlitz

Dilger, W. C. (1960): The comparitive ethology of the African parrot genus Agapornis, Z. Tierpsychol. 17: 649-685

Dilger, W. C. (1962): The behaviour of Lovebirds, Scientific American 206: 88-98

Dittrich, L. (1986): Tiergartenbiologische Kriterien gelungener Adaption von Wildtieren an konkrete Haltungsbedingungen.In: Millitzer, K. (Hrsg.): Wege zur Beurteilung tiergerechter Haltung bei Labor-, Zoo- und Haustieren, Berlin & Hamburg

Ebert, U. (1985): Vogelkrankheiten, Hannover

Enquete-Kommission (Hrsg.) (1990): Schutz der Tropenwälder, Bonn

Enehjelm, C. af (1976): Käfige und Volieren, Stuttgart

Forshaw, J. M. (1989): Parrots of the World, Melbourne

Gysels, H. (1964): A biochemical evidence for the heterogenity of the familiy Psittacidae, Bull. Soc. r. Zoll. Anvers. 33: 29-41

Hahn, U. (1992): Vogelkrankheiten, Alfeld

Heidenreich, M. (1980): Krankheiten der Papageienvögel, Bomlitz

Hediger, H. (1942): Wildtiere in Gefangenschaft - ein Grundriß der Tiergartenbiologie, Basel

Holyoak, D.M. & Holyoak D.T. (1972): Notes on the behaviour of African Parrots of the genus Poicephalus, Avis. Mag. 78: 88-95

Homberger, D. (1982): Funktionell-morphologische Untersuchungen zur Radiation der Ernähruns- und Trinkgewohnheiten der Papageien, Bonn. Zool. Monogr. 13: 1-192

Hoppe, D. & P. Welcke (1990): Langflügelpapageien, Stuttgart

Hoyo, J. del, Elliott, A. und Sargatal, J. (Hrsg.)(1997): Hanbook of the Birds of the World, Sandgrouse to Cuckoos, Vol. 4. Barcelona.

Jarvis ED & Mello, CV. (2000): Molecular mapping of brain areas involved in parrot vocal communication. J. Comp. Neurol. 419: 1–3.

Juniper, A & Parr, M. (1998): Parrots: A Guide to the Parrots of the World. Pica Press, Sussex.

Koehler, O. (1949): Zählende Vögel und vorsprachliches Denken. Ver. Dtsch. Zool. Ges. Mainz: 219-238

Kronberger, H. (1978): Haltung von Vögeln - Krankheiten der Vögel, Berlin und New York

Lantermann, W. & R. Schmidt (1996): Jahrbuch der Papageienkunde, Hohenwarsleben

Lantermann, W. (1994): Handbuch Papageien, Augsburg.

Luft, S. (Hrsg.) (1992): Grundfragen der Papageienhaltung, 2. Auflage, Oberhausen

Luft, S. (1994): Der Graupapagei, Augsburg

Luft, S. (2001): Papageien. Ruhmannsfelden.

Luft, S. (2001): Nymphensittiche. Ruhmannsfelden.

Luft, S. (2001): Agaporniden. Ruhmannsfelden

Luft, S. (2003): Papageien und Sittiche richtig ernähren. Dinslaken.

Luft, S. (2004): Papageien. Richtig halten, pflegen und verstehen. Dinslaken

Luft, S. (2005): Graupapageien. Richtig halten, pflegen und verstehen. Dinslaken

Luft, S. (2005): Amazonen. Richtig halten, pflegen und verstehen. Dinslaken

Luft, S. (2006): Wellensittiche. Richtig halten, pflegen und verstehen. Dinslaken

Luft, S. (2007): Agaporniden. Richtig halten, pflegen und verstehen. Norderstedt.

Luft, S. (2007): Parrots of Africa. Norderstedt.

Low, R. (1994): Endangered Parrots, London

Noegel, R. (1979): Amazon husbandery, A.F.A. Watchbird 4: 10-21

Pagel, T. (1985): Loris, Stuttgart

Pepperberg, IM. 1999. *The Alex Studies*. Harvard University Press. Cambridge, MA.

Peters, J.L. (1937): Checklist of Birds of the World, Vol. III, Harvard

Pinter, H. (1982): Handbuch der Papageienkunde, Stuttgart

Robiller, F. (1989): Vogelkäfige und Volieren, Jena

Robiller, F. (1990-94): Papageien, Band 1-3, Stuttgart/Berlin.

Schöne, R. & P. Arnold (1989): Australische Sittiche, Jena

Sibley, CG & Ahlquist, JE. (1990): Phylogeny and Classification of Birds: A Study in Molecular Evolution. Yale University Press, New Haven, Connecticut.

Smith, G.A. (1975): Systematics of Parrots, Ibis 117: 18-66

Strunden, H. (1986): Die Namen der Papageien und Sittiche, Bomlitz

Thompson, D. W. (1900): On characteristic points in the crainal osteology of the parrots, Proc. zool. Soc., 9-46, London

Wedel, A. (1999): Ziervögel - Erkrankungen, Haltung, Fütterung. Hamburg.

Wolf, P. & J. Kamphues (1996): Zur Ernährung von Papageien, in: Lantermann, W. (1996): Jahrbuch der Papageienkunde Bd. 1, 1996

Buchtipp:

Parrots of Africa

Stefan Luft

Illustrated by Amsale Araya

Ein hervorragendes Buch über sämtliche Arten Afrikas inklusive Agaporniden, Langflügelpapageien, Edelsittiche, Vasapapageien und Graupapageien.

200 Seiten mit zahlreichen Abbildungen.
Ab Oktober 2007 weltweit im Handel (www.amazon.com)!

ISBN 978-3-8334-8445-2

Die Erfolgsserie für Papageienfreunde:

Papageien und Sittiche richtig ernähren
2003, 110 Seiten, zahlreiche Abbildungen,
ISBN 3-928978-05-5.
Nur 7,80 Euro*

Papageien: Richtig halten, pflegen und verstehen
2004, 124 Seiten, zahlreiche Abbildungen,
ISBN 3-928978-06-3.
Nur 11,80 Euro*

Graupapageien: Richtig halten, pflegen und verstehen
2005, 144 Seiten, zahlreiche Abbildungen,
ISBN 3-928978-07-1.
Nur 11,80 Euro*

Amazonen: Richtig halten, pflegen und verstehen
2005, 152 Seiten, zahlreiche Abbildungen,
ISBN 3-928978-09-8.
Nur 11,80 Euro*

Wellensittiche: Richtig halten, pflegen und verstehen
2006, 80 Seiten, zahlreiche Abbildungen,
ISBN 3-928978-10-1.
Nur 9,80 Euro*

Erhältlich z.B. bei www.amazon.de,
im Buchhandel oder
direkt beim IPF e.V.:
Fax 02064-98779.
*Preise zzgl. Porto und Verpackung.

Mehr Informationen unter:

www.papageien-und-sittiche.de

oder beim

Institut für Papageienforschung e.V.
Postfach 30 00 59
46530 Dinslaken